"十三五"江苏省高等学校重点教材
首批江苏省研究生优秀教材(2021)

运动技能学导论

(第3版)

主编 宋元平 陆阿明

苏州大学出版社

图书在版编目(CIP)数据

运动技能学导论 / 宋元平,陆阿明主编. —3版
. —苏州:苏州大学出版社,2021.12
"十三五"江苏省高等学校重点教材　首批江苏省研究生优秀教材.2021
ISBN 978-7-5672-3839-8

Ⅰ.①运… Ⅱ.①宋… ②陆… Ⅲ.①运动技术 — 研究生 — 教材 Ⅳ.①G819

中国版本图书馆 CIP 数据核字(2021)第 272276 号

运动技能学导论(第3版)

宋元平　陆阿明　主编

责任编辑　施小占

苏州大学出版社出版发行
(地址:苏州市十梓街1号　邮编:215006)
镇江文苑制版印刷有限责任公司印装
(地址:镇江市黄山南路18号润州花园6-1　邮编:212000)

开本 787 mm×1 092 mm　1/16　印张 17.75　字数 410 千
2021 年 12 月第 3 版　2021 年 12 月第 1 次印刷
ISBN 978-7-5672-3839-8　　定价:58.00 元

图书若有印装错误,本社负责调换
苏州大学出版社营销部　电话:0512-67481020
苏州大学出版社网址　http://www.sudapress.com
苏州大学出版社邮箱　sdcbs@suda.edu.cn

第3版说明

运动技能学导论是全国高等学校体育学研究生核心课程。本版教材紧密围绕教育部《学校体育工作条例》和《高等学校体育学类研究生专业教学质量国家标准》的要求，结合新时代高等学校研究生体育教学工作的实践，寓思政教育于教学中，牢牢把握住思想性、科学性、民族性、时代性、系统性和实用性的教材编写原则。相较于前两版教材，本版教材的主要变化有：对"运动技能基础知识""运动技能学习、控制与发展的关系"等主要相关内容进行重新梳理，更加注重运动技术教学方法的科学性；积极吸收运动技能学科学研究的最新成果，增加"运动技能研究篇"，系统阐述运动技能学研究的主要内容、方法及运动动作表现的测量等内容；充实了深受广大青少年喜爱的"体操运动""网球运动""羽毛球运动""健美操运动"等项目的技能学习与分析，在原有教材体系的基础上更加突出了教材内容的实用性、完整性和前瞻性。

本教材由苏州大学体育学院宋元平教授、陆阿明教授任主编，由其组织苏州大学体育学院一线教师共同编写而成。编写分工如下：宋元平教授第二章，第三章，第八章第三、四节，第九章；陆阿明教授第五章、第六章、第七章；王平副教授第八章第一节；王文军副教授第八章第二、八节；杨青副教授第八章第五节；殷荣宾副教授第一章、第四章；黄鹂副教授第八章第六节；袁益民副教授第八章第七节；张庆如副教授第八章第九节。书中视频拍摄由所编写章节老师负责，全书最后由宋元平教授、陆阿明教授统稿并定稿。

本教材的顺利出版得到了苏州大学体育学院王国祥教授、陶玉流教授，苏州大学研究生院刘遥老师，苏州大学教务处刘书洋老师，南京师范大学体育科学学院储志东教授，安徽师范大学体育学院席玉宝教授、余涛教授，华东师范大学体育健康学院王树明教授等专家、领导大力支持，在此表示感谢。本教材在编写过程中参阅、借鉴和引用了众多学者的学术论文、著作和相关文献，在此一并表示感谢！感谢苏州大学出版社责任编辑施小占老师在本教材出版过程中给予的鼎力支持和指导。由于作者水平有限，书中若有不妥之处，恳请给予谅解和指正。

编者

目 录

第一部分 运动技能知识篇

第一章 运动技能基础知识 ·· 3
第一节 运动技能的相关概念 ·· 3
第二节 运动技能形成的生物学基础 ····································· 8
第三节 运动技能的分类 ·· 11
参考文献 ·· 16

第二章 运动技能学习原理与形成过程 ································ 19
第一节 运动技能动作控制、学习和发展的相关研究 ················· 19
第二节 运动技能的学习原理及形成阶段 ······························ 21
第三节 运动技能的形成过程 ··· 26
第四节 运动技能学习曲线 ··· 40
参考文献 ·· 45

第三章 运动技能学习的相关理论 ······································· 47
第一节 神经类型、信号系统及其与运动技能形成的关系 ············ 47
第二节 目标、动机、行为及其与运动技能形成的关系 ··············· 49
第三节 注意力在运动技能学习中的应用 ······························ 53
第四节 反馈在运动技能学习中的应用 ································· 57
第五节 运动技能迁移在体育教学与训练中的应用 ···················· 60
参考文献 ·· 64

第四章 运动技能与身体素质 ·· 66
第一节 运动技能与力量素质 ··· 67
第二节 运动技能与柔韧素质 ··· 69

第三节　运动技能与耐力素质 ·· 71
　　第四节　运动技能与速度素质 ·· 75
　　第五节　运动技能与灵敏素质 ·· 76
　　第六节　运动员身体素质练习方法 ·· 78
　参考文献 ··· 86

第二部分　运动技能研究篇

第五章　运动技能学研究的主要内容 ·· 89
　　第一节　运动动作及其影响因素 ·· 89
　　第二节　运动技能教学方法 ··· 95
　　第三节　运动技能学习评价与练习条件 ··· 103
　参考文献 ··· 105

第六章　运动技能学研究的方法 ·· 106
　　第一节　运动技能学研究的设计 ·· 106
　　第二节　运动技术研究的一般方法 ··· 111
　　第三节　运动动作测量与分析的一般流程 ··· 115
　参考文献 ··· 119

第七章　运动动作表现的测量 ··· 120
　　第一节　运动的运动学参数测量与分析 ··· 120
　　第二节　运动的动力学参数测量与分析 ··· 127
　　第三节　肌肉活动的测量与分析 ·· 129
　　第四节　运动协调性的测量与分析 ··· 132
　　第五节　其他动作表现的测量 ··· 135
　参考文献 ··· 136

第三部分　运动技能实践篇

第八章　运动项目的基本技能学习与分析 ··· 139
　　第一节　田径运动的基本技能学习与分析 ··· 139
　　第二节　足球运动的基本技能学习与分析 ··· 147

第三节　篮球运动的基本技能学习与分析 …………………………………… 155
   第四节　排球运动的基本技能学习与分析 …………………………………… 166
   第五节　乒乓球运动的基本技能学习与分析 ………………………………… 179
   第六节　网球运动的基本技能学习与分析 …………………………………… 185
   第七节　羽毛球运动的基本技能学习与分析 ………………………………… 196
   第八节　体操运动的基本技能学习与分析 …………………………………… 208
   第九节　健美操运动的基本技能学习与分析 ………………………………… 218
   参考文献 ………………………………………………………………………… 227

第九章　其他 ……………………………………………………………………… 229
   第一节　不同运动项目基础运动技能发展水平与评价标准案例 …………… 229
   第二节　运动技能学例题汇 …………………………………………………… 244
   第三节　体育教师教学技能比赛说课（教案）内容及相关要求 …………… 253
   参考文献 ………………………………………………………………………… 273

第一部分

运动技能知识篇

第一章 运动技能基础知识

【本章提要】 本章对运动技能的相关概念、运动技能形成的生物学基础、运动技能的分类进行了介绍。

第一节 运动技能的相关概念

一、运动与技能

运动（Sport），是指一种涉及体力和技巧，且由一套规则或习惯所约束的行为活动，通常具有竞争性。韩丹（1999）认为：运动是指专门的竞赛活动。在这一活动中，个人或集体为了充分发挥体能（具体表现为记录本人或对手的优胜）而紧张地从事各种身体练习。《牛津高阶英汉双解词典》对运动的解释是：运动是为了娱乐和健康而进行的身体活动，通常是在户外进行的比赛。从上述对运动概念的界定可以看出，广义的运动包括两个基本要素：一是娱乐，二是比赛。其中，运动的高级形式——竞技，它的本质属性应该是身体运动文化。狭义的运动是指人通过各种身体活动，对身心的生物化改造过程。运动的本质功能是娱乐、消遣和健身，由此衍生出来的社会功能则包含文化、教育、政治、经济等诸多方面，这些都说明了运动在人类社会生活中的重要性。

关于"技能（Skill）"的基本含义，有关词典做了解释。上海教育出版社2003年12月出版的《心理学大辞典》对其的注释是：个体运用已有的知识经验，通过练习而形成的智力动作方式和肢体动作方式的复杂系统。1987年上海辞书出版社出版的《辞海》（教育学·心理学分册）对其的注解是：运用知识和经验执行一定活动的能力叫技能；技能包括在知识经验基础上，按一定的方式进行反复练习或由于模仿而形成的初级技能，也包括按一定的方式经多次练习使活动方式的基本成分达到自动化水平的高级阶段，即技巧。如刚刚学会写字的人只有写的技能，必须通过反复练习才能熟练书写。技能和熟练只有在实践活动中，通过勤学苦练，才能形成与发展。英国学者罗米斯佐斯基（Romiszowski）的观点十分具有代表性，他认为：技能是学习者为了达成某一目标，用适当方式做出的行为表现，并随着学习者的经验和练习得以掌握和提高，包括认知技能（Cognitive Skill）、运动技能（Motor Skill）、反应技能（Reactive Skill）和交互技能（Interactive Skill）四种类型。在体育教学实践中，这些观点对运动技能的具体教学措施有一定的价值。

二、运动技能的特征

运动技能是后天习得的，它不同于人类其他的动作行为，高水平运动技能具有以下几方面特征。

第一，运动技能的操作是指向某一环境目标的，如体操中一套组合动作或篮球比赛中的急停跳投动作等。通常认为技能是由一组形式不同的动作构成的，而动作并不一定需要特定的环境目标。

第二，完成任务所需要的能量最少，即表现为能量节省化。对于某些技能而言，这一特征可能并不重要，如投掷项目，其追求的是距离最大化。但对于游泳、径赛项目、篮球和足球来说，技能操作过程的能量节省化则非常重要。能量节省化能使马拉松运动员维持有效的步速，也能为摔跤运动员在最后几分钟赢得比赛。这也正是人们为何会如此高地评价乔丹，因为他经常能在比赛的最后阶段爆发，从而使本队在比赛中获胜。但时间的缩短又会影响到运动技能操作的其他特征。例如，加快速度通常会降低动作的准确性；增加移动速度会消耗运动员过多的体能。因此，在不同的情境中，平衡技能操作的各方面因素相当重要。

第三，运动技能的操作具有随意性。运动技能是一项意识性或潜意识性活动，不能把人体本能的反射性动作视为运动技能。例如，眨眼可能是一项有目的性的运动，但根据技能的定义判断，它属于无意识运动，所以就不能把眨眼视为一项运动技能。

第四，运动技能需要通过身体的运动来实现任务目标。这一特征尤为重要，这是运动技能区别于人类其他技能的基础。例如，数学运算也是一项技能，但运算并不需要身体和头或肢体的运动来实现目标，因此，人们把数学运算称作认知技能。

第五，为了实现技能的操作目标，人们需要对运动技能进行学习或再学习。例如，钢琴弹奏是一个典型的需要学习的运动技能。而像行走这样的技能表面看来是人类自然形成的，事实上，也是人类在其婴幼儿期通过学习才掌握了的运动技能。此外，行走也是某一类人需要重新学习的技能。例如，中风导致瘫痪的患者、进行过髋关节或膝关节置换的患者、安装了假肢的残疾人等都需要重新学习行走技能。

三、运动技能与运动技术

在体育教学领域，运动技术与运动技能是一对既有联系又有一定区别的概念。一般认为运动技术是运动技能的基础，运动技能是运动技术发展的高级阶段。运动技术是一个运动项目在规则的许可下所特有的运作序列。运动技术的另一个特点是客观存在性，即它是不以人的意志为转移的，同时也不具备个人的特性。运动技能则不一样，它是人经过学习而掌握的具有个性化的自动化行为方式，具有明显的个人特征。

近年来，关于运动技能的概念，不同学者的理解是不同的。李捷（1999）认为："运动技能的学习过程是大脑的感知觉过程与人的主动目标导向行为的结合，是泛脑网络在目标导向下的多级网络自组织反应。"张洪谭（2000）认为："运动技能，不是运动技术加能力，而是练习者对运动技术的掌握程度，即程序化知识的操作状态。"王健（2004）认为："所谓运动技能，从狭义上讲是个体或群体通过反复练习从而对其从事体育运动行为的潜能进行整合的过程；从广义上讲是个体或群体从事各种身体活动的总称。换言之，运动技能是按照技能规律对运动行为的资源（运动项目与规则）进行整合或调控过程的总称，包含目标、知觉、动作和练习四个基本要素。"一些工具书和专著对运动技能概念的解释是：有特定操作目标，涉及自主身体或肢体运动的技能。在2000年中国体育科学学会和香港体育学院联合出版的《体育科学词典》中把运动技能定义为："按照一定的技术要求，完成某种动作的能力，也称运动技能。"国外的许多学者对运动技能都曾经进行了定义。Schmidt等（1998）指出："运动技能是由执行者做出的，把动作质量作为成功的主要决定因素。"Magill（2004）认为："运动技能是指为实现特定目标而操作的动作或任务，是以操作质量为评价指标的。"

通过上述对运动技能定义研究的分析，可归纳出：① 运动技能是通过后天学习获得的，而不是先天固有的；② 运动技能是在神经网络、内分泌和免疫系统控制下的一种习得行为，须通过重复练习、强化而改进；③ 运动技能是由知觉、动作、练习构成的一个完整的三维体系。

由此可见，运动技能的习得过程实际上是根据某种规则或要求对练习者所进行的生理、心理和社会的长期改造过程。因此，进一步了解运动技能的形成过程，探究运动技术的学习过程也是十分必要的。在体育教学中，任何类型的运动技能，都要经过反复练习才能形成，进而达到强健体魄、娱悦身心、追求美感之目的。在这个过程中，运动技术的合理性和有效性会随着运动项目本身的发展、规则的变化、场地器材的更新及练习者运动能力的提高而发生变化。

运动技能与运动技术两者之间既有联系，又有区别。这里所讲的技术和技能是指学生参加身体活动或运动中的技术和技能。可以将"技术"理解为一项运动的某种方式，是一个客观和群体的概念，如"排球扣球技术"；将"技能"理解为一个人进行运动的能力，是一个主观和个体的概念，如"小李的扣球技能"。两者之间的关系表现为：一个人因学习了某项运动的技术而具有了该运动技能；一个人因学习合理的技术而具有了较好的运动技能。一个是学习的对象，一个是学习的结果，两者是一个学习过程的两个方面。

四、运动行为

人类运动行为的种类繁多，表现形式多样。了解其机制可以为深入认识运动技能的执行、表现、学习和控制提供理论支持。运动行为（Motor Behavior）是研究人体遗传性和目标导向性动作表现的一门科学。它包括运动学习（Motor Learning）、运动控制（Motor Control）和运动发展（Motor Development）三个分支学科。其中，运动学习指人通过练习对技能性动作的掌握；运动控制以动作的产生、执行和控制过程及影响该过程的各种变量为研究对象；运动发展指人的技能性动作表现随时间的变化和发展过程，它以人的机体生长发育与环境交互作用中所反映出的运动行为变化为研究对象。由此看出，三者研究的客体都是人的运动行为，但在发展方面各有侧重。

实际上要准确划分运动表现（Motor Performance）与运动学习之间的边界并不容易，因为它们之间的共同点较多，区别不明显。通常，运动表现是随意动作的外在形式，受动机、注意力、疲劳、身体状况等因素的影响；而运动学习则是根据观察人相对稳定的运动表现水平而推断出来的。通过一定的运动学习能够影响运动表现的效果，而运动表现的效果又可以反过来影响运动学习的兴趣和持续强度，二者之间有着不可分割的关联，在运动技能的学习过程中一定要注意二者之间的相互影响和促进作用，合理运用彼此的相互促进因素，不断提高运动学习的兴趣，创造良好的运动表现。

五、运动技能与动作学习

美国心理学家罗伯特·M. 加涅（Robert M. Gagne）认为，运动技能是人类学习的五类主要的习得能力之一。运动技能与一般的简单运动条件反射不同，它是在本能和简单运动条件反射的基础上建立起来的更复杂的、连锁的、本体感受性的条件发射。动作学习是指通过练习和经验使个体的运动技能产生相对持久变化的过程，强调学习是一个过程，是一种动作能力的改变，而不仅仅是动作绩效的改变。有些运动技能是我们与生俱来的，只需要一点成熟的经验就可以以近乎完美的形式表现出来，如咀嚼食物、对外界敏感刺激的反应，以及走、跳、跑、攀爬等都可以被看作人类的先天动作行为。可是，熟练地掌握其他运动技能则需要相当多的练习和专门训练，经过一定的努力和付出，才能更好地适应和利用生活、学习和工作环境，满足我们的多种需要。从这个意义上来说，运动技能是我们人生质量的一个重要标志，也是以能否对各种技能的顺利执行、表现、学习和控制为特征的，更不用说技艺精湛的高水平运动员，他们更需要特殊的专门技能。由此可见，运动技能是与我们日常生活息息相关的重要部分。

运动技能学习是一个复杂且费时的过程，学习的绩效往往会受到个体的经验及其所处环境的影响，练习的效果与组织形式、动作类型、时机和练习过程中练习者接受的反馈量相关。当然，运动技能的种类繁多，它们是以多种形式表现出来的。例如，在排球运动技能学习中，有时需要对人体的大关节和大肌肉群进行协调与控制，如跳发球和扣球动作；有时需要对人体的小肌肉群进行精细调节和把握，如传球时手指对球的弹拨、垫球时的压腕动作等。排球运动本身就以运动技能作为表现自身水平的载体。排球运动中许多运动技能既具有共同的特点，也存在显著的差异，这也构成了我们在学习和控制动作过程中关注的重点。不同运动技能之间存在一定的迁移现象，运动迁移有正迁移和负迁移之分。所谓的正迁移，就是已习得的运动技能对学习另一种运动技能具有促进作用，如排球运动中扣球时的鞭打动作与羽毛球运动中的杀球动作和网球运动中的发球动作具有一定的相似性，在学习中具有一定的正迁移。所谓的负迁移，就是已习得的运动技能对学习另一种运动技能具有阻碍作用，如学会了打网球再学习打乒乓球、学会了羽毛球杀球再学习排球扣球等，两种技能看似同类或很相似，使用的运动程序差异也不大，但正是这种相似性使人具有很强的依赖性，很难形成新的运动程序，所以在练习时表现出明显的干扰现象。运动技能迁移是客观存在的，在运动技能教学和训练的过程中应合理地利用运动技能迁移规律，充分发挥运动技能迁移的积极作用，避免负迁移的影响，使学生更快更精准地掌握新的运动技能，以提高学习效率、教学和训练质量。

六、国内外对运动技能学的研究

"闭环控制系统"（Closed-loop Control System）和"开环控制系统"（Open-loop Control System）的理论，是运动技能学、运动控制学、运动发展学理论的两大主流，激发了运动员、教练、体育教师在教学和训练中的浓厚兴趣，也使他们在运动实践中提高了体育教学和运动训练的质量。到目前为止，"闭环控制系统"和"开环控制系统"的理论仍然是运动技能学学科理论体系的基础。

（一）国内对运动技能学的研究

运动技能学在我国的发展比较晚，我国对运动技能学习与控制的研究与欧美国家相似，早期主要借用运动心理学的方法与手段进行研究。目前能够查证的我国最早对运动技能进行研究的专论是马约翰先生的《运动的迁移价值》。中华人民共和国成立后，最先开启我国运动技能学习与控制研究的是华南师范大学心理系许尚侠教授，其《上肢关节动觉感受性与体育训练的关系》（1964）一文是国内最早探讨运动技能控制的实验研究，其所得结论对本领域的研究至今仍有启发意义。随后出现了许多相关的研究，主要集中在两个方面。一方面，在理论上进行了多角度的探讨，其中不仅有对动作学习理论的模式演变的分析（刘德恩，1999），也有借鉴心理学理论对运动技能学习进行的理论探讨，如《动作学习认知理论探讨——对奥苏伯尔有意义学习论及动作学习定性之补正》（陈耕春等，1997）、《生成学习理论与运动技能教学初论》（肖克波，2003）和《内隐认知优越性在运动技能学习中的体现及启示》（高鸿彬等，2003）。另一方面，对运动技能学习过程进行研究。研究既有对运动技能学习和掌握的心理过程综合分析（高大光等，2003）；也有对示范（田进，1998）、练习（张向群，1996）、迁移（邵丽君，2003）、反馈（金亚虹等，2010）的研究。其中，北京体育大学杨锡让教授的专著（《实用运动技能学》，2004），具有深厚的医学、体育学多学科知识，给读者开启了探究运动技能学习的一扇门。运动技能学的发展不仅有助于了解运动技能形成的科学依据，准确掌握动作技巧和改正错误的方法，以及对运动技能学习做出正确的评价，学习运动技能学也对提高教学质量，改进训练效果，为教师正确按照科学规律教学起着积极的指导作用，为开启和推进我国的运动行为研究奠定了坚实的理论基础，也为这一领域的未来发展指明了方向。但不可否认的是，目前国内的这些研究还缺乏系统性，主要围绕这几个热点进行研究。同时还应看到，这些研究多集中在运动技能的学习领域，对运动技能的控制及其内在机制的研究很少。作为一门学科，国内对运动技能学习与控制已经有相当的了解，并已经在多校的本科生或研究生中开设了选修课程，积累了多年的教学经验。同时，国内对运动技能的学习与控制也开启了多主题的系列研究，取得了一系列的研究成果，积累了很多的研究经验。

（二）国外对运动技能学的研究

20世纪50年代后期，运动技能学才真正作为一门独立的学科进行研究，其中施密特（Schmidt）是最具有代表性的人物。他带领他的博士生从事运动技能的实验性研究，开创出一套新的研究方法，对运动实践中存在的大量重要问题进行了探索，如：人类运动技能表现的个体差异；学习运动技能过程中的表现曲线；疲劳对运动技能学习的影响；快速动作控制中的动作程序；在大型球类和体操比赛中干扰技能表现的因素；等等。他的艰苦努力和敬业精神为运动技能学奠定了实验性学科的基础。20 世纪 70 年代，在运动技能研究领域出现了"闭环控制系统"学说，这是运动控制研究的萌芽时期，它的特点是把神经生理学和心理学两个领域分开来研究，代表人物是杰克·亚当斯（Jack Adams），该理论已经成为我们了解和描写人类记忆的基础。20 世纪 80 年代以后，随着运动科学的深入发展，运动技能研究在内容上又得到了丰富，使其更加接近体育教学和运动训练的实际需要。

因此，运动技能学是一门新兴的、实用价值很高的学科。目前，运动技能学在西方国家的大学体育专业已经成为一门重要的必修课程，在我国体育院校教学与训练中也日渐受到关注。

第二节　运动技能形成的生物学基础

从众多关于运动技能的文献资料中我们可以知道，我国最早采用的关于运动技能的学说是巴甫洛夫理论中的条件反射理论。杨锡让教授对运动技能形成的生物学基础的最早研究认为：不管运动技能种类如何繁多，动作多么复杂，其形成的生物学基础，都是运动性条件反射。

一、条件反射与非条件反射的概念

（一）条件反射

条件反射是个体在生活过程中，在一定条件下，在大脑皮质中形成暂时性联系的反射活动。例如，吃过酸梅的人，一看见酸梅，乃至听到"酸梅"这个词而不吃酸梅就能引起唾液分泌。这就是个体在生活过程中吃过几次酸梅后，在大脑皮质的视觉中枢和食物中枢建立了暂时性的联系的结果。而从未吃过酸梅的人由于大脑皮质没有建立起这种暂时性联系，所以怎么看酸梅也不会引起唾液分泌。

（二）非条件反射

非条件反射是反射的低级形式，是外界刺激和机体反应之间的固有联系，是动物和人在种族发展中固定下来的，所以有固定的反射途径，不易受到外界条件的影响而变化。非条件反射对于人的一生来说数量是有限的，总是先天固有的。例如，吸吮反射（婴儿吸吮乳头的动作）、防御反射（火烫手、手缩回的动作）等，都是群体先天固有的，无须学习就会。

手触到火马上缩回来的反射是在脊髓水平进行的，并不要高级中枢参与。高级中枢控制的是那些更为复杂的活动，如运动技能。一般说来，脊髓中的运动神经元（低位运动神经元）只能影响肌肉的收缩，而高级中枢（脑）内的高位运动神经元才能控制一系列活动。

（三）条件反射与非条件反射的区别（表1-1）

表1-1　条件反射与非条件反射的区别

条件反射	非条件反射
（1）通过后天学习形成的个体反射活动	（1）先天的、遗传的反射活动
（2）需要一定的条件	（2）不需要特殊的条件
（3）必须有大脑皮质参与活动	（3）没有大脑皮质参与活动也可实现
（4）暂时性的神经联系	（4）有固定的神经联系
（5）数量多	（5）数量很少

二、条件反射形成的生理机制（以排球运动技能为例）

要理解排球运动技能条件反射形成的生理机制，必须先从条件反射形成的生理机制入手。那么条件反射形成的生理机制是什么呢？

先做个实验：

让一名学生用手指按住一个隐蔽的电极，要求亮红灯时，手指不能离开，亮绿灯时手指离开。实验开始，第一遍按要求去做。第二遍红灯亮（无关动因）后，给予电刺激（非条件刺激物）引起防御反射，手指离开。第三遍红灯一亮，虽未给予电刺激，但学生的手指立刻离开电极。此时，红灯已经由无关动因变成条件刺激物。换言之，条件反射已建立。

形成条件反射的关键在于大脑皮质同时出现两个兴奋灶。强的兴奋灶吸收弱的兴奋灶传出的兴奋，通过多次的结合，两者形成了暂时性的联系。人的一切知识、经验、运动技能等都是条件反射。

因此，可以从条件反射形成的生理机制出发，结合排球运动自身的特点，以及排球运动技能获得形式、所要达到的目的与任务和动作组成成分，来分析排球运动技能条件反射形成的生理机制。

排球运动技能是复杂的、连锁的、本体感受的运动性条件反射。

所谓复杂的，是指在完成某一排球技术动作时，有多种分析器参与活动。以起跳扣球为例：视觉，对起跳点、击球点高度做出判断；听觉，对起跳的节奏做出分析；触觉，感知起跳脚起跳的用力程度；本体感受器，感知身体各部分的协调用力；前庭分解器，维持腾空后的身体平衡。

所谓连锁的，是指排球运动技能包括很多的技术环节，一环扣一环，前一个动作的结束，正好是下一个动作开始的条件刺激物。例如排球扣球：助跑→起跳→空中击球→击球后动作。

所谓本体感受的，是指完成任何一个技术动作，都离不开肌肉活动。

排球运动技能的发生与形成是受意识支配的，是在后天生活中学习而形成发展起来的；每一个排球运动技能的获得与提高都需要一定的动作训练和经验积累。故排球运动技能也称为运动性条件反射。

三、建立运动技能条件反射的条件（以排球运动技能为例）

（一）条件刺激物必须在非条件刺激物之前出现

在排球运动技能形成的过程中，要让学生注意观察教师的示范动作，使其在大脑皮质建立正确的动作表象；而教师生动形象的技术讲解，同样具有促进学生积极建立运动表象和激发学生学习兴趣的作用。

（二）大脑皮质必须处于适宜的兴奋状态

所谓适宜的兴奋状态，就是兴奋性既不能太高，也不能太低。如果兴奋性太高，兴奋就容易扩散，从而影响条件反射的建立。例如，在排球技能的教学中，刚做完游戏，学生由于激烈的争夺，异常兴奋，此时如果马上就学习新动作，效果可能就不好。这时应安排适当的过渡，待学生的情绪稳定下来后，再进行技术动作的讲解、示范和组织学习新的动作，这样才能收到好的效果。但如果兴奋性太低，也不利于条件反射的建立。例如，学生情绪很低落时或者午睡之后，无精打采，兴奋性很低，此时学习技术动作，应当采取一些措施来提高学生兴奋性，如课前动员，组织学生做集中注意力的练习、做游戏、做充分的准备活动等。

（三）要有适宜的刺激强度

刺激强度是否适宜，对形成条件反射的速度影响也很大。在一定范围内，条件刺激物和非条件刺激物的强度越大，则越容易建立条件反射。但是，如果刺激强度太大，就会成为劣性刺激，大脑皮质转为抑制；而刺激强度太小，则不能引起大脑皮质的适宜兴奋，也难以建立条件反射。为此，在排球技能教学中，教师要力求讲解生动形象，口令清晰洪亮，示范优美大方，同时练习的难度、进度、要求及负荷要注意区别对待，适合学生的实际水平。

（四）要尽量避免其他因素的干扰

在建立条件反射的过程中，要尽量避免其他因素的干扰，以免产生外抑制而影响条件反射的建立。为此，教师在排球技能教学中，一方面要尽可能地保持教学环境的相对安静，如在教学场所的安排上要避免相互干扰，注意讲解示范时学生的面向问题，等等；另一方面应教育学生提高学习的自觉性，提高自我控制能力，以减少外界额外刺激的干扰。

专栏1 鸡尾酒会效应和遮蔽效应

在大型会议的现场或宴会上，很多人在同时进行着各种交谈，但一个人在同一个时刻只能注意或参与其中的一个交谈，这就是注意分配的问题。在同一时刻只注意各个现时信息输入通道中的一个通道的现象叫作鸡尾酒会效应。鸡尾酒会效应其实就是一个信息的筛选、过滤和加工的过程。按照常理，在嘈杂的宴会上，声音分贝很低的交谈应该早就淹没在周围的吵闹声中了，但为什么我们还能听见彼此的声音呢？这与我们大脑对周围事物的敏感程度有关。当同一时刻有大量信息进入大脑时，大脑会对进入的信息做一个筛选和过滤的工作，最终把最重要或感兴趣的信息作为注意的对象。这就好像，即使在嘈杂的环境下，有人说起你的名字或有关你的谣言时，你还是能够听到。当人们把注意的重点放在自己选择的注意对象上时，就会选择性地忽略周围环境的影响。

外界大量的信息同时进入我们的大脑，而大脑对信息重新进行选择，把一些自己不感兴趣或不重要的信息就过滤出去了，同时我们注意的信息也会把周围一些无关紧要的信息给遮挡住，这就是人耳的遮蔽效应。当人们把注意的重心放在自己感兴趣或认为很重要的对象上时，就会有选择性地忽略周围环境的影响。

无论是鸡尾酒会效应还是遮蔽效应，它们都与注意的活动机制有着密切的关联，可以通过分析注意的活动机制来阐明鸡尾酒会效应和遮蔽效应的作用机制。注意是心理活动对一定对象的指向和集中，具有指向性和集中性。注意的指向性是人的心理活动或意识在某一瞬间选择了某一个对象从而忽略了其他的对象。指向性则不同，其选择的对象也不相同。注意的集中性是指人的心理活动或意识在一定方向上的强度或紧张度。强度或紧张度越强，注意力越集中。指向性主要是对同一时间出现的大量刺激的选择，而集中性是对某一刺激的紧张强度。当大量信息同时进入我们的大脑时，我们最先做出反应的信息往往是与自身关联比较紧密的，其他信息容易被忽略。鸡尾酒会效应是在注意指向性和集中性的结合作用下，使人在喧闹的环境中仍能够准确获取自己感兴趣或认为重要的信息，并把它们区分出来，甚至可以通过声音准确知道说话者的具体位置。遮蔽效应是在注意指向性和集中性的相互作用下，过滤了周围环境与自身关联甚微的各种刺激。通过注意的指向性和集中性作用，我们能够有效地筛选出有用信息，过滤掉无关信息，从而准确地获取感兴趣或重要的信息。

第三节 运动技能的分类

一、按技术特点分类

按技术特点分类，运动技能可以分为周期性运动技能、非周期性运动技能、周期性与非周期性混合型运动技能三种。

（一）周期性运动技能特点

（1）完成动作不受外界环境的影响。

（2）基本动作环节是重复、循环地完成相同动作。

（3）反馈信息主要来自本体感受器。

此类运动技能主要依据运动员本体感受器的反馈进行调节，而基本不受外界环境（场地、器材、对手等）的影响，如游泳、跑步等项目。

(二) 非周期性运动技能特点

(1) 完成动作过程中，受外界环境的影响。
(2) 基本动作环节是多种多样的。
(3) 反馈信息来自多种感受器。

此类运动技能主要受到外界环境（场地、器材、对手等）的影响，据此决定采取动作的方式，如足球、排球、羽毛球、网球等项目。

(三) 周期性与非周期性混合型运动技能特点

周期性与非周期性混合型运动技能具有两者共同的特点，如跳远等项目，前半程具有周期性项目的特点，后半程具有非周期性项目的特点。

二、按动作的连续性分类

根据运动技能的起点和终点，把运动技能分为不连续性运动技能、连续性运动技能和系列性运动技能三种运动技能。

(一) 不连续性运动技能

不连续性运动技能是指该项运动技能有明显的起点和终点，有明显的开始和结束，动作流畅、不停顿、快速，在很短时间内完成，如篮球的传球、投篮，足球的头球等动作。

(二) 连续性运动技能

连续性运动技能是指该技能的每个动作没有明显的开始和结束，要多次重复相同的周期性动作，动作越熟练，在每个动作环节所用的时间及动作距离的差异就越小。连续性运动技能的开始和结束较为随意。通常由动作的执行者或其他外界因素决定，而不是运动技能本身特点决定技能的开始或结束。而且连续性运动技能是重复性的，要求人在完成这个技能时重复一些动作。像体育运动中的游泳和跑步都可以看作连续性运动技能，因为动作的开始和结束由动作的完成者而不是由动作本身决定。连续性运动技能一般在较长的时间内完成，而且大部分项目可以用计时的方式做出评价，因此，评分比较客观、准确。

(三) 系列性运动技能

把不连续动作组合在一起，可以成为一系列运动技能，开汽车就是一个很好的例子，因为其过程是由一系列不连续的运动技能组成的，如启动发动机、踩离合器、挂挡，要按一定的顺序，把单个的不连续动作结合在一起准确地完成。

系列性运动技能介于不连续性运动技能和连续性运动技能之间，是由单个不连续动作组成连续的一套完整动作，如健美操的成套动作。

三、按身体的位置与物体的关系分类

根据身体的位置和物体的关系，运动技能可以分为四类：身体静止、物体稳定，身体运动、物体稳定，身体静止、物体运动，身体运动、物体运动。

四、按运动项目分类

（一）完善技能协调性和动作形式的项目

例如，体操、跳水等项目。其特点是：

（1）运动成绩取决于动作的协调性、艺术性和动作的复杂程度。

（2）分数受裁判员主观评判影响。

（3）大部分动作属于非周期性动作。

（二）以时间评定运动成绩的项目

例如，赛跑、竞走、自行车、游泳、滑冰等项目。其特点是：

（1）技术动作都以周期性运动完成。

（2）评定分数客观，由记录操作时间的仪器评判。

（3）运动员在单位时间内要发挥最快的速度。

（三）发挥最大动作力量的项目

例如，举重、投掷等项目。其特点是：

（1）在加速度不变的情况下增加重量，主要增大肌肉力量。

（2）在重量不变的情况下增加加速度，主要增大爆发力。

（四）对抗技能项目

例如，拳击、柔道、击剑和对抗性的团体球类项目。其特点是：

（1）比赛环境千变万化。

（2）要求个体有良好的感觉、知觉和快速的应变能力。

（3）集体协作的能力。

（五）消耗神经能量大、身体能量少的项目

例如，射箭、射击和各种棋类项目。其特点是：

（1）在比赛和训练环境下，神经系统处于高度紧张状态。

（2）要求个体有良好的耐力，以及感觉、知觉和快速的应变能力。

（3）要求射箭、射击运动员上肢有强大的肌力。

（4）要求运动员有高度的自我控制能力。

（六）完善操纵工具的项目

例如，马术、帆船、滑雪、汽车拉力赛等项目。其特点是：

（1）决定胜负的往往是器械或工具。

（2）要求个体有良好的反应、平衡、耐力等特殊的素质。

（3）训练长时间的操纵能力。

（七）发展身体综合能力的项目

例如，男子十项全能、现代五项、女子七项全能等项目。其特点是：

（1）由于运动项目多样，训练方法困难。

（2）要求个体有良好的全面身体素质。

（3）注意发展多种运动技能的阳性迁移。

按运动项目分类，可以了解各项运动之间的相关性，有助于训练计划的制订和训练工作的实施。以上七类运动项目的运动特征如表1-2所示。

表1-2 七类运动项目的运动特征

类别	训练目的	举例	技术结构	运动强度	身体素质
1	完善技能协调性和动作形式	体操、跳水	非周期性运动	高低强度	协调性、肌肉力量、速度
2	以时间评定运动成绩的周期性运动	赛跑、自行车、滑冰	周期性运动	高低强度	速度、耐力
3	发挥最大肌肉力量	举重、投掷	混合性运动	高低强度	肌肉力量、速度
4	对抗技能	拳击、球类、击剑	非周期性运动	高低强度	协调性、速度
5	神经能量消耗大，身体能量消耗少	射箭、射击、棋类	非周期性运动	低强度	协调性、肌肉力量
6	完善操纵工具	马术、帆船、滑雪	混合性运动	高低强度	反应、平衡、耐力
7	发展综合能力	男子十项、现代五项	混合性运动	不同项目，不同强度	多种素质

五、按肌肉参与程度的大小分类

在体育运动中完成各种技能所需参与工作的肌肉群大小一般不同。根据完成动作时需要参与工作肌肉群的大小，动作技能可以分为小肌肉群运动技能和大肌肉群运动技能。

在完成大肌肉群运动技能任务时，人需要动用较大的肌肉系统。与小肌肉群运动技能相比，这类技能要求较低的动作精确度。例如，排球运动中扣球和鱼跃救球的腾空姿势等运动技能。

小肌肉群运动技能应该在分类连续区间与大肌肉群运动技能端相对应的另外一个端点上，这类技能要求小肌肉群的高度控制，尤其是指那些需要手眼配合和涉及高精确度手指、手腕动作的技能。例如，排球传球时手指对球的弹拨、扣球时屈腕对球的推压。尽管有些小肌肉群运动技能中可能包含大肌肉群的参与，但只要在实现技能目标过程中小肌肉群的工作起主导作用，就可以把它归为小肌肉群运动技能（图1-1）。

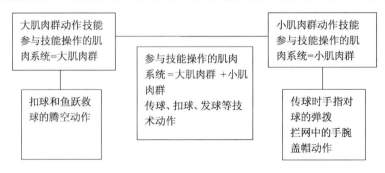

图1-1 参与技能操作的肌肉系统的特征和示例

有些运动技能需要大肌肉群和小肌肉群共同参与才能完成动作目标，这时我们不能把这些运动技能区分为大肌肉群或小肌肉群运动技能，但这些动作技能能在分类连续体上表示出相应的位置，根据它们与两端的距离来判断其所属的类别。例如，排球运动中传球、扣球时既需要手指和手腕的小肌肉群的精确控制，也需要手臂和肩部的大肌肉群的参与。

六、按环境背景稳定性和可预见性分类

根据运动技能操作中环境背景的稳定性和可预见性，运动技能可以分为开放性运动技能和封闭性运动技能。

（一）开放性运动技能

开放性运动技能是指在不断变化及不可预见的环境中执行的运动技能，该类运动技能导致练习者不能有效地提前计划整套动作，而是需要参照外部环境刺激来调整动作。如开汽车、踢球就是开放性运动技能。因为在汽车行进过程中，外部条件不断变化，司机要根据外部条件的变化不断调整自己的操作。另外，在足球运动中，当运动员带球向对方球门飞奔而去，在其接近守门员时，他们通常会做出一个"到底是朝左边还是右边射门"的决定，但最终的决定还要参考对方守门员此时的位置和行动。

开放性运动技能对外界变化的情况有处理能力，并对由此发生的事情有预见能力，如驾驶汽车、传接球。开放性运动技能的成功在很大程度上是由个体在不断变化的环境中对计划好的动作行为产生的良好的适应性决定的。通常这种适应性要快速形成，而有效的应答者一定是有很多不同的动作供其支配的。

（二）封闭性运动技能

封闭性运动技能是指在稳定、可以预见或静态的环境中执行的运动技能，练习者能够预先计划自己的动作在稳定的、可预测的环境背景下执行。例如，撑竿跳高属于封闭性运动技能，因为运动员每次试跳时，外部环境基本保持不变。

由于封闭性运动技能是相当稳定的，其周围环境也是可预测的，所以对外界的环境依赖程度较低，在大多数情况下靠内部反馈信息控制。比如射箭、打保龄球、跳水、体操、举重等都属于封闭性运动技能，这些运动较少受外部情境控制，操作者都有充分的时间做好准备。

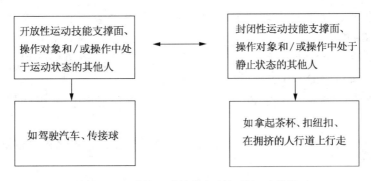

图 1-2　开放性运动技能与封闭性运动技能

当然，很多技能都是发生在只能进行部分预测的环境中，这些技能就处在开放性—封闭性技能连续统一体两端之间的某一点上。Farrell（1975）指出，开放性技能需要机体对环境变化能够快速地适应，而封闭性技能需要机体在一个可预测的环境中完成非常一致的、稳定的动作。

参考文献

[1] 韩丹. 国际规范性体育与运动的基本概念解说 [J]. 体育与科学, 1999 (3): 45-49, 44.

[2] 霍恩比. 牛津高阶英汉双解词典：第4版 [M]. 李北达, 译. 北京：商务印书馆, 1997.

[3] 辞海编委会. 辞海：教育学·心理学分册 [M]. 上海：上海辞书出版社, 1987.

[4] Derek Rowntree. A Dictionary of Education [M]. 赵宝恒, 等译. 北京：教育科学出版社, 1992.

[5] 李捷. 运动技能形成自组织理论的建构及其实证研究 [D]. 北京：北京体育大学, 1999.

[6] 中国体育科学学会, 香港体育学院. 体育科学词典 [M]. 北京：高等教育出版社, 2000.

[7] 张英波. 运动学习与控制 [M]. 北京：北京体育大学出版社, 2003.

[8] 杨锡让, 张禹. 运动技能学学科现状与发展 [J]. 北京体育大学学报, 2005 (7): 865-867.

[9] 邓树勋, 王健, 乔德才. 运动生理学 [M]. 2版. 北京：高等教育出版社, 2009.

[10] 黄志剑, 邵国华. 不同类型运动技能保持特征的比较研究 [J]. 体育科学, 2008 (9): 66-69, 79.

[11] 董文梅, 毛振明. 对运动技能进行分类的新视角及"运动技能会能度"的调查 [J]. 广州体育学院学报, 2006, 26 (4): 5-8.

[12] 陈巧萍. 运动技能学习文献综述 [J]. 商情（科学教育家）, 2008, 5 (5): 422.

[13] 丁俊武. 运动技能学习理论的演变及发展展望 [J]. 北京体育大学学报, 2007 (3): 420-422.

[14] 郑彩壮. 运动学习学科中关于运动技能分类的理论阐释 [J]. 广东药学院学报, 2008, 24 (4): 402-403.

[15] 宋元平, 齐爽, 宋玉婷. 我国运动技能学科研现状分析 [J]. 运动, 2012 (20): 91-93.

[16] 陈峰. 我国开放式运动技能研究现状及展望 [J]. 河北体育学院学报, 2016, 30 (5): 25-29.

[17] 石岩, 王冰. 开放式运动技能学习之道：王晋教授访谈录 [J]. 体育学刊,

2014，21（3）：1-7.

［18］蔚世超．运动技术概念阐析［J］．体育世界（学术版），2011（10）：107-108.

［19］王树明．运动技能学习与控制［M］．北京：高等教育出版社，2018.

［20］殷荣宾，蔡赓，季浏．中英美日基础教育运动技能课程内容比较［J］．体育学刊，2018，25（3）：110-115.

［21］杨锡让．实用运动生理学［M］．北京：北京体育大学出版社，2003.

［22］林崇德，杨治良，黄希庭．心理学大辞典［M］．上海：上海教育出版社，2004.

［23］张洪潭．技术健身教学论［M］．上海：华东师范大学出版社，2000.

［24］李家浩．运动训练学［M］．北京：高等教育出版社，2002.

［25］全国体育学院教材委员会．运动生物力学［M］．北京：人民体育出版社，1990：270-272.

［26］马启伟，张力为．体育运动心理学［M］．杭州：浙江教育出版社，1998.

［27］王健，和平，李恩民．运动技能本体论及其对中小学体育与健康课程的教学启示［J］．天津体育学报，2004，19（4）：1-4.

［28］MAGILL R A. Motor learning：concepts and application［M］．New York：Mclsraw-Hill，2001.

［29］SCHMIDT R A，LEE T D. Motor control and learning：a behavior emphasis［M］．Champaign，I L：Humon Kinetics，1998.

［30］刘德恩．试析运动学习理论模式的演变［J］．华东师范大学学报（教育科学版），1999（4）：63-69.

［31］肖克波．生成学习理论与运动技能教学初论［J］．武汉体育学院学报，2003（2）：122-123.

［32］高大光，海涛．运动技能学习和掌握的认知心理过程分析［J］．哈尔滨体育学院学报，2003（1）：65-67.

［33］田进．示范与讲练在体育课中的作用［J］．四川体育科学，1998（2）：40-41.

［34］张向群．运动技能学习中的心理练习［J］．韶关大学学报（自然科学版），1996（4）：85-88.

［35］邵丽君．技能迁移在排球教学中的实证研究［J］．焦作大学学报，2003，17（3）：107-108.

［36］金亚虹，章建成，任杰．视觉反馈对结果反馈时间点适宜值的影响［J］．北京体育大学学报，2010，33（12）：68-71+97.

［37］杨锡让．实用运动技能学［M］．北京：高等教育出版社，2004.

［38］高鸿彬，陈南生，贾君．内隐认知优越性在运动技能学习中的体现及启示［J］．解放军体育学院学报，2003（4）：66-68.

［39］许尚侠．上肢关节动觉感受性与体育训练的关系［J］．心理学报，1964（1）：

96-102.

[40] 许崇高.试论动作学习的性质及其同化模式:奥苏伯尔学习论之借鉴[J].西安体育学院学报,1994(4):38-42,92.

[41] 陈耕春,赵诚民.动作学习认知理论探讨:对奥苏伯尔有意义学习论及动作学习定性之补正[J].西安体育学院学报,1997(4):66-70.

第二章 运动技能学习原理与形成过程

【本章提要】 本章对运动技能动作控制、学习和发展的相关研究、运动技能的学习原理及形成阶段、运动技能学习的形成过程及运动技能学习曲线进行了介绍。

第一节 运动技能动作控制、学习和发展的相关研究

一、动作控制

动作控制探讨的是在运动过程中，神经系统、身体及行为表现对协调动作操作的作用。简单地说，动作控制是使动作操作顺利完成的一种控制与保障系统，包括神经系统的调节作用、肌肉与骨骼、行为方式的协调变化等，着眼于对人类动作控制和协调的内在机制解释。胡名霞（2006）认为，动作控制是研究动作产生、达成过程及达成动作的影响因素的一门学科。其研究主题包括动作行为产生过程的组织与控制，描述和解释人体各组织系统是如何协调统一完成动作操作的。例如，一个简单反应时测验，从刺激信息的呈现到完成按键，短短的200毫秒内的神经传导、肌电反应、动作轨迹等，包括在动作过程中中枢系统如何进行信息辨别、选择最佳反应、组织反应指令等，都属于动作控制的研究主题。了解了这些原理后，人们就可以知道人类是如何能在各种不同的环境中成功地完成相同的运动技能的。完全相同的运动情境很少，如场地条件、风速、器材的性能等各有不同。所以说，从动作产生的过程，神经机制转换，实施动作的空间、时间，实际执行动作的身体各部位到影响动作表现的因素都在动作控制的探讨范围之内。虽然产生动作的机制，如骨骼肌、关节、力、位移等都是动作控制研究的重要对象，但与环境和运动技能相关的身体或肢体的运动模式也吸引了大批的研究者，如足球运动中踢球动作的脚踝—膝—髋关节间的协调模式等。同时，直接影响人类运动行为的各感知觉如视觉、听觉、触觉等，也是动作控制研究中极其重要的研究方向，所以在运动控制领域常以知觉和行为来说明两者间的相互关系。因此，动作控制的研究内容包括：①研究行动或活动（跑、走、跳、取物、站立等）；②研究知觉，由于行动是在环境中执行的，因此，知觉是执行一个有效动作所必备的能力；③研究认知，如注意、动机和情绪在目标设立过程中的作用；④研究个体、任务与环境间的相互作用。总之，动作控制的研究领域包括知觉和行动系统的研究，而知觉和行动系统必须具有良好的组织方式，才能完成特定目标或行动意图。所以，个体的行动、知觉、认知等系统如何在不同的环境下完成特定的任务目标，是动作控制研究的重要内容。

二、动作学习

一般认为，动作学习指通过练习和经验使个体的运动技能产生相对持久变化的内在过程。这一定义强调学习是一个过程，是一种动作能力的改变，而不仅仅是动作绩效的改变，更是个体运动技能发展到相对持久变化的过程。动作学习的研究就是要探讨为什么会产生这些相对持久的变化，这中间有何规律及如何更有效地实现这一变化。其研究以信息加工理论为基础，更注重个体内部运动能力的改变，注重过程研究，而不仅仅是表面的差异。研究的重点课题是练习和经验、练习时间长短、练习频率、练习内容、反馈和干扰、迁移等。

运动技能学习是一个复杂且费时的过程，学习的绩效往往会受到个体所处环境和经验影响，练习的效果与组织形式、动作类型、时机和练习过程中练习者接受的反馈量相关。因此，在进行研究时，通常会选择过去没有学习经验的运动技能，如游泳、网球、桌球、攀岩、飞行伞等，以便控制前期经验可能带来的影响。如何通过学习形成运动技能协调结构的变化，以何种方式形成，如何提供有效的信息让学习者更有效地学习等，都是动作学习中的核心课题。动作学习的研究对象多以学生和运动员为主，采用实验室和现场研究相结合的方法。如何利用不同的动作学习方法来促进体育运动技能的发展及康复病人运动技能的恢复，是学校体育、训练领域乃至物理治疗领域的热点课题。

三、动作发展

动作发展研究的是人类一生中动作行为的变化、构成这些变化的过程及影响它们的因素。这种行为变化包括个体一生中发生的所有的运动行为变化，是由成长、成熟、经验等原因导致的。研究主题包括：胚胎期的孕育对以后动作发展的影响、功能性任务的发展（书写）、儿童的身体活动及青少年的竞技运动如何随时间而变化等。如研究不同年龄被试者的投篮动作，跨度可由学龄前到低、中、高年级乃至老年人。运动发展研究关注的是行为变化过程中运动协调结构间的转换，强调生物体、任务、环境间的交互作用对个体运动发展和行为的制约作用。其研究的范围可从在母体内的胚胎活动到人的老年阶段，时间延续范围最大，以月、年、年代等较长时间为观察动作行为变化的单位。例如，给予儿童和青少年的运动经验应该有什么不同？给予成人和专业运动员的运动经验又有什么不同？当然，由于动作发展研究中的关键核心是在不断变化的，所以考察老年人和他们的走路姿势时，主要关注的是这些姿态模式是怎样从早期发展而来的，从而为探讨老年人的姿势平衡和延缓动作功能衰退提供理论基础。动作发展是所有人都要经历的一个过程，人们都是逐渐地学会爬行、行走、书写、奔跑及其他复杂的人类应用技能的，有时动作的发展迅速而明显，如婴儿的爬行动作发展，有时动作的变化又很小，以至于多年来变化都不大，如成人的走路姿势，其实这些技能每天都会有细微的变化。作为一个学科领域，动作发展已经从昔日的以描述性研究为主向现今的重视过程研究过渡，以信息加工理论和动力学系统理论为基础，强调生物体、环境、任务间的共同作用。

第二节 运动技能的学习原理及形成阶段

一、运动技能的学习原理

运动技能的形成机制一直是运动科学领域高度关注、积极研究的重要课题。随着认知心理学对认知技能、知识结构、生态心理学和动力学系统理论的不断探索，运动技能的相关理论和研究取得了卓越的发展。在对运动技能学习的众多解释中，可分为强调习惯的、强调认知的和强调生态的三种基本观点。

（一）习惯论

运动技能是由一系列动作构成的。那么，这些动作是如何联系起来而形成连续的动作系列的呢？习惯论主张用"习惯"来解释。习惯论认为，一种运动成分所产生的反应刺激，通过习惯的形成而与下一个运动成分联系起来。当习惯联结形成时，一旦开始某一个动作，这种反应所产生的刺激就引发了另一个动作，从而使一系列动作得以流畅地执行。习惯在这里所起的作用不仅是将外部的刺激与一种反应联系起来，而且将一种动作成分与另一种动作成分联系起来。习惯的形成遵从桑代克提出的效果律，即通过奖励和惩罚来增强或减弱习惯的强度。

（二）认知观

20世纪六七十年代以后，许多心理学家偏向于用认知的理论来解释运动技能的学习。在这些理论解释中，比较突出的是闭环理论和开环理论。

1. 闭环理论

闭环理论是由加拿大心理学家亚当斯提出的。他认为，人的运动技能的学习是对反馈信息进行加工并减少错误的过程，并不是习惯强度的增强，换句话说，动作行为是由反馈机制控制的。当我们执行动作行为时，可以从肌肉与关节的感受器及前庭器官中得到一些来自内部的反馈，此外，还可以从视听渠道获得一些来自外部的反馈。接下来，我们会把这些反馈信息与头脑中表征的预想达到的状态进行比较，当觉察到不一致时，便对当前的动作行为进行修改，以便达到或维持预想的状态。闭环理论强调反馈的作用，尤其适合解释相对缓慢或连续的动作行为（开车之类的追踪任务）的习得与控制，无法解释动作快、耗时短的动作行为，在完成动作的时间内来不及"反馈"，运动时间决定了控制的可能。

2. 开环理论

开环理论认为我们的动作行为受头脑中的动作程序控制，不涉及反馈信息的加工和使用，因而也没有觉察和纠正错误的机制。这一理论适合解释那些要作为整体而快速执行的运动技能的习得和控制。美国心理学家施密特提出的图式理论是开环理论的重要代表。在他的理论中，开环控制的运动指令是预先制定好的，执行时不受周围环境变化的影响。动作行为不是由具体的动作程序控制的，而是由一般化的动作程序（图式）控制的。一般化的动作程序是在一类动作的许多具体例子基础上经概括而形成的，它有一些固定不变的成分，如运动的顺序，也有一些参数或变量需要在动作行为执行之前或之中得到满足，如动作的执行要使用哪些肌肉。在一个典型的开环控制模型中，执行系统与效应器系统同闭环控制系统相似，但是执行过程没有反馈和标准校正部分。

（三）生态观

生态观强调在动作的控制中动作执行者与动作发生的环境之间的相互作用，倾向于在自然的研究场景中研究动作行为。

二、运动技能的形成阶段

保罗·M. 费茨（Paul M. Fitts）和迈克尔·I. 波斯纳（Michael I. Posner）概括了较为成熟的人类学习运动技能的一般过程。他们的分析为进一步详细研究运动技能提供了基础。他们把运动技能的学习分为三个阶段。

（一）认知阶段

认知阶段也称知觉阶段。这一阶段主要是理解学习任务，并形成目标意象和目标期望。目标意象主要是指学习者对自己解决问题的目标模式，在头脑中形成一个表象，即明确解决问题的目标模式。而目标期望则是对自己的作业水平的估计，即明确自己能做得如何。目标意象和目标期望都起着学习定向作用。

学习者在学习的起始阶段，首先要通过对示范动作的观察，对刺激情境的知觉，来形成一个内部的动作意象，以作为实际操作时的参照。而要形成这样一个意象，则需对线索和有关信息进行适当的编码。线索和信息的编码，可以是形象的，也可以是抽象的；可以是视觉的，也可以是词语的；可以是有意义的，也可以是孤立的。为了有利于形成目标意象，学习者通常用自己擅长的方式来对线索进行编码，也就是说，不同的学习者编码的策略与方式是不同的。儿童通常利用视觉表象进行编码，而成人则能够将视觉表象和词语结合起来进行编码。在形成目标意象的过程中，学习者不仅借助对现有任务的知觉和有关线索的编码，也借助先前的有关经验。这就是说，学习者通常还需要从长时记忆中激活有关信息，并将其有效地检索、提取出来。

在这一阶段，学习者的神经过程处于泛化阶段，内抑制过程尚未建立，多余动作较多，动作在空间、时间上都不精确，缺乏一致性，错误操作较多，并时常会出现一些大的错误。该阶段学习者的自我觉察能力尚未形成，主要是依靠动作的比较与外部反馈来学习，通过视听信息进行模仿练习。因此，在运动技能学习的认知阶段，使用指导、示范、追加反馈等练习技术可以有效地帮助学习者快速地形成正确的动作模式，更有效地投入问题的解决过程中。实际上，认知阶段最主要的任务是解决运动技能的言语-认知问题，这一阶段最大的收获是知道做什么，而不是动作模式本身。Adams（1971）也称这一阶段为"言语-动作阶段"。

在认知阶段，学习者不仅形成目标意象，而且根据自己以往成功或失败的经验，依据自己的能力和目前任务的难易，对自己的作业水平形成期望。这一期望既表现在质的方面，即动作质量的好坏上，也表现在量和范围方面，即能完成动作的多寡上。一般来说，有明确目标期望的学习，较之于目标期望模糊的学习更有效。

（二）联系形成阶段

在这一阶段，重点是使适当的刺激与反应形成联系。即使是一个简单的动作，其所包含的刺激和反应也非常复杂，所以联系的形成比想象的要复杂得多。例如，用英文打字机打出"man"这个词，学习者必须知道这个词并能够用打字机打出每个字母，而且打第一个字母的反应又必须成为打第二个字母的刺激。用加涅的话来说，就是必须建立动作连锁。

在联系阶段，认知阶段的知识得到了应用，学习者已经学会把某些环境线索与完成技能所需的动作模式联系起来。虽然对动作基本原理和技术的掌握仍需提高，但所犯的错误越来越少。该阶段，个体可以将注意力集中于如何能成功地完成技能上，注意的焦点开始从认知转向操作，在操作过程中不断修正并形成高效的动作模式，绩效得到显著提高，动作变得更加协调一致。这一阶段往往需要持续较长的时间，学习者需要不断地对操作方式进行局部调整，以便形成更有效的动作协调模式。

在这一阶段，必须排除过去经验中习惯的干扰。例如，已经学会开汽车的人，在学习开飞机时，因为飞机的转弯是用脚操纵的，所以他必须排除用手转动控制盘的习惯。又如，学会了简化太极拳的人，在学习打杨氏太极拳时，常常把简化太极拳中后坐撇脚的动作带到杨氏太极拳里，而在杨氏太极拳中是没有这个动作的，因此，他必须努力去纠正这些习惯性动作。

（三）自动化阶段

技能学习进入这一阶段时，一长串的动作系列似乎是自动流出来的，无须特殊的注意和纠正。技能逐步由脑的较低级中枢控制。同时，练习者已经形成较高的错误自我觉察能力，能够快速觉察错误并及时纠正错误。自动化现象在一些专业技能操作中相当普遍，操作者几乎可以不受影响地同时进行其他任务操作。人们可以一面从事熟练的活动，一面考虑其他的事情。例如，有经验的司机，在正常开车时，可以顺利地与别人交谈。上面所论述的熟练操作的特征就是运动技能的学习进入第三阶段的特征。

研究表明，任何运动技能的掌握都是相对的。例如，有人对工业中的生产技能进行了长期的研究，发现雪茄生产工人的运动技能在四年多的时间内都在进步。这些工人要掌握一定水平的技能，必须经过大量的实践。工人生产一支雪茄，第一年需用 12 分钟，第二年降至 10 分钟，第三年降至 9 分钟，第四年及以后生产一支雪茄的时间还会随着生产技能的提高而减少。许多体育技能的训练表明，一个运动员，要达到自己的最高水平，需要多年的练习。而要保持这一最高水平，还需要坚持不断地大量练习。此外，诱因的大小对技能的改进有很大的影响。国外对明星运动员给予重奖或高报酬，就是为了促使他们不断研究新技术，不断创造新的运动纪录。

需要注意的是，运动技能学习阶段的划分是相对的，虽然现在将运动技能学习的过程划分为不同的阶段，每一阶段有其鲜明的特点，但是运动技能学习的过程是连续的，阶段与阶段之间并没有明确的界限。

专栏2　体育运动与运动知觉测试方法

体育运动与运动知觉是分不开的，对运动知觉的综合、选择与理解，直接决定着人体运动的能力和效果。当学生观察到的都是正确的示范动作，并感知了动作的连贯意义时，就将发生"移情效果"。所以，运动知觉能力发展较好者，在学习动作时效果会好得多。而体育教师如果不能正确感知自身的动作，只是笼统地进行动作示范，在教学实践中就不能正确指导学生的训练。因此，体育教师根据各项运动的需要，有计划地培养学生的各种运动知觉界限，对促进学生动作技巧的形成是非常重要的，能使学生尽快掌握控制动作的感知能力，从而提高教学、训练的质量。

运动知觉测试方法：

本测验为组合测验，每个受试者需要完成四个测验，现将测试方法介绍如下：

1. 上肢定位测验

场地器材：如图2-1所示，在光滑的墙壁上固定以cm为单位的垂直标尺（约50 cm）、遮眼布。

方法与要求：受试者面对墙壁而立，使一侧臂（左右臂均可）正对标尺前平举，这时中指尖不应触及标尺，记录中指尖所指标尺高度；然后让受试者将臂抬高30 cm。这样反复练习数次，体会肌肉感觉。再用遮眼布将受试者的双眼蒙住，让其重新做上述动作，并以cm为单位记录误差值（以抬高30 cm时中指尖所应指的标尺高度为准），不足1 cm不计。共测三次。

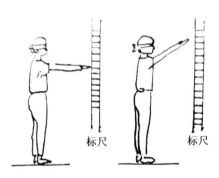

图2-1　上肢定位测验

成绩评定：以三次的平均值作为测试成绩。

2. 感知滑木盘距离测验

场地器材：木盘（直径15 cm，厚3 cm）、皮尺、遮眼布。

场地如图2-2所示。

每小格15 cm

| 1 | 2 | 3 | 4 | 5 | 6 | 7 | 8 | 9 | 10 | 9 | 8 | 7 | 6 | 5 | 4 | 3 | 2 | 1 | 起推线 |

图2-2　感知滑木盘距离测验场地示意图

方法与要求：测验前让受试者在测验场地不蒙眼试推三次，以熟悉推木盘的动作和掌握木盘滑行的性能。然后，正式测验时，用布蒙住眼睛，在起推点将木盘推至10分区内,连续推10次。每次测验应向受试者报出所推木盘最后停在哪一区,如"前8区""后9区"等,以便受试者按得到的反馈信息调节自己的动作。测验场地应平坦、光滑。

成绩评定:受试者每次试推时木盘前缘停下来的得分区数值,即为得分数值。测试共试推10次,累计总分即为受试者最后的成绩。

3. 感知跳跃距离测验

场地器材:皮尺、遮眼布、粉笔。

场地如图2-3所示。

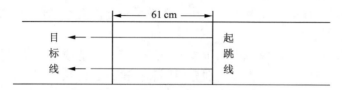

图2-3 感知跳跃距离测验场地示意图

方法与要求:测试前,受试者在不蒙眼的情况下,以脚尖紧贴起跳线后延向目标线跳过,落地是两脚跟离目标线越近越好(踩在目标线上作废),先练习2~3次,以感知两线之间的空间距离和应当用力的程度。然后用布蒙眼,排除视觉信息,用同样的方法跳10次,每次试跳后允许受试者看自己脚跟落地点与目标线的距离。

成绩评定:用皮尺丈量每次试跳落地时,脚跟与目标线之间最远点的距离,以cm计算,10次试跳测量值之总和作为受试者的成绩。

4. "选择—反应—动作"测验

场地器材:秒表、皮尺。

场地如图2-4所示。

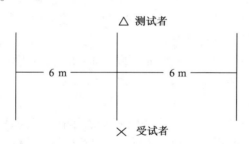

图2-4 "选择—反应—动作"测验场地示意图

方法与要求:让受试者面对测试者站立(在场地两边等距离的位置),这时受试者应取准备向两侧移动的姿势,测试者一手握秒表上举。然后突然向左或向右摆臂指示移动方向,同时开秒表。受试者两眼注视测试者手臂摆动的方向,并迅速准确地跑到边线,当受试者跑过边线并做一个下蹲手触地动作时,即可停秒表。如果受试者跑错方向,不可停秒表,直至回到原位再向正确方向跑过边线做完规定动作,方可停表。测验10次,两边各5次,但要随意排列移动方向的顺序,两次之间间隔20秒。测验前要求受试者先练习2~3次,熟悉测试过程;受试者移动方向由测试者决定,以免受试者猜到方向抢跑;预备口令之间应保持1.5~2.0秒的间隔。

成绩评定：将 10 次测试的平均时间作为测试成绩。

第三节 运动技能的形成过程

动作的学习过程是从不会到会，再到熟练的过程，作为体育教师和教练只有掌握在动作学习过程中各阶段的特点及表现形式，在教学中才能有针对性地实施教法，从而提高运动技能的教学效果。

目前，关于运动技能形成过程的阶段划分还不统一，造成这种状况的主要原因是不同学科有着各自的研究视角及相应的划分原则和标准，下面从生理学学科研究视角对运动技能学习的形成过程进行阶段划分并给出相应的教学建议。

一、四个阶段划分及各阶段教学建议

体育院校使用的运动生理学教科书中，关于运动技能形成时相的内容，一直沿用来自苏联运动生理学家巴甫洛夫的高级神经活动学说，即认为运动技能形成过程分为泛化、分化、巩固提高与自动化四个阶段。从开始学习到形成熟练技巧，整个运动技能形成过程所分的各个时相不能严格划分开，它们相互联系、相互交错，是一个完整的过程。

条件反射学说认为运动技能的学习过程是建立复杂的、连锁的、本体感觉性的运动条件反射的过程，运动技能的形成是通过建立操作性条件反射来实现的。巴甫洛夫在《所谓随意运动的生理机制》一文中，从理论上阐明随意运动的生理机理是暂时性神经联系，所以，运动技能的形成过程，其生理本质就是建立运动条件反射的过程，这一过程是由简单到复杂的过程，并有其建立、形成、巩固和发展的阶段性变化和生理规律，只是每一阶段的长短随动作的复杂程度而不同。根据条件反射学说，运动技能形成过程可分为泛化、分化、巩固和自动化四个相互联系的时相。

（一）泛化相

在运动技能形成的开始阶段，学习任何一个动作在初期都只能获得一种感性认识，而不能完全理解运动技能的内在规律。人体受外界的刺激，通过感受器（特别是本体感觉）传到大脑皮质，引起大脑皮质细胞强烈兴奋，另外，因为皮质内抑制尚未确立，所以大脑皮质中的兴奋和抑制都呈现扩散状态，使条件反射暂时联系不稳定，出现泛化现象。如，技能练习时不该收缩的肌肉也收缩，表现出动作僵硬、动作不协调、有多余动作、动作不连贯、能量消耗多等特征。在此阶段，学习者动作概念模糊，需要在模仿联系中，通过反馈逐步建立肌肉活动的本体感觉。

此阶段中，教师应注意以下五个方面。① 讲解要精简扼要，重点突出，建立粗糙分化。例如，跑的重点是途中跑，而途中跑的重点是后蹬，教师就应着重讲解后蹬技术，概括出动作的要领，即积极前摆，高抬大腿扒地，用力后蹬，三关节充分蹬直，这就点出了技术的关键，使学生建立正确的动作表象和完整的动作概念。② 示范要正确，

力求熟练准确，轻快优美，让学生一开始就对所学动作有一个正确的完美印象，从而受到动员鼓舞，以至于跃跃欲试。③ 重复练习适量，运动负荷适宜。这个阶段讲解示范和纠正错误的时间相对要多些，但也要保证学生有一定的练习时间和重复的次数，只有这样才能形成运动技能，此外，还要有适宜的运动负荷，让量与强度很好地结合，以便有效地促进学生身体发展，增强体质。④ 简化动作要求，让学生神经兴奋不过于扩散。如跨栏跑，可降低栏高；纵箱分腿腾跃，可降低纵峰；投掷，可减轻器械的重量；篮球原地单手肩上投篮，可采取一对一的对面投篮。⑤ 采用各种诱导性练习，让学生体会动作的关键。如在学生学习挺身式跳远的空中动作时，教师可在起跳处加一个弹板，帮助学生增加腾空高度，在空中有更多的时间完成动作，加强保护与帮助，消除防御性反射。

这个阶段的教学应以讲解示范为主，伴以练习，让学生体会动作的过程和要领，初步建立动作的概念。

（二）分化相

在不断练习过程中，随着初学者对该运动技能的内在规律有了初步的理解，正确动作概念的建立和本体感觉能力的不断强化，大脑皮质的兴奋和抑制在时间、空间上日趋完善和精确。由于抑制过程加强，特别是分化抑制得到发展，大脑皮质的活动由泛化阶段进入了分化阶段。因此，练习过程中的大部分错误动作得到纠正，一些不协调和多余的动作也逐渐消除，能比较顺利和连贯地完成整套技术动作。这时初步形成了运动技能操作模式，建立了动力定型。但定型尚未得到巩固，遇到新异刺激（有外人参观或大型比赛等），多余动作和错误动作可能会重新出现。

此阶段中，教师最好做到以下三个方面。首先，精讲。一是利用直观教具辅助讲解；二是编出口诀扼要讲解；三是抓住关键强调讲解，如在教篮球原地单手肩上投篮时，学生完成推球动作，教师应抓住全身动作协调用力和屈腕拨指这个关键讲解；四是利用力学原理指导讲解，如教单杠骑撑前回环动作时，结合学生已学过的转动动能原理，精讲骑撑前回环动作要领；五是运用比喻启发讲解。其次，多练。在相对固定的条件下，根据完成动作的基本要求进行反复练习，在保证动作质量的前提下，要适当地加大运动负荷，加量时一定要注意先增加重复练习的次数和时间，然后逐步加大练习的强度。再次，采用正误动作示范。用正误两种鲜明动作形象对比，引起大脑皮质进行分化作用，消除错误部分，巩固正确部分。

这个阶段的教学应精讲多练，以练为主，纠正错误，伴以正误比较法，让学生通过反复练习、思考，并在及时细致的帮助指导下，逐步消除牵强、多余、错误的动作，从而形成正确的动作定型。

（三）巩固相

通过进一步反复练习，运动条件反射系统已经巩固，进入形成巩固性运动技能操作模式、建立巩固的动力定型阶段，大脑皮质的兴奋和抑制在时间、空间上更加集中精确。此时，不仅动作准确、协调、优美，动作的细节准确无误，而且某些环节的动作还可出现自动化，即不必有意识地去控制而能完成动作。在环境条件改变和其他干扰刺激出现时，动作也不易受到破坏。同时，自主神经活动与躯体运动型神经活动的协调配合已成为运动技能的组成部分，完成练习时也感到省力和轻松自如。

此阶段中，教师应该积极变换练习法，变换动作的某些技术特征，如变换速度、变换动作的形式等。再者，教师应强化动作细节，进行精细分化。例如，学生在做低单杠单脚蹬地翻上时而分腿、单腿摆越而屈膝勾脚面、转体90度下而屈髋等动作时，教师应多次强化这些动作的细节，如垂腿、直脚绷脚面、伸髋，这样做才会使动作趋向完善。要增强学生身体素质，提高身体训练水平，就要不断巩固运动技能，合理安排身体素质练习时间。

（四）自动化相

随着运动技能的巩固和发展，动作会更加熟练自如，可在"低意识控制"下完成运动技能，即出现自动化现象。

此阶段，在教学训练中应注意充分利用第二信号进行强化刺激，在动作自动化后，第一信号系统的活动经常不反映到第二信号系统中来，做动作往往是无意识的活动。所以教师对正在练习的学生可采用语言、信号等进行有意识地强化刺激，使之成为有意识的动作，从而进一步提高动作质量。在练习中，对正确、优美的动作用"正确""好""很好"等简单的语言给予肯定，促使学生大脑皮质对正确动作条件反射活动得到强化，从而使动作技术更完善。还可以运用循环练习法，加大练习密度和运动量，不断巩固运动技能，提高身体素质和增强体质。循环练习的内容选择要服从教学任务，为了提高某项身体素质，加强主教材的作用，可选择与主教材性质相同的练习；为了帮助巩固主教材的基本技术，可选择与该技术有关的练习，或直接用该教材组成循环练习。循环练习在教学顺序上安排要合理，要合乎人体机能逐步上升—稳定—下降的规律。如果以巩固某些运动技能、技术为目的，可安排在技能、技术教学过程中进行；如果有一半是以提高身体素质为目的，可安排在主教材完成以后进行。循环练习的选编要注意原则。强度小、结构简单的动作安排在前，强度大、结构复杂的动作安排在后；外形相似但实质不同的两个动作不要编排在一起。例如，一堂课有两个教材，都安排了一些诱导性和辅助性练习，这样应分别进行两个小循环，避免大脑皮质兴奋性互相干扰，以利于技能的巩固。亦可采用竞赛法，激发学生的学习兴趣，调动学生的自觉性和积极性，进一步巩固技能。运用竞赛法的形式是多种多样的，如教学比赛、测验比赛等。运用竞赛法的，组织工作要严密，同时竞赛规则要简单。

这个阶段的教学应以循环练习法和竞赛法为主，同时要充分发挥第二信号系统的作用。通过反复练习，不断发掘学生身体素质潜能，提高动作技术、技能水平，以及在复杂的比赛条件和相互竞争的情况下，增强合理运用动作技术、技能的能力，并培养学生坚忍不拔、勇敢顽强、不怕困难，具有自制能力、集体主义精神等优良品质。

运动技能形成过程的四个时相是一个连续的过程，各时相之间并无明显界限。在体育运动实践中，运动技能形成过程的各个时相并不是截然划分的，而是逐渐过渡的，每一时相出现的时刻和持续时间的长短并不固定，在许多情况下，某个时相可能不存在。运动技能形成过程的时间长短，受许多因素的影响，如动作的复杂程度、身体机能水平、已有运动技能数量、教学方法、训练水平等，又与学习者的学习积极性和目的性有密切关系。因此，这种阶段划分的指导意义不强，缺陷表现日益明显。

专栏3 女子儿童体操运动员启蒙训练阶段的兴趣培养

女子儿童体操启蒙阶段的主要任务是进行基础技能的训练，内容比较单一枯燥、系统的训练要求高、周期长、技术复杂，这些都使年幼的运动员不易产生持久的兴趣。同时，运动员年龄小、多为独生子女等特点，使得参与这项既苦又累的训练人数不断减少。因此，必须重视和加强对她们的兴趣培养。这对是否能较好地完成启蒙阶段基础训练的任务是十分关键的。

女子儿童体操训练，根据国家教学大纲的要求，8—9岁要完成乙级动作。要完成这一教学任务，至少要经过2~3年以上的训练时间。所以启蒙运动的年龄应在5岁左右，也就是学龄前儿童，而这一时期的儿童的心理特点是注意力不易集中、好动、好奇、恋母性强，适应新环境较慢。要进行训练，必须先稳定情绪，而要稳定情绪，就要通过培养兴趣，使其喜欢新的环境，只有这样，才能进行训练，才能使训练课充满活力，促使运动员注意力集中，提高参加训练的自觉性和积极性。兴趣培养，主要是从训练方面着手。要围绕技能训练进行，使技能训练和兴趣培养有机地结合在一起，随着技能的不断提高，兴趣也随之增强。

兴趣培养是根据技能训练的几个阶段，即泛化相阶段、分化相阶段、巩固相阶段、自动化相阶段，采用相应的训练方法。在启蒙阶段，运动员的年龄小、身体条件不同，但体操动作复杂和繁多，根据教学大纲的规定，在此年龄阶段要掌握以下内容：

技巧：前滚翻、后滚翻、倒立前滚翻、连续侧手翻、双腿前后软翻、单腿前手翻、双腿前手翻、原地团身后空翻、踺子、踺子后手翻两次、挺身跳等动作。

平衡木：倒立，前软反侧手翻，分腿支撑慢起成分腿倒立，原地后手翻，木端后翻下，以及舞蹈动作的转体、跳马、波浪等动作。

跳马：助跑、上板、起跳、团身前空翻。

高低杠：跳在悬垂前摆屈身上并腿后摆成手倒立、向后大回环两次、直体后空翻下。

泛化相阶段与分化相阶段的时间比较长，一般要经过半年以上的时间才能进入巩固相阶段，在此阶段也是培养兴趣的关键阶段，因此，必须注意以下四个方面的内容。

1. 创造情绪，以诱其兴趣

对于刚来训练的儿童，用平坦的训练场地，富有弹性的跳板和良好的仪表、形态、精神面貌来吸引运动员，教练以优美动听、风趣幽默的语言，和蔼可亲、平易近人的态度等感染运动员。这样的情态和环境，能有效地诱发儿童对体操的兴趣。

2. 先易后难，以引其兴趣

知识学习应由浅入深，技能训练应先易后难。儿童都有不同程度的表现欲，在训练一段时间后，能掌握几个简单的动作，如翻侧手翻、前后滚翻，以及下下腰、踢踢腿等。虽然动作质量不高，但是能满足儿童的表现欲，从而增加儿童对体操的兴趣。

3. 及时评价，以增其兴趣

正确及时的评价、适当的表扬是对儿童训练效果的肯定。教练及时评价，能使儿童尽快了解自身的学习成效与运动技能掌握的好坏，激发他们进一步努力训练的动机。在训练过程中，要根据儿童的心理特点，多采用鼓励、肯定的词语，如"好""不错""有进步""加油"等，在肯定其进步的同时，也要指出不足之处，以调动其训练的主动性。

4. 展开竞争，以激发兴趣

竞争是激发训练积极性的有效手段。可以充分利用儿童好奇心强的心理特点，在训练中合理运用竞争的方法，激发儿童参加训练的兴趣，从而调动他们参加训练的积极性。而训练课中的竞争内容是多种多样的，可以进行素质方面的竞赛，也可以进行技能方面的竞赛，要引导儿童形成正确的竞赛目的，使竞赛的各种积极因素发挥作用。

进入巩固阶段后，方法应随之转变，应从明确训练目的和增强志气方面培养儿童的兴趣。运动员体操兴趣的培养，就是要让运动员将教练对体操提出的要求，转化为自己内在的体操兴趣。鉴于运动员的心理、生理特点，他们对体操的兴趣还是易于建立的，但是要稳定他们对体操的兴趣，还要进行有目的的引导，如组织运动员观看国内外举办的体操比赛的直播和当地现场的体操比赛，通过这种直观教学，培养运动员的荣誉感，激发运动员向高层次目标奋进的动机与拼搏精神，使他们从小树立起为国争光的信心和目标，引导他们从兴趣向志趣的方向发展。

二、两个阶段划分及各阶段教学建议

杨锡让教授的研究指出，目前另有一种把形成运动技能过程简化为两个时相的方法，即粗略学习时相（感知动作）和精细学习时相（联合、巩固动作）。这样的划分在目前还缺乏实验性的研究资料，也不可以进行直接测量，难以做量化分析，但是可以避开一些特殊术语。

（一）粗略学习时相

在学习运动技能的初期，因为初学者从来没有感受过这些新异刺激，对于大脑皮质来说，还只是认识和感知的初步阶段，还不能精确地指令效应器。因此，学习者在初学动作时，外部表现是动作不准确、不协调，多余动作较多，动作不连贯，缺乏节奏和韵律，等等（表2-1）。

表2-1 粗略学习时相外在表现与生理原因

外在表现	生理原因
动作不准确、不协调，多余动作较多	兴奋在大脑皮质扩散，使不该收缩的肌肉收缩
动作不连贯，缺乏节奏和韵律	兴奋与抑制尚未建立连贯的定型
动作不标准，错误动作较多	分化抑制不完善
分不清动作的重点和难点	反馈调节未巩固

续表

外在表现	生理原因
不能用语言来讲解完成动作的情况	第一信号系统和第二信号系统未建立起巩固的选择性联系
注意力易被分散，动作易受外界因素干扰而被破坏	条件反射建立但不巩固

（二）精细学习时相

杨锡让教授的研究认为，随着反复实践，学习者通过反馈机制初步领会所学动作，其运动技能会逐渐改善和熟练，大脑皮质对输入信息的分析逐渐精密，能准确地把信息输送到效应器，肌肉能按照动作要求和程序，有节奏地收缩和放松，使动作准确地连起来，多余动作减少，动作协调、省力，同时在实践过程中逐步明确动作的概念和要领，因此，可以用语言轻松地描述出来，在这种情况下，学生甚至可以下意识地完成动作（表2-2）。例如，经过一段时间的排球垫球练习，学生对垫球的基本准备姿势、动作要领、注意事项等都能够准确地掌握，经过反复练习，学生对垫球技术的掌握程度会逐渐趋于稳定、成熟，从而建立稳定的运动技能状态。

表2-2 精细学习时相外在表现与生理原因

外在表现	生理原因
动作逐渐准确、协调、张弛得当	兴奋逐渐集中，分化能力增强，调配合理
动作连贯，节奏性和韵律感增强	大脑皮质在时间与空间上按固定的运动顺序定型
错误动作逐渐减少直至消失	分化抑制逐渐完善
能突出动作重点和难点	反馈调节能力增强
能用语言描述自己完成动作的情况	第一信号系统和第二信号系统建立起巩固的选择性联系
新异的外界刺激不易使动作受到干扰和破坏，并能及时改变	由于不断强化，建立了牢固的动力定型

（三）运动成绩提高的规律

1. 充分利用迁移规律

在学习新技术的初期，过去已经掌握的与新技术有关的相似环节动作经验，具有迁移作用，有助于新技术的掌握。但是，到了后期，随着运动水平的不断提高，对运动反射的精确性要求也越来越高，运动初期形成的运动条件反射与后期的要求差距很大，这就相当于需要重新建立新的运动条件反射。

这就引发了人们对迁移的思考。任何技能都是经过反复练习形成的，各种技能的练习进程都遵循某些共同的规律，由于不同技能之间既存在共同的因素，也有不同的因素，所以一种技能就可能对另一种技能产生影响，从而发生技能的迁移。根据是原来已掌握技能对新形成技能产生影响，还是新形成技能对原来已掌握技能产生影响，迁移有顺向和逆向之分。根据技能之间相互影响起的是促进作用还是干扰作用，上述两种方向的迁移均有正值和负值之分，即所谓的正迁移和负迁移。必须指出，负迁移一般是暂时的，经过练习和训练比较容易克服，所以在教学实践中，教师应在避免和消除负迁移的同时，充分利用迁移规律，促进正迁移的实现，以提高教学效果，达到教学目标。

2. 重视分化抑制的建立

在学习新技术的初期是粗糙的分化，而到后期则要求进行精细的分化。技术水平越高，分化的精确度就越高，因此，这种分化抑制的建立也就越困难。

此时，教练不仅要理解技术动作和掌握分析动作的方法，还要了解运动员技术特点，明确技术训练过程。运动员在学习技术动作的开始阶段进步较快，随着训练年限增加，水平进步幅度越来越小。技术训练要按个人身体特点进行。练习前，要确定学习目的、训练目标，要考虑运动员个体差异，区别对待，分组训练。初学阶段技术训练的目的是学会粗略动作，教法以示范和讲解为主，每次训练后，运动员应对动作留有完整痕迹，多次训练后这些痕迹应在大脑中固定下来。初学技术很重要，也就是说运动员第一阶段动作定型的重要性大于以后的练习，如果一开始动作就不规范，并在大脑皮质内形成动力定型，则对今后动作改进不利。正确的做法是在进行完整动作练习时，也应采用分解法练习，注重技术动作的重要环节。提高阶段技术训练的目的是进一步规范动作，教学时可向运动员讲解一些知识，通过反复练习，提高动作质量。熟练阶段技术训练的目的是培养运动员自我纠正错误动作的能力，逐步提高技术稳定性和自律程度，注意教学训练和个人训练相结合，进一步提高运动水平及技术能力。

3. 要不断推陈出新

运动技术的掌握和提高是建立在一定的身体素质基础上的，在学习新技术的初期，可以充分利用原有的素质基础，到了后期，随着运动水平的提高，对身体素质的要求也越来越高，而发展和提高身体素质是需要时间的。

如黑龙江省游泳训练中心研究员温可佳和杨军的研究指出，技术分析方法有两种，即生物力学分析和观察分析。技术分析通过计算、设计而成，但没人达到全优模式。技术模式是通过对多名优秀运动员研究，发现其技术的共同特点。每个运动员都应掌握游泳技术的这些特点，同时应保持自己的技术特点。技术能力是技能的主要特征，但在评价技能时不能只评价技术，技术只是一些运动模式的产物，运动的效果是很重要的，因为技能主要就是通过在特定情景中达到特定的目标的能力来体现的。

因此，教练在训练中要合理地安排技术训练。教练员应知道如何判断和测量运动项目的技术特征，对运动员掌握技术情况进行分析，以便及时修改动作；同时，还应知道提高力量并不等于能增加速度，一定要具备良好的技术。力量、耐力、速度、灵敏、柔韧等各项运动素质都是由人体的肌肉活动表现出来的，肌肉活动是在中枢神经系统的控制下，以一定的生理和生化反应来实现的。所以，运动员在发展某一项运动素质时，都会或多或少、或直接或间接地引起另一项运动素质的变化。技术不改进，力量越大，阻力越大。在教学和训练过程中，要不断推陈出新，使运动员更快提高技术水平和运动成绩。

4. 根据运动周期安排

运动成绩的提高是螺旋上升的，因而运动训练总是分周期的。运动成绩是身体素质、技术、战术、心理等因素的综合表现。周期性运动是人体内在运动的结果。运动员经过初期准备、夯实基本功、综合训练、恢复等逐步积累了完成比赛所需的精力、体力、心理、智力、技能等方面的能力，经过一次比赛把这些积蓄转化为一种表现形式——高水平成绩，从而完成了这个周期的任务，使技术水平得到提高。它同时受季节性气候、运动员的身体素质、比赛任务等方面的影响。在周期训练中，把高潮安排在比赛中，是训练的核心。运动周期可分为准备期、基本功期、综合训练期、比赛期、恢复期五个阶段。每一个周期，在不同的训练水平上，都存在一个构成运动成绩的诸因素重新综合的问题。这种综合实质上是要求重新建立更高水平的运动条件反射。以跳远为例，要提高成绩，就必须发展素质，在素质得到发展以后，就要求技术动作做出相应的改进，以利于提高了的素质得到充分利用，从而有效地提高成绩。这一过程当然要比单纯学习和掌握跳远技术困难得多，所需要的时间也长得多。

5. 掌握完成技能的程序性知识

从心理因素上分析，初学动作时，学习和教练方法都比较新颖，容易激起学生的学习兴趣，加之学习效果比较明显，因而容易激发学生学习的积极性，从而加速学生掌握技术的进程。到了改进和提高阶段，练习内容、手段大多是重复的，可直接感知的学习效果减少了，因而容易使学生产生单调、枯燥甚至厌烦的感觉，以致形成消极心理，影响学习效果。广泛地讲，影响学生学习技能的心理因素有很多，但与运动成绩密切相关的心理因素不外乎运动动机焦虑、注意和运动技能的获得和控制等。

在对动机的研究领域，近年来一种新的理论不容忽视，即动机毁灭理论。人们在研究个体的行为过程中发现，当个体感觉到自己的努力或付出急剧增加，但自己的成绩或所得到的回报没有明显改变时，他的动机水平会急剧下降，这种现象被称为动机毁灭。在竞技运动中，这种现象也时有发生。焦虑与运动成绩的关系问题一直是运动心理学研究的热点，目前普遍接受的理论是过程效能理论。过程效能理论认为，当主体处于焦虑情景时，其信息处理能力将会受到影响，进而可能影响其运动操作水平的发挥，这种影响可能是积极的，也可能是消极的。由此可以看出，过程效能理论更注重对产生焦虑的心理过程进行研究和描述，是一种典型的认知理论。按照该理论，运动主体在高焦虑和低焦虑状态下，其运动操作水平可能会保持相对稳定，但在高焦虑状态下，运动主体需要付出更多的努力以维持其运动操作水平。在某些情况下，焦虑水平的升高促进了运动成绩的提高，这是因为焦虑导致了运动主体动机水平的提高。技能学习与控制是研究个体学习和控制自身运动技术动作的方法与机制的一个心理学领域。运动员学习和控制运动技能的能力对他们的竞技运动成绩有着重要的影响。人类学习的知识有陈述性知识和程序性知识之分，对运动动作的控制主要靠程序性知识来完成。在学习复杂运动技能的过程中，掌握完成技能的程序性知识是首要任务。这一步的学习与其他类型知识的学习有着共同的规律。在掌握了程序性知识之后，学习者需要将程序性知识与自身的动作发生联系，最后经过不断地练习，使动作熟练而自动化。

运动技能的学习有其独特的方式和特征。它总是与肌肉活动相联系，从最初的尝试模仿到最终的熟练过程都是以肌肉活动的方式去学习并表现的。学生用视觉、听觉接受教师的知识和信息，却用自己的身体动作来回答教师。为了避免学生用错误的动作来回答，教师应帮助学生正确地理解动作概念。教师在学生模仿动作的初级阶段，应大胆略去动作细节的讲解，而以简练的讲解方式帮助学生理解动作、模仿动作。在学生初步掌握动作之后，讲解的重点应当放在动作的细节上，讲清动作的细节，帮助学生准确掌握动作，把学生的注意力引导到动作的个别要素上。而运动技能达到熟练阶段后，应在以上简要讲解、细节讲解的基础上进行全面动作概念讲解，以使学生形成完整的科学概念。在这个阶段，教师要向学生指出动作与动作之间的内在联系、依存关系，避免给学生留下一些支离破碎的互不关联的知识。除此之外，教学中比较方法的运用也是促进学生掌握动作概念的重要途径之一。

专栏4　排球正面双手垫球技术动作的教学程序

排球正面双手垫球技术是排球运动中最基本的垫球方法，它是由准备姿势、判断移动、伸臂、抬臂、击球及下肢协调用力配合组成的。

1. 泛化阶段的教学

在此阶段，形成初步的以直观性为基础的动作印象，并通过分解教学，使学生进行简化条件的练习，初步体会动作的结构、顺序、用力方向等，也就是说，这时的大脑皮质中相应中枢的兴奋呈"扩散"状态，条件性抑制还未形成，两个信号系统尚未建立暂时联系。其表现为，学生做动作时过分紧张，尤其是两臂及两肩僵硬，两臂高低不平，上下晃动，力量大小尚未掌握，整个身体不协调，出现各种多余动作和动作不连贯、不准确等现象，即运动条件反射在各个动作环节之间尚未建立起较精确的时间概念。在正面双手垫球技术教学中，最大的难点是垫球手型和身体的协调配合动作。在教学中，教师应进行各种直观性教学，如让学生观看正确的示范动作图片，有条件的学校可利用声像技术，以技术动作的正误对比等方式帮助学生尽快建立正确的动作概念，要精讲多练，使学生逐步形成较正确的技术动作，同时，教师应要求学生一边练习，一边体会动作要领，自我进行强化，也可以让学生之间互相观察，互相纠正错误动作，从而加快第一信号系统与第二信号系统之间的暂时联系的建立，使感性认识转化为理性认识。

2. 分化阶段的教学

学生通过反复练习，对动作有了一定的领会，并能初步掌握正面双手垫球技术，动作基本正确，不协调和多余动作也逐渐消除。但在此时，动作尚未熟练，不够稳定，很容易受外界环境的影响而变形，多余动作和错误动作可能会重新出现，如在来球的力量大或者受阳光照射等因素干扰时，动作经常会走样。在此过程中，教师应特别注意错误动作的纠正，让学生体会动作细节，使动作更精确、更完整，同时也强调看、想、练的结合，加强两个信号系统之间的暂时联系，促进技术的巩固与提高，还要逐步增加练习次数，提高练习难度，如移动垫球、打调结合、接发球等。

3. 动力定型阶段的教学

学生通过反复练习和强化，运动条件反射系统已经巩固，进入建立巩固的动力定型阶段，大脑皮质的兴奋和抑制在时间与空间上更加集中和精确，此时形成的运动技能属巩固阶段，学生能熟练、协调地完成动作，而且动作不易变形，在环境条件变化时，动作技术也不易被破坏，完成练习时也感到省力和轻松自如。

动力定型发展到巩固过程，并不是一劳永逸的，还应该在继续练习巩固的情况下精益求精，提高动作质量，使动力定型更加完善和巩固。反之，如果不再进行练习，巩固了的动力定型还会消退，动作技术越复杂，难度越大，消退得也越快。在动力定型巩固过程中，教师应对学生提出进一步要求，并指导学生进行技术理论的学习，从感性认识转化为理性认识，更有利于动力定型的巩固和动作质量的提高，促使动作达到自动化程度。

4. 巩固提高阶段的教学

随着运动技能的形成和巩固，暂时联系达到非常巩固的程度以后，动作即可出现自动现象。在这一阶段，学生比较熟练、正确地掌握了垫球动作，合理地掌握了垫球方向和垫球力量，从而使动作达到自动化效果，第二信号系统的活动就可以摆脱第一信号系统的束缚，随着外界环境的复杂化，能更灵活地调整全身活动。但是，动作达到自动化以后，我们不能就认为质量得到了保证。虽然动力定型已经非常巩固，但由于进行自动化动作时第一信号系统活动经常又反映到第二信号系统中来，因此，如果动作发生少许变动，也可能一时未觉察，一旦觉察，可能变质的动作已因多次重复而巩固下来。因此，动作达到自动化以后，仍应不断检查动作质量，精益求精。此外，在形成运动技能时，不能忽视主观因素，盲目地进行教学，哪怕教学再好，学生对动作没有一定的兴趣，积极性不高，教学效果也不会好的。另外，学生的身体素质差，会直接影响到学生尽快地掌握技术动作，因为各种基本技能是身体素质的外部表现，离开动作则无法反映素质，没有素质也就做不出动作，所以只有在充分发展身体的基础上，才能提高基本技能。技能和素质是相辅相成的。

（四）运动技能的学习策略

1. 对提高学生运动技能策略的认识

在影响学生运动技能学习的因素中，除了智力水平、知识基础、学习态度、身体素质等众多因素外，还有学习策略因素。学习策略是衡量个体学习能力的重要尺度，是制约个体学习效果的重要因素之一，是个体进行有效学习的工具。学习成绩与学习策略之间有显著的正相关关系，学习策略的应用能有效地提高学生的学习成绩，学生能否选择适当的学习策略并加以应用，直接影响学习效率。在体育领域，有关运动技能的学习、教学等策略也逐渐引起该领域的专家、学者及教育工作者的广泛关注，各种研究成果相继问世。应用各种学习策略提高学生学习效率的研究，是当前体育教学改革的发展趋势。

2. 学习策略与教学策略的关系

国外许多大学采用相应的学习策略教学计划和教程，逐渐开设了学习策略教学或指导课。著名的有艾米伦（Amiran）和凯蒂姆斯（Katims）的学习策略指导教程、丹瑟洛（Dansereau）的学习策略指导教程、温斯坦（Weinstein）的认知学习策略教程、赫伯

（Herber）的内容指导教程等。这些指导计划或教程，都注重从教育学和心理学的理论高度对大学生的学习方法给予指导，使大学生在学习过程中学会如何学习，促使其进行"认知反思"，这预示着进行学习策略的教学和训练是大有可为的。教学策略注重的是最佳步骤、最佳方法的实用技术问题的研究，正如格拉塞（Glaser）所言："策略如同知道如何做饭或知道如何行船一样，同属一种知识范畴。"这就是说，教学策略必须解决"如何教"的关键问题，这对于广大教师是最具实用价值的。

一般认为，高自我效能感的人倾向于将失败归因于努力不够，而那些能力相当但自我效能感低的人，则将失败归因于能力不足。体育教师在教学过程中要帮助学生灵活运用归因策略，要针对不同的学生采用不同的策略，在不同的场合给予不同的归因反馈，其最终目的是保护学生对成功的良好期待，使学生对自己的能力充满信心，促使其产生有效的成就动机，从而提高自我效能感。高学习效能感学生的练习欲常常能被高教学效能感教师准确的归因言语激活。孙德军（1994）的试验报告也指出，自我效能感高的学生往往能有效地调控自己的学习行为，将注意力集中到学习对象上，自觉克服学习中的不利因素，从而取得满意的成绩，他们能把困难当作挑战，将注意力集中于现实情况的要求上，他们能被障碍激发出更大的能量，还会把课上和平时学到的技术立即应用到练习之中。他们往往有克服困难的毅力，这也决定了学习活动的实际成就，如高原现象、中长跑中的极点现象，无不对学生的意志力提出考验，而高学习效能感学生坚信运动成绩取决于他们能够控制的那些因素。

3. 提高学生完善学习策略的能力

学习效能感高的学习者往往为了提高学习效率与学习效果，有目的、有意识地制订关于学习过程的复杂方案，它不仅包括具体的认知方法，还包括学习者对整个学习过程的调控行为。一般认为，学习效能感高的学生比学习效能感低的学生能更好地使用学习策略，学习的坚持性更高。他们不但乐于制订学习计划，而且积极训练，认为只要自己努力，就能达到锻炼或训练目的。因此，他们热衷于各种体育活动，并积极主动地配合体育老师做好课前准备，譬如他们能把训练时遇到的困难归好类，做到带着问题听课；课堂上能主动适应体育老师的教学方法，积极参与练习，有的课后还及时与体育老师谈自己的学习体会。王振宏等（2000）、刘加霞等（2000）的研究也证实了许多学习动机因素对学生学习的激励作用，是通过影响学习策略运用而间接起作用的。学习策略运用得好的学生能督促自己按计划锻炼与训练，相信通过努力，一定能够实现预定的锻炼目标。因此，体育教师有义务帮助学生制订近期学习计划和修正中期学习目标，最终使学生真正学会锻炼身体的方法，为远期的终身体育活动做好充分准备。

4. 运动技能教学中学习策略的提高途径

（1）教师指导。

第一，教师在教学中应采用多种教学方法和手段使学生在多种学习方法中找到适合自己的一种，并在不断练习中逐步形成自己的学习策略；第二，教师还要有目的地将学生调整到适宜的学习状态，只有在适宜的学习状态中，学生的感知与领悟能力才能得到充分发挥；第三，针对学生的个体差异设计有效的学习方法，使学生明确自己的优势与不足，从而确定自己相应的学习策略；第四，帮助学生选择有效的学习策略，使学生在不断地举一反三学习中形成各自的学习策略体系；第五，坚持培养的长期性，应不断有计划地引导学生的学习进入探索与追求状态中，这样会对其学习策略系统的形成和完善产生积极的影响。

（2）启发与诱导。

教师应启发学生充分地利用这些技能和技巧，依据各自的具体情况，对学习过程中的有关问题进行针对性的思考与练习，从而达到掌握运动技术的目的。为此教师应该在教学过程中多设计一些"为什么要这样……""怎样才能这样……"的启发性情景提问，让学生在自我学习与练习的过程中寻找问题的答案，厘清学习过程的思路，体验成功的过程，从而不断提高自己特有的学习策略。

（3）分析与纠正。

教师在常年的教学过程中总结出"发现错误—分析错误—进行纠正"这样一种基本教学思路，但这一思路作用于学生的学习时，学生往往是被动服从式的，出现错误只是等教师来帮助纠正，从而形成了一种依赖型学习思维。在教学中，当学生产生错误时，教师不妨只指出错误的表现形式，以"明确告之错误—引导自我分析—协助自我纠正"的思路引导学生自己去分析问题。学生在纠正错误的过程中遇到困难时，教师可以给出多种纠正方法，使学生在不断领悟错误所在和有针对性地练习过程中，形成自己的学习策略体系，继而不断改进与提高。

（4）自我体验。

运动的乐趣在于嬉戏和竞争，运动的功能在于健身与育心，学习运动技术的目的更多的在于应用到运动实践中。因此，在教学过程中应引导学生积极参与各种运动实践，在实践中发现不足，针对自身的不足，进行有针对性的学习，在学习过程中不断运用已有的各种学习策略，对相应的技术进行改进，通过对技术的改进获得成功的体验，形成相应的运动技能学习策略，而这种学习策略所产生的内隐性心理体验更加强烈、更为有效。

5. 运动技能教学与训练策略的关系探讨

怎样进行运动技能的教学与训练，才能促进学习者运动技能的形成，是理论与实际工作者均关心的问题。寻求高效能的教学与训练策略，必须从两个方面着手：一方面是深入运动技能学习的研究；另一方面是构建高效运动技能学习的方法体系。后者包括编撰教材，根据社会制度选择高效的组织学习训练的途径，研究有效的运动技能的训练方法，制定评价测量体系。常见的运动技能训练方法有模式化训练方法、行为主义的训练法、认知训练法、模拟训练法等。布兰森等（Branson et al., 1975）建立了一种被称为"教学系统发展服务程序（IPISD）"的运动技能训练模式。这一模式被用于指导美国军队的技能训练，该模式把教学系统（Instructional System Design, ISD）分成五个阶段，即分析任务、设计教学、发展教学、实施训练、通过评定或校正控制过程。

6. 运动技能学习策略中教学方法的探讨

在身体运动控制与学习研究领域，运动技能强调对身体运动感知与控制机制的把握。从这个角度来理解运动技能的话，学习运动技能就是依据某种最佳的方法或途径来不断纠正（试误），而教师与教练的主要任务就是诊断动作，提供反馈信息和纠错，学习者的主要任务就是重复练习某种身体运动技能。通常，运动技能教学采用的分解教学法、完整教学法等都遵循这个理念，但这种定义方法带有局限性。比赛环境及技能复杂性的过分简化是其最主要的局限。比赛环境浸透着文化和社会因素，存在多种问题和选择性，但为了方便地分析运动，比赛环境因素经常被简化甚至忽略，该定义方法重视身体运动的控制机制，但忽略了比赛环境的动态性及个体对这种动态性的适应。

另一种重要的探究运动技能本质的方法是运用认知心理学，该方法非常关注个体的信息处理能力，把认知能力放在首位，认为决策能力比运动本身更重要。人的智能，包括思考、归纳理解和分辨的能力，是影响人体运动的主要因素。领会教学法为认知心理学方法提供了一个理想的理论模型。"领会"阐释了认知是如何在学习和实践中发挥作用的。领会教学法模式主要考虑从运动中分离出来的认知元素，认为认知能力先于任何运动能力的发展，该模式认为学习者首先必须学习运动的本质、运动的规则和战略战术，这是进行运动必须具备的先决条件。认知心理学方法区分了思考和行动的差异，但这种假设导致了战略战术决策等认知元素是与运动反应等技能元素相分离的结论。

另一种重要的探究运动技能本质的方法是运用动态系统理论。在复杂的动态情境下，有目的地自发运动能力，是运动学习和教育领域的研究热点。"情景教学法"就是动态系统理论在运动技能教学上的应用，对情景的重视意味着从个体与情景的二元论发展到个体与情景是相互依存和关联的一元论，运动技能学习的动态系统理论是这种转变的标志，人体运动是情景的、社会的和分布式的，情景教学法就是建立在这种理念上的。情景意味着个体在空间、时间和社会关系方面一直处于一种特定的情景中，如篮球中的投篮，可以是与队友一起投篮，也可以是自己练习投篮，还可以是在比赛中投篮。事实上，投篮这一动作只有在篮球的练习与比赛中才有意义。因此，只有在特定的情景中有意义的动作才能称为技能。技能是一种不能与情景分离的专门能力，技能的这一本质属性将其与动作、技术相区别。例如橄榄球比赛中的传球，从动作本身来看，它非常简单，就是把球扔给自己的队友，但橄榄球运动中的传球可以有多种情景，可以是和朋友娱乐，也可以是在高压力的比赛中进行，想要把球传好，需要一定的技术，包括对球的控制、动作的准确性等。当作为技能时，情景就非常重要了：何时传球、战术意图的体现等要根据特定情景而定。因此，技能不仅仅是技术层面的，还要包括战术意图，要考虑为什么、什么时间、什么地点、如何做等因素。进一步讲，技能要考虑在比赛特定情景中的时间、空间及对手的行动和己方的行动等。例如橄榄球比赛中的传球，需要考虑队员的位置（包括对手的防守位置和己方的进攻位置）、传给哪个位置的哪个队员、传球的距离、比赛的时间因素等。特定的动作技术可以在训练中进行练习，但技能的提高不能脱离比赛情景。例如一个队员可以在训练中练习传球的技术，但如果要提高技能，就必须在比赛情景或者模拟比赛情景中练习，只有在这种情景中他才能有机会阅读比赛，做出恰当的决策。技能必须通过情景设置，如以比赛的形式进行，这种情景设置需要人们进行比赛和规范比赛，这也是比赛情景的一种体现。技能还与个体、他人及所使用的工具相联系。例如网球中的发球技术，动作本身就不仅仅是胳膊的特定运动模式，它还需要全身的协调以保证平衡性、稳定性和力量性。另外，所使用的工具也很重要，队员会选择适合自己的球拍，因为球拍的质量影响击球的质量，当然还要考虑到他人的因素，如队友的因素、对手的因素等。

教师在教学中应注意：

（1）分析所学动作在某个项目中的地位和作用，如果是单一动作，应以提高熟练程度和动作质量为主。

（2）即使动作已达自动化的运动技能，如果长期不练习也会消退，因此，要有计划地练习，并进行强化。

（3）要逐渐加大运动负荷，让学生在较大的心理及生理负荷下能够高质量地完成动作。进行系统训练，加强运动技能之间的联系，使相关技能可以有机地结合起来。

专栏5　少儿运动技能教学科学训练的要求

一、要充分考虑少儿的特点和其发展规律

少儿的生长发育过程有一定的规律，了解这些规律对少儿时期运动技能的培养有重要意义。当前，体育运动技术水平的不断提高使运动技能的培养必须"从小抓起"。少儿运动技能的培养是今后发展高水平竞技运动和终身参与体育运动的基础与前提。但在具体的少儿运动训练和体育教学过程中，对少儿的运动技能培养以暂时提高运动成绩为目的，忽视人类动作发展规律，仅遵循运动技能形成规律，对少儿进行大强度、大负荷的训练，在培养方法、训练内容上偏向于成人化的训练安排。对少儿的成人化训练导致少儿身心健康发展出现了严重问题。笔者认为，少儿运动技能培养在遵循运动技能形成规律的同时，还必须遵循人类动作发展规律。选择正确合理的少儿运动技能培养内容和方法，不仅对少儿掌握运动技能有着重要的作用，对少儿的身心健康发展也有良好的促进作用，而且还对少儿今后参与体育运动、养成体育锻炼习惯、享受体育乐趣有重要作用。遵循人类动作发展规律，了解动作行为发展及其变化，可以使我们获得并保持最佳健康状态，有利于做好教育、体育和健康领域的工作，对少儿运动技能培养有指导意义。

1. **应按照人类动作发展规律进行少儿运动技能培养内容的选择**

参照人类动作发展的过程，少儿正处于基本动作模式期和情景特定化时期，基于此，我们对少儿进行运动技能培养时首先一定要选择走、跑、跳、投、攀、爬、滚、悬、翻等身体能力，培养他们的基本活动能力和运动能力，为所有的运动项目准备好坚实的身体素质（力量、速度、耐力、灵敏、柔韧性等），同时发展一些适合少儿身心发展的运动项目的基础技能动作，为少儿以后选取自身的优势项目和终身参与项目的运动技能打下基础。

少儿运动技能的培养内容要以下列排序为主：①以发展基本动作能力（含体力）和游戏内容为主；②以体能、游戏和简单的运动技术内容为主；③以简单的运动技术、体能内容为主。运动技能培养内容按照由多到少、由宽变窄、由易到难、循序渐进、逐年减项的原则进行，这就要求我们在对少儿的运动技能的训练和教学中加以注意和

运用。

2. 应按照人类动作发展规律进行少儿运动技能培养方法的选择

参照人类动作发展的过程，一方面由于少儿正处于身体和心理发展的特殊时期，他们喜欢游戏，另一方面他们的动作发展过程要求开展游戏。基于此，我们在选择方法时就必须开发体育游戏的新奇性和趣味性，满足少儿在心理上的需求，让他们在一个轻松、和谐的氛围中学习到各种运动技术，使他们的各种基本运动能力得到很好的发展，从而为以后的运动技能形成打下坚实的基础。在体育游戏的选择上，我们必须不断创新体育游戏的形式，以引起少儿的兴趣和好奇心，使他们自主加入体育游戏的欢乐海洋中。

3. 应按照人类动作发展规律进行少儿运动技能培养环境的建构

必须构建一个良好的运动环境和运动氛围，加强运动场馆的建设和运动器械的采集与利用，对少儿进行体育观念教育等。同时对所有少儿一视同仁，每个孩子都有自由参加运动、积极享受体育游戏的欢乐的权利。坚持拥护和开展"阳光体育"，让每个孩子都能在阳光下充分享受属于他们的自由和快乐。向少儿输入适合其身心特点的各种体育信息，这样对少儿运动技能的持续发展、终身发展有很大的帮助。

二、为少儿确定学习目标

目标的确定有三个作用：① 引起少儿学习的意愿形成学习动机；② 发动身心能量投入学习过程；③ 使少儿预见学习的效果并在学习过程中起调节作用。

目标的建立要与少儿的自身条件、教师的水平、学校的场地和设备紧密相关。

目标应有层次性和相对性而不提倡绝对化。

目标的建立应以诱导的方式体现出来而不应给少儿强制的感觉。

三、合理安排学习内容

在低年级少儿运动技能教学的设计中，游戏、基本体操、基本活动机能占较大比重，主要是培养少儿对体育的兴趣，培养其基本运动能力和良好道德品质。在高年级少儿运动技能教学的设计中，游戏类项目逐渐减少，发展基本技能和提高运动能力的教材比重相应增加。内容要按照教学大纲来选择。

第四节　运动技能学习曲线

一、运动技能学习曲线的类型

学习曲线是表示单位生产时间与所生产的产品总数量之间关系的一条曲线。学习曲线有时也称练习曲线。评估学生运动技能学习和掌握的情况，可以通过观察其在运动技能学习过程中的进步情况，把观察的结果用运动技能学习曲线描记下来，纵坐标记录成绩，横坐标记录练习时间或次数。我们把这种曲线称为运动技能学习曲线。

依据杨锡让教授的研究，运动技能学习曲线有线形学习曲线、先快后慢的负加速形学习曲线、先慢后快的正加速形学习曲线、"S"形学习曲线、高原平台学习曲线等多种形式。这些曲线的变化互相交错，在学习过程中会受到个体差异、动作难易程度等多方面的影响。

（一）线形学习曲线

线形学习曲线是学生运动技能学习中最为常见的一种类型，运动技能水平与练习时间成正比（图2-5）。随着练习时间的延长，运动技能水平的提高随之加快，曲线的表现形式为从低到高。对于一些简单运动技能，这种线形学习曲线的出现率比较高。如在篮球的单手肩上投篮运动技能的学习过程中，由于动作技术相对简单，投篮技术相对容易掌握，动作的条件反射容易建立，因此开始学习时比较容易上手，同时，肩上投篮也是很基本的篮球动作，使用的频率较高，练习得也较多。一般

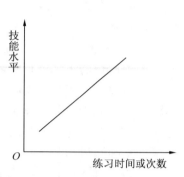

图2-5 线形学习曲线

的投篮练习对练习者的弹跳、力量等身体素质没有特别要求，也很少有其他动作对其产生负迁移影响，随着动作不断被强化，技能水平也不断提高。这样的过程很清晰地反映在记录图中。值得注意的是，该线形学习曲线多应用于记录普通人群特别是初学者学习简单运动技能的情况。

（二）先快后慢的负加速形学习曲线

先快后慢的负加速形学习曲线在运动技能的学习中较为多见，其特点是在练习初期进步快，后逐渐减慢（图2-6）。其主要原理可以以排球运动中各项不同的运动技能为例来分析说明。排球的每一项技术在不同的练习者之间，在不同的练习周期中，或多或少地都会有初期技能水平提高快，而后期提高较慢的情况，主要是：

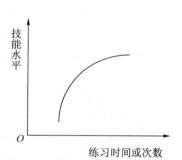

图2-6 先块后慢的
负加速形学习曲线

（1）在学习排球技术初期，过去已经掌握的与新技术有关的相似动作环节及动作经验对新技术有正迁移作用，如羽毛球的挥臂击球动作有助于排球扣球挥臂击球动作的练习。又如先学习了扣球挥臂击球动作后再进行上手发球动作的学习就容易很多，这也是技术间产生正迁移的原因。但是，随着技能的提高，迁移对技术提高的影响越来越小，可提取的有用的练习方法也越来越少，新的运动条件反射需要建立，困难也就越来越大，技能提高也就较为缓慢。

（2）随着技能水平的提高，要求身体素质必须相应地提高，以适应运动技能的要求。如在扣球技术的学习中要想扣出高质量的球，在掌握技术动作以外，对弹跳、力量、爆发力等身体素质的要求也会提高，但提高身体素质，需要花费更多的时间和更大的力气，这也是造成技能曲线升高缓慢的一个重要因素。

（3）在技术学习初期，技术被分解为具体的局部动作，相较于整体练习而言，局部动作练习比较简单，也容易掌握。如扣球技术的挥臂动作、击球手法、助跑起跳的分解练习相对容易掌握，但到了中后期各个局部动作需要协调，并且要逐渐合并为完整动

作，其动作之间的关系逐渐复杂，难度也逐渐加大，所以技能的提高速度明显减慢。

（4）从心理学角度分析，学习者刚开始学习兴趣浓厚，学习情绪也高涨，特别是看到自己提高得很快，更会激发自己的学习热情。但是，排球运动是一门苦差事，随着运动技能难度的增大，学习者的练习情绪会受到影响，这也是运动技能学习曲线形成由快到慢的原因。

（三）先慢后快的正加速形学习曲线

先慢后快的正加速形学习曲线显示的是练习的开始阶段提高缓慢，练习一段时间以后学习曲线呈上升趋势（图2-7）。有些项目的练习，初期进步比较缓慢，以后逐渐加快。一些复杂技能的学习，在开始阶段需要掌握有关的基础知识和基本技能，所以进步较慢，但经过一段时间的练习后，由于掌握了有关的基础知识和基本技能，进步速度就加快了，如学识字、学游泳就是如此。教师在指导这类项目的学习时，应着重加强初期基础知识和基本技能的学习与训练。该学习曲线反映的主要是技术动作比较复杂、难以掌握，初学者有很大学习困难的运动项目。

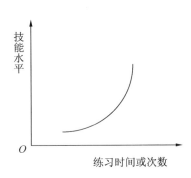

图 2-7 先慢后快的正加速形学习曲线

比较典型的有花样游泳，因为该项目的练习要求具备很强的力量素质、协调性、柔韧性、灵敏性、平衡能力及潜泳和游泳等能力，是身体、心理、智力等多方面综合素质的体现。初学者往往身体素质跟不上，要经过一段时间的练习才能逐渐适应和提高。另外，艺术体操、游泳也是如此，只有适应了这些项目的特点、难点，以先慢后快的形式提高运动技能水平，才能发展和掌握运动技能。

（四）"S"形学习曲线

"S"形学习曲线的特点是在技能学习过程中学习者有时进步得快，有时进步得较慢，呈不稳定状态（图2-8）。在多数情况下，练习初期进步较快，以后逐渐减慢，出现这种现象的主要原因是：开始练习时，学生对已熟悉的部分任务，可以利用过去的经验和方法，而且开始时教师往往把复杂的学习分解为一些比较简单的任务进行练习，容易掌握，加之练习初期兴趣浓，情绪饱满，较为努力，所以练习初期进步较快；后期，可以利用的已有经验相对地逐步减少，而且要把整个的学习联

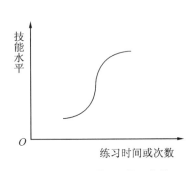

图 2-8 "S"形学习曲线

系和协调起来，比简单的局部学习任务复杂而困难，加之后期学习积极性可能会降低，所以成绩提高较慢。教师在指导这类学习时，应加强后期的指导和训练。

这种学习曲线发生的主观影响因素包括学习者有无良好的学习动机，有无对运动技能学习的浓厚兴趣，在学习全程注意力能否高度集中，机体的疲劳状况和学习中的情绪变化，等等。客观影响因素包括学习的时间、内容、氛围，教师的指导水平，等等。

（五）高原平台学习曲线

高原平台学习曲线表现为开始时学习者技能水平提高不明显，经过一段时间的练习

后，其技能水平呈阶梯式提高，此后一段时间技能水平停滞不前，再练习一段时间后技能水平再次阶梯式提高（图2-9）。出现这种现象的原因可能是：

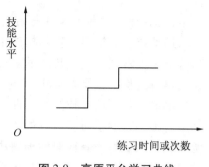

图2-9 高原平台学习曲线

（1）身体素质的发展落后于技能的发展，而身体素质提高了，技能就会进步明显。例如，在羽毛球运动中，在掌握好拉高远球技术后，可学习跳起扣杀球技术，由于受弹跳及力量素质影响，在一段时间里，技能水平可能会停滞不前。但随着训练时间的延长和身体素质的全面提高，跳起扣杀球技术的时机、力量及角度的把握都会突破停滞状态，得到提高和进步。

（2）技术复杂程度的影响。在某一段时间，只集中于某一部分的练习，只提高相应练习部分的技能，对于整体而言是停滞不前的。如在排球的传球技术中，在一段时间内进行近距离对墙手型练习、手指拨球练习，对传球的整体技能的提高不会产生影响。

（3）运动技能的提高需要改变旧的动作结构和完善新的运动技能方式，在完成这一改造之前，技能处于停顿状态。

（4）伤病的影响及学习兴趣和动机的低迷也会造成技能停滞的现象。

影响运动技能学习曲线的因素是多方面的，即使是练习相同的技能，学习者个体的学习态度、努力程度、体力及动作特点、难度等的不同都会对学习曲线的走势造成影响。学习的进程常常因人而异，所以学习曲线明显地表现出个体差异。学习曲线表现出个体差异的原因有：学生的个性特点不同、知识经验不同、努力程度不同等。因此，教师必须分析产生个体差异的具体原因，并针对不同原因分别采取不同的具体措施，使学生的学习顺利地进行和提高。

二、正确认识运动技能学习曲线

（一）运动学习的分析

运动学习是指学习者通过练习或经验所引起的具有潜在性和持续性的内部变化过程。这种变化过程表现在两个方面，即运动技能的质和量都会获得提高与改变，同时心理机能也变得精密敏锐，促使技能活动更加准确。运动学习与知识、技能和意向的基本特征有紧密的关系。通常认为，知识和意向通过经验取得，技能则通过实践取得。一位教师可以告诉学生哥伦布于1492年发现美洲，从此，只要不忘记，这些学生就算已经知道这一事实，而且再次接触时就能做出反应。一个事件或一项活动，如吃冰激凌或饮好酒，凡是经历过且喜欢，就会变成需求和意向的目标。有些活动，像开汽车或打棒球，涉及的不仅有知识和意向，还有技能。反复进行这些活动或进行实践，就能改进技能。这里要专门讨论一下学习和实践之间的关系。大多数关于学习的理论，甚至有关行为的一般理论，都对学习和作业之间的关系给予注意，并将二者严格区分。按传统的观点，人们认为学习从未被人真正直接地观察到，许多理论把学习看成一种中介的变因，它介于环境中某一刺激和某人的某一反应或作业之间，并使二者联系起来。学习并未被直接观察到，但其中发生了学习这一过程。

(二) 运动技能的保持与消退

运动技能的学习过程是持续的、起伏多变的渐进过程，有时提高快、有时提高慢，这些都是正常现象，是暂时的。要认识运动技能学习过程中的停滞和倒退现象，在运动技能学习过程中，受各类因素的影响，技能的提高会出现停滞的"平台"现象，甚至出现倒退，从而运动技能学习曲线也就表现出各种各样的形式。引起这样的情况发生的因素有很多，如学习者自身的主观学习问题因素、教师指导方面的因素等。这时我们应给予正确的认识，有针对性地解决问题。在此要提出的是，在技能学习中所出现的一些技能倒退现象在很大程度上是由练习者主观的因素造成的。不良的情绪、消极的态度和动机、疲惫的身心等都会对技能的学习和掌握造成负面影响，是技能倒退的诱因。一旦此种倒退情况出现，应立即调整心态、调节状态，严重时亦应停止练习，待身心状态恢复正常后再进行练习。

(三) 发挥两个信号系统的作用

发挥第一信号系统的作用主要是利用直观的形象刺激，如正确的示范、形象的讲解。例如，在排球扣球技术的教授中，首先要进行完整动作的示范，让学生对扣球有直观了解，然后再进行分解示范与讲解。发挥第二信号系统的作用主要是利用精确的、鼓励性的语言，在扣球练习中，为使学生掌握好起跳时机，教师可给学生提示性语言"跳"，为使学生掌握扣球时机，可以说"扣"，如果做得好，就说"好球""漂亮"，以此鼓励学生。教会学生勤于动脑，对动作进行分析、回忆、想象，这有利于加速运动技能的形成。

(四) 合理地运用好反馈

运动技能学习中的反馈，就是通过输入和输出信息，使师生在技能学习过程中获得各种信息，在信息交换中不断发现问题、解决问题。如在原地正面上手传球学习中，教师可以先让学生观看正确的技术动作，然后通过讲解、示范，让学生模仿，教师对正确动作要进行肯定和鼓励，对错误动作要及时纠正，继而示范给学生正确的技术动作，再让学生练习。如此反复，促使学生分化抑制的发展，尽快地形成精确的运动技术的分化。教师应注意，给予反馈信息要及时、简单明了，抓住问题的关键。

(五) 充分利用迁移原理

迁移就是将某些已掌握的技能运用到新技能的学习中，它们可能是积极促进的一面，也可能是相互干扰的一面。例如，在篮球学习中，先学习原地正面单手肩上投篮技术要领，对后面学习急停跳投和抛投就有良好的影响。这是因为这些动作的基本环节相同，大脑皮质内原来形成的运动条件反射的基本环节可作为新技术的基础。如果各项技术的学习顺序安排不科学，就会产生相互干扰。比如，在田径运动中，先练习跨栏技术动作节奏就会严重影响短距离平跑技术动作节奏的学习与掌握，产生很大的阻碍和负面作用。因此，科学地安排各项技术的学习顺序是很重要的。一般地，我们可以把基本部分相同的动作编为一组进行教学。

(六) 调动学生学习的积极性和自觉性

调动学生学习的积极性和自觉性，就是端正学生的学习动机，使其在学习中建立适宜的兴奋状态。在练习中，我们可以通过改变教学方法来提高学生的学习积极性，可以通过比赛或游戏来调动学生的学习兴趣。例如，在练习网球回球的准确性时，我们可以在场地的网前或底角部位摆上小桶或者标志杆进行比赛，击中或者击倒标志物的得一分，同样的回击20个球，看最终谁的得分多。又如，在排球跳发球练习中，我们可以通过降低球网的高度等来提高发球飞行速度。

体育活动是未来社会的一种生活方式，而体育运动技能又是体育活动的表现方式，因此，体育教学应把学生体育运动技能的学习作为教学的核心，加强运动技能与学生体育技能相关理论的研究，提高学生体育技能习得过程与结果的质量。

参考文献

[1] 杨锡让. 实用运动生理学 [M]. 北京：北京体育大学出版社，1998.

[2] 杨大轩. 体育运动技能形成阶段性的教法研究 [J]. 广州大学学报（社会科学版），2008（6）：75-77.

[3] 杨锡让，傅治坚. 运动生理学进展：质疑与思考 [M]. 北京：北京体育大学出版社，2000.

[4] 李军，张勉. 大学生运动知觉能力的测定研究 [J]. 武汉体育学院学报，2003（2）：114-116.

[5] 戴霞，叶明. 运动技能信息处理过程中影响技能效能若干因素的探讨 [J]. 湖北体育科技，2005（3）：346-347.

[6] 肖义慧. 开放式和闭锁式运动技能干预对大学生自我设限影响及相关研究 [D]. 南昌：江西师范学院，2009.

[7] 谢春雨，田钿. 运动技能学习理论研究综述 [J]. 科教文汇（中旬刊），2009（12）：204，255.

[8] 张力为，毛志雄. 运动心理学 [M]. 上海：华东师范大学出版社，2003.

[9] 郑彩壮. 运动学习学科中关于运动技能分类的理论阐述 [J]. 广东药学院学报，2008（4）：402-403.

[10] 武雪莲，梁建平，焦胜利，等. 试论运动技能的形成 [J]. 四川体育科学，2005（4）：69-70.

[11] 蔡文丽，张慧. 体育专业大学生运动技能学习策略研究综述 [J]. 科技资讯，2010（33）：236.

[12] 骆建，陈广勇. 田径技术教学中学生产生错误动作的原因及运动技能能力提高的干扰因素 [J]. 北京体育大学学报，2005（12）：1684-1686.

[13] 柴娇，张力. 学习理论研究进展与不同性质运动技能的学习原理探析 [J]. 东北师大学报（哲学社会科学版），2011（4）：220-223.

[14] 杨叶红，王树明. 直觉、顿悟与超然：运动技能习得过程及学习策略 [J]. 山东体育学院学报，2019，35（2）：103-106.

[15] 王健，曲鲁平，赖勤. 分散练习和集中练习对运动技能学习效果影响的研究 [J]. 天津体育学院学报，2015，30（1）：1-6.

[16] 李重言，宋会君. 从认知理论看运动技能形成过程中的讲解 [J]. 中国学校

体育（高等教育），2015（5）：41-44.

[17] 邓若锋.运动技能学习层次构建［J］.体育学刊，2018，25（1）：11-16.

[18] 吕慧青，王进.运动技能学习效率的顿悟解释模型探索［J］.体育科学，2014（4）：30-40.

[19] 胡名霞.动作控制与动作学习［M］.2版.台北：金名图书公司，2006.

[20] 孙德军.小学生自我效能感影响学习成绩的分析报告［J］.现代中小学教育，1994（2）：34-36.

[21] 王振宏，刘萍.动机因素、学习策略、智力水平对学生学业成就的影响［J］.心理学报，2000（1）：65-69.

[22] 刘加霞，辛涛，黄高庆，等.中学生学习动机、学习策略与学业成绩的关系研究［J］.教育理论与实践，2000（9）：54-58.

第三章 运动技能学习的相关理论

【本章提要】 本章对神经类型、信号系统及其与运动技能形成的关系，目标、动机、行为及其与运动技能形成的关系，注意力、反馈在运动技能学习中的应用，运动技能迁移在体育教学与训练中的应用进行了介绍。

第一节 神经类型、信号系统及其与运动技能形成的关系

一、神经类型

1. 神经类型的概念

神经类型（nerve pattern）全称为"高级神经活动类型"，是神经过程的基本特性的稳定结合。生理学早已证明，大脑皮质在内外刺激的作用下，产生兴奋和抑制两个相互对立的过程，由它们的相互转化、相互制约、相互平衡，构成大脑皮质的全部活动。按大脑皮质高级神经活动的基本特征划分的一些类型简称为神经类型。神经类型学是研究神经系统的基本特性及这种特征在个体间表现出的差异特点和规律的科学，它属于生理学、心理学的范畴。人体生理学是研究生命现象及生命活动规律的科学，在神经中枢内，神经活动过程一般包括兴奋与抑制过程的扩散、集中、后作用及相互诱导。神经过程的动力性特征表现为强度、平衡性、集中性、灵活性和动能性。人的心理活动的生理基础是神经系统的活动中心，它与人的心理活动紧密相连，而神经系统的外在表现是由认知、情感、意志等心理现象及个性特征表现出来的。

2. 神经类型的划分及其特点

巴甫洛夫将人类的神经根据神经传递过程的本质特性将其划分为以下四种类型。

（1）活泼型：神经过程强度大、均衡性好但灵活性差。属于这种神经类型的人，其生理特点是：阳性条件反射和阴性条件反射都较容易建立；不易产生超限抑制；条件反射易于改造。其行为特点是：活泼好动，反应灵活，好交际，精力旺盛，工作效率高，工作喜欢从兴趣出发。

（2）安静型：神经过程强度小、均衡性好但灵活性差。属于这种神经类型的人，兴奋和抑制也都较强，并且均衡性好，但灵活性低。其生理特点是：阳性条件反射和阴性条件反射都较容易建立；不易产生超限抑制；条件反射的改造比较缓慢和困难。其行为特点是：性格稳重、安静，动作稳而不慌，能吃苦耐劳，有坚持性。但反应较迟钝，不好交际。

（3）兴奋型：神经过程强度小、均衡性差，兴奋过程占优势。属于这种神经类型

的人，兴奋和抑制都较强，但兴奋占优势。其生理特点是：比较容易建立阳性条件反射，而且稳定；能承受强烈的刺激，而且不易发生超限抑制；内抑制过程比较弱，不易建立阴性条件反射，分化也常出现错误。其行为特点是：容易激动，脾气比较急躁，热情奔放，不易克制自己，性格开朗、乐观；但遇事不够细心，甚至有时还粗枝大叶。

（4）弱型：神经过程强度小，均衡性相对较差，抑制过程占优势，灵活性也较差。属于这种神经类型的人，兴奋和抑制都较弱，但抑制占优势。其生理特点是：不易建立阳性条件反射，即使建立也不稳定；容易发生超限抑制；阴性条件反射比较容易建立。其行为特点是：胆小怕事，遇事顾虑重重，常忧郁，多疑，多愁善感。

二、信号系统

1. 第一、第二信号的概念

第一信号是指实在的、具体的、能被感觉器官直接感知的信号。

第二信号是指抽象的、概括的信号，即语言、文字。它是第一信号的高度概括，虽然看不见、摸不着，但能起到刺激信号的作用。

2. 第一、第二信号系统的概念

对第一信号的具体刺激发生反应的机能中枢，称为第一信号系统。对第二信号的语言、文字刺激发生反应的机能中枢，称为第二信号系统。第二信号对于人来说是极为重要的。人有了语言、文字，才能进行思想交流、教育、学习等，没有语言、文字，也就没有人类社会。语言是后天通过学习建立起来的条件反射。教育对于少年儿童第二信号系统的发育有巨大的影响。

3. 第一、第二信号系统的分型

正常的人都具有第一、第二信号系统，但有的人第一信号系统占优势，有的人则第二信号系统占优势，也有比较均衡的，我们将这些不同的情况称为第一和第二信号系统的分型。常见分型如下：

（1）思想型：第二信号系统占优势。这种人喜欢思考问题和分析问题，抽象思维能力比较强。在性格上一般表现为比较内向。

（2）艺术型：第一信号系统占优势。这种人善于观察事物，形象思维能力比较强。感情丰富，而且比较外露。在性格上一般表现为比较外向。

（3）中间型：第一和第二信号系统的发展比较均衡。这种人的思维能力和性格兼有思想型与艺术型的中和特征。

4. 两个信号系统在运动技能教学和训练中的应用

（1）充分发挥第一信号系统的作用。如动作示范要正确、优美；示范目的明确，时机恰当；示范要突出重点；注意示范面的合理选择。

（2）充分发挥第二信号系统的作用。如语言的运用要正确、适时；语言要简洁易懂；运用语言应与授课对象的接受能力相适应。

综上所述，我们可以看到一个人的神经类型和信号系统的发展与个性的形成有着密切的关系。从某种意义上说，人的神经类型和信号系统的发展是个性形成的生理基础。一个人的神经类型和个性的形成，既与先天的遗传有关，更与后天的环境有关，而且后天的生活条件、教育条件及实践活动起决定作用。

三、神经类型、信号系统与运动技能形成的关系

神经系统包括中枢神经系统和周围神经系统。中枢神经系统是指挥整个机体活动的"司令部"。人体的一切活动，其本质都是神经系统的反射活动，都是经过感知、分析、判断、做出反应这个过程完成的。经常参加体育锻炼可以改善和提高神经系统的反应能力，使思维变得敏捷，调控身体运动更准确协调；还能有效地消除脑细胞的疲劳，提高学习和工作效率。

人的后天实践对人的神经类型及个性的形成和发展有着重要的决定意义。与此同时，人的实践活动又受人的神经类型和信号系统等的制约。为此，在运动技能教学与训练中，教师一方面要善于通过运动实践来改善学生的神经类型及发展学生的个性；另一方面又要根据学生的不同神经类型和信号系统，做好区别对待，因材施教。

第二节　目标、动机、行为及其与运动技能形成的关系

一、相关概念的界定

（一）目标的概念

目标是个人、部门或整个组织所期望的成果。

梦想、理想通常是大目标的另一称呼，人生重要的事情之一就是确定一个伟大的目标，并决心实现它。

（二）动机的概念

动机是人们指向某一目标的、激发或抑制某个行为的愿望或意向，是推动个体从事某种活动的内部心理动因。

动机可分为内在动机与外在动机。内在动机（或内在激励）指的是任务本身的兴趣或愉悦带来的动机，这存在于个体内部而非依赖于任何外部力量的驱动。内在动机从20世纪70年代开始被社会心理学家和教育心理学家关注。被内在动机激励的学生可能更愿意进行这项任务，并且在任务过程中提升自己的技能和能力。外在动机是指由个体自身之外的诱因转化而来的动机，如表扬、奖励、荣誉、避免惩罚等。

人的一切运动行为都是由一定的动机引起的。而运动动机是由运动目标引发的，推动人们参与体育学习与身体锻炼活动的内部心理动因。[①] 动机对形成运动技能有着直接的影响，猿人为了生存从树上下到地上觅食并且学会了直立行走和奔跑，马戏团里的动物为了吃学会了很多它们以前不可能会的技能，这些技能的形成都与它们的动机有着不可分割的联系，同样我们对运动技能的学习和获得也是在一定的动机条件下发展起来的。

---

① 季浏，殷恒婵，颜军．体育心理学［M］．3版．北京：高等教育出版社，2016：66．

（三）行为的概念

行为是指受思想支配而表现出来的外表活动。

行为是人类在生活中表现出来的生活态度及具体的生活方式，它是在一定的物质条件下，不同的个人或群体，在社会文化制度、个人价值观念的影响下，在生活中表现出来的基本特征，或对内外环境因素刺激所做出的能动反应。人的行为可分为外显行为和内在行为。外显行为是可以被他人直接观察到的行为，如言谈举止；而内在行为则是不能被他人直接观察到的行为，如意识、思维活动等，即通常所说的心理活动。一般情况下，可以通过观察人的外显行为来进一步推测其内在行为。

二、目标、动机、行为三者之间的关系

（一）动机与行为的关系

动机是发动与维持人的行为的内在原因和直接动力。

动机与行为的关系：① 动机，具有引发和驱使人们进行某种行为的作用；② 动机能使人们的某种行为指向一定的方向，选择一定的目标；③ 动机能保护和巩固行为，并贯穿行为的发动、加强、维持，直到行为终止的全部过程。另外，人们的行为结果对动机也有很大影响，良好的行为结果会强化动机，不好的行为结果会使动机削弱并降低行为的内在驱动力。

（二）目标与动机的关系

动机来源于目标，目标是形成动机的基础。

人们的动机首先来自人们对某种事物的需要，但由于人与人之间存在明显的个体差异，其生理、心理状况不同，兴趣爱好不同，所处环境和经济条件不同，因此，人们的目标和需求也多种多样，目标的动机和需求及内在行为方式也不尽相同。研究表明，在人们的多种体育需要中，发展身体、增强体质和保持健康是大多数人最基本、最主要的目标。除此之外，则集中表现为适应社会和集体的需要、实现自我价值等个性化目标，如娱乐消遣、调整情绪、人际交往、美体健身等，同时这些需要也决定着人们的体育目标取向和动机行为方式。

（三）目标、动机、行为三者的关系

目标、动机、行为三者之间具有密切的关系。

人的主观意志产生目标。比如，此刻我的目标是需要一个面包。为何需要面包？因为我的"动机"是填饱肚子。这样的动机促使我去行动。又如，在体育训练中，我的目标是要达到一个理想的成绩。为何需要这样的成绩？因为我的"动机"是拿名次。这样的动机就会促使我去刻苦训练。

目标是动机和行为的基础，人的行为是由动机决定的，而动机是由目标支配的，但这三者之间并不一一对应。动机是在目标的基础上产生的，但是目标并不必然产生动机，只有目标的对象达到一定的强度时，目标才能转化为动机。一般来说，动机是行为产生的直接原因，行为是动机的外在表现，两者之间有着复杂的关系，它们彼此之间并不一一对应，同一动机可以引起多种不同的行为，同一行为也可能出自不同的动机。动机会指导行为，同时行为也会反作用于动机。因此，人们的目标、动机、行为三者之

间有着不可分割的密切联系,它们相互影响、相互渗透、相互制约。其一般规律是:目标—动机—行为—新目标—新动机—新行为。

(四)目标、动机、行为与运动技能形成的关系

体育动机是指在运动需要的推动下促使人参加体育活动的内部动力。

心理学家就人生不同时期人们参与体育运动的动机做过比较详细的描述,指出幼儿期的活动主要与自身对身体活动的需要、好奇心等发自内部的动机及体验由运动引起的兴奋和愉快感等情绪性动机有密切的联系;进入儿童期后,可以从儿童的运动游戏中观察到自律、亲近、完成等社会性动机已初显端倪;初中和高中学生参加体育活动是以喜欢体育运动和体验体育活动带来的积极性情感体验的动机为主,其余是因为受到来自老师或朋友的影响等外部诱因、希望结交朋友并与他们愉快相处等与人亲近的动机、目睹了令人钦佩的运动风貌后唤起自己也想进行尝试的完成动机、使身体更加强健以得到承认和体现优越于别人的社会性动机等都是比较强烈的体育参与动机。

动机与运动技能的形成和提高之间的关系是复杂的,研究表明,它们之间并不呈线性关系,而是一种倒"U"形的曲线关系(图 3-1)。

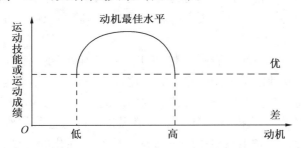

图 3-1 动机与运动技能形成的关系

学生如果处于动机最佳水平,所取得的学习效果与比赛成绩最好;如果动机水平过高或过低,则学习和比赛都不可能获得理想的结果。例如,有些学生平时运动技能掌握得不错,但一到测验、比赛时,就紧张,想得太多,使得动机太强,而不能发挥出自己的原有水平。因此,在教学、训练和比赛中,教师要善于调整学生的动机状态,并帮助学生调控动机,使之处于最佳水平。

三、动机理论在运动技能教学和训练中的应用

1. 动机的本能论

本能是指机体由遗传获得的、与生俱来的、不学而能的行为方式,其对机体的生存与延续有重要意义。

心理学家威廉·詹姆斯(William James)等认为现实生活中所观察到的人类行为都是由本能引起的,同时提出了人类所具有的各种各样的本能。

西格蒙德·弗洛伊德(Sigmund Freud)把本能看作人的行为的推动因素和内在动力,并从对心理异常现象的观察中,提出了心理结构及其各组成部分之间的动力关系,详细地论述了本能的能量与作用。

在运动技能教学和训练中,一定要充分利用学生爱活动的"本能"动力,不要限

制、压抑了他们的这种"天性",要适当满足他们的需要和兴趣,内容安排丰富多彩,形式多种多样,要"精讲多练",注重让学生"动"起来,使他们的本能能量得到充分释放。

2. 动机的行为论

行为主义心理学派的强化理论在20世纪50年代有着重要的影响,其代表人物伯尔斯赫·F. 斯金纳（Burrhus F. Skinner）通过对操作条件反射的研究,提出机体的操作性行为是通过强化形成的,且强化对行为还起着动机的作用,即受到积极强化的行为,其发生的次数将会出现增加的趋势。

斯金纳的实验研究表明,固定间隔或次数的强化会引发有规律的行为反应,且间隔愈短,行为反应频率就愈快。而不固定间隔或次数的强化会产生快速、稳定、一致的行为反应,且可明显地减缓行为的消退。

动机的行为理论在体育教学或锻炼活动中的应用:体育教师经常运用表扬和批评的手段,激励学生的运动行为,或阻止不利于运动技能学习与身体健康的行为。受到表扬的学生,运动动机得到强化,良好的行为表现就会增加,体育学习和锻炼的效果也会提升。相反,遭到批评的学生,某个不良行为表现的动机将会减弱,此行为表现次数也会随之减少。

行为强化的理论与实验研究表明:对于初学某个技能或刚刚参加体育活动的人,在表现出正确行为后,立即给予表扬、肯定的强化,效果较佳。给予他们连续强化,可使他们快速、有效地建立起良好的行为习惯。因此,应多表扬、鼓励初学者、初练者。但连续强化具有"不经济"的特点,且一旦取消强化,行为会很快消失。因此,在某一体育教学或练习阶段,可采用只对一部分正确反应给予强化的方法,只要适时、适度,同样可以达到与连续强化相同的激励效果。对于已经形成一定行为习惯或达到一定技能水平的运动参与者,可采用不定期、不定时的强化方式,有时给予短时期强化,有时则间隔较长时段给予强化。

3. 动机的人本论

动机的人本论是以亚伯拉罕·H. 马斯洛（Abraham H. Maslow）、卡尔·R. 罗杰斯（Canl R. Rogers）等学者的需要论、潜能论和自我实现理论为基础的。他们从对健康人和自我实现者的心理特征研究中,提出了"自我"概念和在更高层次上探讨人的动机的观点,认为人是一个一体化、有组织的整体,其行为动力与社会文化因素之间有着本质的联系。

4. 动机的社会学习理论

社会学习理论是美国教育心理学家阿尔伯特·班杜拉（Albert Bandura）提出的,有关动机的论述包括观察学习、自我效能等主要观点。

观察学习理论:强调观察学习在人的行为获得中的作用;重视榜样的作用;强调自我调节的作用;主张建立较高的自信心。

自我效能理论:个体对自己的行为能力及行为能否产生预期结果所报的信念（主要来源于个体的成败经验、替代经验、言语劝导及面临某一任务时的身心状态）。

5. 动机的认知论

代表人物：爱德华·L. 德西（Edward L. Deci）和理查德·瑞安（Richard Ryan）。认知论认为，动机是建立在选择目标、决策、计划及对成败可能性进行分析等认知过程基础上的。认知失调理论、期望理论、归因理论等均属于动机的认知理论。

第三节 注意力在运动技能学习中的应用

一、注意的概念

注意是心理活动对一定对象的指向和集中，是伴随着感知觉、记忆、思维、想象等心理过程的一种心理状态。人在某一时刻注意到某一对象时，其注意力必然会离开其他的对象，从而使这一对象处于注意的中心，其余的对象处在注意的边缘或者注意的范围之外。

二、注意规律在运动技能教学和训练中的运用

在一次训练课中，运动员收获的大小，在很大程度上取决于运动员注意集中的程度和时间的长短。

根据产生和保持注意有无目的性和意志努力程度的不同，注意可分为无意注意和有意注意。

无意注意是没有预定的目的、不需要意志努力的注意。无意注意是由应对外在刺激引起的。如在训练中，运动员突然听到场外有人谈话所引起的注意。

有意注意是有预定的目的、需要一定意志努力的注意。如在训练中，运动员听到场外的谈话，但由于认识到训练的重要，迫使自己把注意集中到训练上去。

（一）运用无意注意的规律组织教学和训练

无意注意主要是由刺激物的特点引起的。教学时，首先，教练要帮助和激发运动员对运动项目的兴趣，可以有意识地讲一些趣事轶事、观摩世界强队比赛等，以帮助运动员进一步建立对训练的兴趣。其次，要尽量防止那些分散运动员注意的因素干扰训练，如球场周围的嘈杂声等。再次，教练可以运用刺激物的特点来吸引运动员掌握技术要领。如排球训练可利用适当的吊练等方法。

（二）运用有意注意的规律组织教学和训练

运动员在训练中，必须不断地学习新技术（其中有些运动员开始时尚未建立兴趣），但对任务的理解和对任务完成的愿望是保护有意注意的条件。在制订训练计划时，教练必须根据训练对象的年龄区间、身体素质的强弱、技术水平的高低，切实集中或延长他们的有意注意时间，以强化运动员的有意注意。

实践表明，提出任务指标是强化运动员有意注意的一种有效方法。例如，在排球15分钟扣防练习中，计数回合会大大高于不计数回合。可见，计数训练能引起运动员的有意注意。这里值得强调的是，在基本功的规范化练习中，计数时的多回合重复练习

有益于强化练习手段。另外，教练在训练中必须对运动员严格要求，布置任务后还应该检查完成任务情况，并做记录。表现好的及时表扬，使其兴趣提高，增强完成任务的欲望。这样，运动员在下一次训练中就不会有分散注意的机会。

（三）善于运用两种注意相互转化的规律组织教学和训练

无意注意和有意注意在同一活动中又是相互联系和相互转化的。有意注意是搞好训练的保证，但如果全部用有意注意进行教学，则容易引起运动员疲劳，所唤起的有意注意也会消失。但若单纯依靠无意注意，就难以完成复杂的训练任务，运动员克服困难的自制力也得不到发展，尤其在学新技术时，动作要领的掌握单靠无意注意是很难奏效的。因此，在一堂训练课中，教练要善于运用两种注意相互转化的规律组织教学和训练，以便教学和训练工作能够顺利地进行。

三、注意力的类型及赛前和赛中的注意力

注意力是指人的心理活动指向和集中于某种事物的能力。

（一）注意力的类型

为了有效地发挥技术，运动员至少要培养四种不同类型的注意力。根据运动员注意的范围（广阔的、狭隘的）、注意的指向（向内集中、向外集中），注意力可分为以下类型：

（1）广阔的内部注意力。其特点是注意范围大，但是注意指向内部，不能向外界客体进行监督。该注意力最适用于分析运动比赛，制订比赛计划。

（2）广阔的外部注意力。其特点是注意范围大，并且指向外界客体。该注意力最适用于观察复杂比赛形式，估量环境。

（3）狭隘的内部注意力。其特点是注意客体不多，而且指向内部。该注意力最适合用来培养对自己身体的敏感，是一种用来集中意念，让自己安静并为某一特定技术或动作进行心理演练的注意力。

（4）狭隘的外部注意力。其特点是注意客体少，而且指向外部。该注意力是作为反应所需要的一种注意力，把注意力集中于外部的一个目标，以便对对手做出反应或完成技术动作。

（二）赛前和赛中的注意力要求

1. 赛前的特定注意力要求

调查结果表明，大部分队在比赛前对运动员特定注意力的培养缺乏针对性，基本上是凭经验和习惯顺其自然，一遇挫折就束手无策。因此，加强运动员赛前特定注意力的培养，对促进运动员临赛最佳心态的形成具有重要意义。罗伯特·奈德弗（Robert Nideffer）1976年的研究把赛前特定注意力归纳如表3-1所示。

表 3-1　赛前特定注意力

赛前情况	广阔的内部注意力	狭隘的外部注意力	广阔的外部注意力	狭隘的内部注意力
赛前战略战术计划	√			
自我心理演练				√
分析自己战术能力	√			
分析对方队			√	
倾听指导				√
新动作或新战术学习		√		
激励		√	√	
赛前保持精神上的动力				√

2. 比赛中的注意力要求（以排球为例）

在排球比赛中，运动员既要注意外界环境的信息，又要注意自身的动作；既要注意本队战术变化的信息、对方队防守阵型和主要攻击点的信息，又要注意各种保护、裁判的判罚、教练的预定指导信息；等等。高水平的注意分配是运动员顺利完成比赛的重要心理条件。

一个优秀的排球运动员在比赛中必须具备从一种注意力迅速转移到另一种注意力的能力，而且这种转移既要稳定又要灵活。良好的注意力转移的能力对排球运动员极为重要。

如表 3-2 所示，排球比赛中注意力的转移有助于运动员在需要时采用最佳的注意力。例如，一个前排接发球队员，他的注意力应从发球位置观察对方端线后某一处发球位置（广阔的外部注意力）；预判球的飞行路线（广阔的外部注意力），接一传（狭隘的外部注意力）；球飞二传，他马上转移到观察本方二传队员传球（广阔的外部注意力）；如果球传给他并扣球（狭隘的外部注意力），而球被对方拦住，他即刻做扣球后的保护（狭隘的外部注意力）；如果球被同伴保护起来，他马上转移到观察球的落点和二传的再次组织进攻（广阔的外部注意力）。

表 3-2　排球比赛中的注意力

比赛中的情况	广阔的内部注意力	狭隘的外部注意力	广阔的外部注意力	狭隘的内部注意力
发球			√	√
垫球				√
二传			√	√
扣球或吊球		√		√
拦网		√		
身体任何部位击球				
上述技术动作之前的移动	√			√
保护	√			
预判	√			√
观察对方的配合进攻	√		√	√

四、发展运动员注意力的练习

下面我们仍以排球为例,介绍发展运动员注意力的练习。

（一）训练课中的注意力练习

（1）看手势,分别向左、右、前、后方向做快速急停后的转身跑。

（2）队员向教练手势指示相反的方向跑。

（3）两名队员以防守姿势相对站立,听到信号后,相互摸对方的膝关节,而不让对方接触自己的膝部。

（4）距墙 3 m,面对墙站立,教练在队员背后向墙上掷各种变化的球,要求队员双手接住球并将球转身递给教练。

（5）甲、乙两名队员对传球,甲的位置尽量不动,乙每次传球给甲后,迅速移动到一个新的位置。

（6）队员站在离篮圈下地面 5 m 处,尽力把球投进篮圈。

（7）结合各种进攻战术练习,锻炼队员拦网时的预判能力。

（8）结合教学比赛,要求队员快速记住二传及主力队员的号码或前、后排队员各轮次中的不定位号码。

（二）心理技能训练

在体育心理学中,心理技能训练是指采用一定的方法和手段对人的心理施加影响,对大脑所进行的专门化训练,以达到强化心理技能、培养特殊心理能力的目的。

国外有关资料证明,运动员在赛前、赛中间歇（暂停、换人或坐在替补席上）有目的、有意识地进行注意力的心理演练,对培养自身注意力、控制激活水平、提高运动技术方面有着强大的作用。集中注意力训练的方法是把注意力集中于自己的内在活动,使自己安静和集中,并对某一具体技术动作、战术进行心理训练。或者说,首先弄清自己在想什么,想这些问题是否有助于自己准备比赛。

（三）其他

关于提高排球运动员注意力的方法,还有很多练习和设想,如古巴女排队员发球前固定每次动作的程序、时间以集中注意力,从而大大提高了发球的攻击性和成功率。

此外,在训练中还应特别重视对运动员的运动知觉的培养,要把运动员的注意力引导到运动知觉上,而不是引导到运动结果上。提高运动员注意力的练习应多包含某种类型的视觉和声音的信号。有视觉信号的练习能增进运动员对内和对外集中注意力的能力。有声音信号的练习能提高运动员把教练、同伴的声音与其他人的声音加以区分的能力。

最后,需要指出的是,运动员在不同项目的实际训练中会发展具有不同特点的符合专项要求的注意力。因此,运动员在训练和比赛中要充分发展符合专项要求的注意力。

第四节　反馈在运动技能学习中的应用

一、反馈的概念

反馈，在物理学中是指把放大器的输出电路中的一部分能量送回输入电路中，以增强或减弱输入讯号的效应。心理学借用这一概念来说明学习者对自己学习结果的了解，而这种对结果的了解又起到了强化作用，促进学习者更加努力学习，从而提高学习效率。这一心理现象称作"反馈效应"。反馈是学习运动技能过程中的最基本、最常见的要素，它是指个体在学习运动技能过程中获得的各种信息。

从广义上讲，人类的反馈范围是极其广泛的，可以来自教学、生活、社交、运动等。例如，篮球的投篮练习，无论是否投中，练习者都会自觉或不自觉地引起反馈的发生。如果投篮成功，他就会反复体会自己的动作，如用力方法和程度、动作的协调性、球出手的弧度等，这种反复体会、不断改进和完善动作的过程，就是依靠反馈来完成的；如果投篮不成功，他就会通过反馈来修正自己的动作。

二、反馈的原理与种类

（一）反馈的原理

目前，对于信息反馈原理，引用较多的还是埃里根等（Ilgen et al.，1979）提出的理论模型。该理论基本模型如图3-2所示。

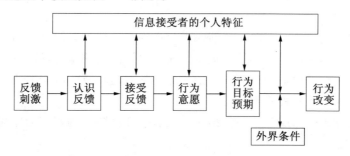

图3-2　反馈对信息接受者影响的模型①

从图3-2可以看出，信息接受者在受到反馈刺激后，会先对信息进行加工认识，然后判断是否可以接受，如果可以接受，则接受后会产生行为意愿，有行为意愿紧接着就可以进行行为预期，如果外界条件允许，预期就会变成真正的行为。个人的特征会对整个过程的每个阶段产生影响。因此，从反馈发出到个体行为的改变不仅经历了复杂的认知加工过程，还会受到个体特征的影响。

反馈的理论原理告诉我们，在一个系统中，只有通过反馈才能实施有效的调控。运动

---

① ILGEN D R, FISHER C D, TAYLOR M S. Susan. Consequences of individual feedback on behavior in organizations [J]. Journal of Applied Psychology, 1979, 64 (4): 349-371.

技能的形成过程是一个由人（教练和运动员）、物（训练手段）、要传递的信息（训练内容）构成的复杂系统。这个系统是具有控制功能的系统，它与任何控制系统一样，包括控制主体（教练）、受控客体（运动员）和传递这种控制作用的信息通道（训练手段）三个部分，可以及时反馈信息（运动员的感觉、运动成绩、运动技术相关信息等）。

根据运动技能形成的规律，运动员在掌握技术动作的过程中，要经过泛化、分化、巩固、自动化阶段。在训练过程中均包含了教练的指导和运动员对技术的掌握，教练发出各种关于技术动作的信息，运动员通过感觉器官接收来自教练和自身感觉器官的信息，经大脑皮质分析综合形成初步的概念，然后下达指令到脊髓运动神经原，最后传至效应器——肌肉。这样经过不断反馈、练习，逐步完善和改进动作，最终获得所需的技能水平，其过程如图 3-3 所示。

图 3-3　运动技能形成过程的信息反馈通道

（二）反馈的种类

根据反馈效果，反馈分为正反馈和负反馈两种。正反馈的作用是通过反馈信息加强控制部位的活动，而负反馈的作用则是通过反馈信息抑制控制部位的活动。例如，学生在取得好的学习成绩或受到好的评价时，学习积极性就会提高，这是正反馈；学生在学习成绩不好或受到不好的评价时，学习积极性就会低落，这是负反馈。许多学生之所以会对学习丧失信心，是因为他们的学习成绩差，每次得到的都是负反馈，不知道如何调节自己的学习活动。

此外，根据反馈信息的来源，反馈还可分为内在反馈和追加反馈两种。

内在反馈是个体操作动作和学习运动技能时自然而然获得的各种感觉信息，它不需要借助任何外界的特殊设备和装置，包括个体在学习运动技能过程中所获取的视觉、听觉、本体感觉、触觉等各种感觉信息。

追加反馈又称为外部反馈，包括结果反馈和绩效反馈。例如，动作完成后，教师的口头夸赞、表扬等。

与运动有关的反馈信息分为两类：一类是在运动之前得到的；另一类是在运动之中或运动之后得到的。在运动之前，我们会得到一些有关所学习的运动技能的信息，如运动技能练习前的言语指导和示范；在运动之中或运动之后，我们会得到运动产生的信息，如感觉到的、听到的、看到的及运动在环境中产生的结果。许多研究者认为，反馈是仅次于练习的影响运动技能学习的重要因素。

三、运动技能学习中追加反馈的形式与作用

（一）运动技能学习中追加反馈的形式

追加反馈形式多样，主要包括言语与非言语追加反馈、总结与单次追加反馈、结果反馈与绩效反馈三类。

在实践教学中，可根据反馈信息的复杂程度选择言语或非言语追加反馈。在传递结果类信息，如 400 m 跑成绩时，教练便可通过言语直接传递；而在反馈信息数量较多、较为复杂且较为抽象时则选择运用非言语形式，如通过录像回放、学习曲线、计算机模拟的运动图、运动学数据分析等形式传递信息。

在一次操作后提供的追加反馈叫单次追加反馈；在多次操作进行总结后提供的追加反馈叫总结追加反馈。提供单次追加反馈，教练要注意反馈的频率；提供总结追加反馈，教练要注意给予反应时间。练习时，间隔的练习时间不宜太长，否则学习时易出现遗忘现象，不利于学习者对追加反馈信息的加工和使用。

结果反馈提供与操作结果或是否达到运动目标有关的信息；绩效反馈提供与操作过程（运动特征）相关的信息。

（二）运动技能学习中追加反馈的作用

追加反馈在运动技能学习过程中发挥着以下三种作用：

（1）追加反馈具有动机作用，激励学习者持续向目标努力。

（2）追加反馈具有强化作用，可使受奖励的行为重复出现。

（3）追加反馈可以向学习者提供关于运动操作结果和过程的信息，帮助个体知晓操作中的错误及纠错的努力方向，通过完善操作，最终实现对动作的精确控制。

四、体育教学中提供追加反馈的频率与时机

（一）体育教学中提供追加反馈的频率

（1）与初学者相比，技能熟练者需要的追加反馈频率相对较低。

（2）操作复杂任务时，学习者需要相对频繁的追加反馈，但绝不是 100% 频率。

（3）操作开放性运动技能时，学习者需要相对频繁的追加反馈，但绝不是 100% 频率。

（4）大班授课时，学习者获得的追加反馈频率非常低，要尽量增加他们获得反馈的练习次数。

（5）大班授课时，应较频繁地在学习者之间移动，在走向下一个学生之前，至少就一到两次练习提供反馈。

（6）小班授课时，避免相对频率高于 50% 的反馈，以免出现对频繁反馈的依赖。

（7）可以在学习者达到基本运动模式目标之前较频繁地提供反馈，之后逐渐降低反馈频率，直至完全不提供反馈。

（8）注意根据学习者的差异制定降低反馈频率的策略。对于学习水平较高的学习者，应该较快地降低反馈频率；而对于学习水平较低的学习者，则可以缓慢地降低反馈频率。

（二）体育教学中提供追加反馈的时机

（1）与简单任务相比，操作复杂任务时，应相对及时地提供追加反馈。

（2）操作开放性运动技能时，相对及时地追加反馈有利于学习；操作封闭性运动技能时，适当延迟追加反馈更利于学习。

（3）对于技能水平较高的个体，应该延迟提供追加反馈；而对于技能水平较低的

个体或者初学者，应该及时地提供追加反馈。

（4）对于青年和老年人来说，应该及时地提供追加反馈；对于中年人来说，应该适当延迟追加反馈。

（5）当个体无法获得视觉等任务内在反馈信息时，应该相对及时地提供追加反馈。

（6）在练习过程中，提供追加反馈的策略应该是变化的。

（7）练习中追加反馈策略的变化应视个体的特点而定。

（8）提供反馈之后，应保证学习者有足够长的时间，为以后的学习制订有效的计划。

（9）提供反馈之前，让学习者对自己的操作结果和操作的某些运动特征进行主观估计，这有利于运动技能的学习。

五、体育教学和训练中应用反馈需注意的几个方面

没有反馈就没有学习。在动作学习中，及时、详细而明确的结果反馈，长期以来被认为是提高学习效果的有效手段。体育教师的重要任务之一，就是根据不同情况，科学地运用反馈原理来提高教学和训练的效果。

第一，在纠正错误动作时，对初学者不应该过多地给予阴性的反馈信息（强调其错误的一面），应当经常给予阳性的反馈信息（肯定其正确的一面），多用"应当怎么做"，而少用或不用"不能怎么做"一类的语言，这实际上是在肯定正确动作的同时，通过负诱导的机制来抑制错误动作。对于高水平的运动员来说，因为他们对动作的理解深刻，原来的动作定型巩固，所以可以直接指出其错误，特别对精细动作更是如此。因此，从某种意义上说，反馈给初学者带来的好处是直接指导他们完成正确动作，而给高水平运动员带来的好处是直接帮助他们改正错误的动作。

第二，区别对待、因人而异选择反馈方式。应根据运动员训练的阶段和训练水平，因材施教、因人而异，注意提高训练的质量。在运动技能的分化阶段，应充分利用视觉的反馈作用，加强示范与模拟练习，不断强化运动员视觉与本体感觉之间的沟通，但应注意不要过多地抓动作细节。在运动技能的巩固阶段，应多运用语言反馈信息，以及非固有的、积累的反馈信息，让运动员的注意力去适应环境，强化动作与思维的沟通。

第三，在教学和训练结束后，要求学生写训练日记，通过反馈和强化，学生可以加深对教学和训练主要内容的理解，有助于提高教学和训练的效果。

第四，利用电化教学的方法，多次重现正确动作，让学生对视频中的动作与自己的动作进行对比、分析，这也是进行反馈与强化的好方法。

第五节 运动技能迁移在体育教学与训练中的应用

"为迁移而教学"是目前风靡全球的教育理念，已经成为高等院校教育与教学中制订及实施课程计划的重要原则。在运动技能教学和训练实践中，学生对某一种运动技能的掌握会对另一种运动技能的学习和掌握产生一定程度的影响，这种"影响"就是运

动技能迁移。同一类运动项群的运动项目之间，甚至同一项目的不同技术动作之间，都普遍存在运动技能迁移的现象。

一、运动技能迁移

运动技能迁移有正迁移和负迁移之分。正迁移是指一种技能的学习对另一种技能的学习起到促进作用。例如，学习排球扣球技术，经过教师的示范、讲解及具体指导，学生通过反复练习，掌握了扣球技术动作，形成了扣球技术的技能，这种技能对另一种新技能（羽毛球杀球）的学习会起到促进作用。负迁移是指一种技能的学习对另一种技能的练习起到干扰或抑制作用。例如，学会了打网球，再学习打乒乓球。这两种技能看似同类或很相似，但正是这种相似性在学生学习下一运动技能时会表现出明显的干扰现象。

二、运动技能迁移在体育教学与训练中的应用

（一）加强相关技术的基本概念和动作原理的讲解

在运动技能学习的开始阶段，概念和策略性因素的迁移是很大的。学生理解了某个技术动作的概念和原理之后，就能够反过来指导学习与训练，从而熟练掌握所学的技术动作，形成运动技能。

（二）注意教学内容的关联性

在运动技能教学与训练过程中，教师或教练在保证任务完成的前提下，一定要合理地安排教学内容，让学生寻找技能间相似的一般运动模式，借用已经熟悉的运动模式完成新技能的学习，从而实现技能间的快速迁移。此外，具有共同要素和相似技术结构的技能对学生的能力与心理特点具有相同的要求。因此，在安排教学和训练内容时应将这些内容放在同一个教学和训练单元中进行，并且间隔时间不宜过长。例如，乒乓球的正手攻球和反手攻球动作在动作技术结构与发力特点上是非常相似的，在安排教学和训练内容时，教师或教练应将其放在同一单元中进行，充分发挥运动技能迁移的积极作用，使学生尽快地掌握这两种运动技能。

同时，不要把技术结构相差较大和共同要素很少的运动技能放在同一单位进行教学，应尽量将这两类技能的教学安排较长的时间间隔。只有这样，才能减少两种不同运动技能之间的相互干扰，避免运动技能的负迁移。

（三）注重对原有技能的巩固

在运动技能教学和训练中，虽然原有技能会对新技能的学习和形成产生一定的迁移，但这种迁移一定是在原有技能不断练习巩固的基础上产生的。例如，学生刚学习了网球的正手击球动作，紧接着就学习反手击球动作，在这种情况下，产生的正迁移恐怕是很少的，甚至有可能导致两种技术动作相互干扰。因此，在运动技能学习和训练过程中，在教授新技能之前，一定要先对已学技能进行巩固练习，达到动作的自动化，使学生掌握原有技术动作的原理和特点。只有这样，学生在学习新技能时，才能与原有技能进行比较，找出原有技能与新技能之间的关联内在要素的相似之处，促进运动技能的正迁移，避免负迁移的产生，提高学习效果。

（四）利用比较法防止干扰

通过对新、旧技能的比较，学生可以全面而深入地认识各技能的原理及各动作技术之间的差异，从而尽量预防和避免技能之间的相互干扰。

（五）强调对未来技能的迁移

虽然两个技能间的迁移是直接而具体的，但在实际的练习中，要求个体思考如何把所学策略与概念应用于其他场景中，并尽量采用变换练习法。

（六）加强教师、教练和学生对运动技能迁移的认识

教师或教练在运动技能教学和训练中起主导作用，教师或教练自身对运动技能迁移原理的认识直接影响着学生的学习效果。在运动技能教学和训练中，教师或教练应加强对教学和训练内容的渗入研究，找出各技能之间的相似性，引导学生充分认识运动技能之间的关系，并合理地运用运动技能之间的技术结构关联进行教学，以提高教学质量。学生是学习的主体，也是教育过程的参与者，学生只有积极地参与学习，教学效果才能提高。因此，教师或教练在提高自身对运动技能迁移原理认识的同时，更要积极引导学生主动学习运动技能迁移规律，充分发挥学生的主观能动性，促进运动技能的正迁移。

专栏6 力量、速度、耐力三种素质之间有无迁移？

力量是指机体某部分肌肉的爆发力；速度是指在单位时间里完成动作的次数或使身体快速位移的能力；耐力是指人体长时间工作或运动时克服疲劳的能力。三者相互关联，任何一种机能下降都会影响到整体的身体素质。

一、速度素质

速度素质在很多运动项目中都起重要作用。有的项目是以速度的快慢来衡量成绩，如游泳、跑、滑冰、自行车等；有的项目要求具有很高的速度素质，如足球、篮球、排球等。

速度素质的优劣取决于肌肉力量的大小、技术动作的正确和合理与否、神经过程的灵活程度等。发展速度素质主要借助于提高一般身体素质，特别是肌肉的力量与弹性、动作的协调性、身体的耐力和柔韧性等。

二、力量素质

力量素质影响并促进其他素质的发展：

（1）力量素质的增长有助于速度素质的提高，因为肌肉的快速收缩是以力量为前提的。一个短跑运动员如果没有两条强有力的腿，是不可能取得优异成绩的。

（2）力量素质的增长也有助于耐力素质的提高。从生活常识中可以得知，一个强有力的人比体弱者活动的时间更长。

（3）此外，力量、速度素质的提高会增加肌肉的弹性，促进灵敏素质和柔韧素质的发展。

三、耐力素质

耐力素质是人体的基本素质之一，耐力素质在超长跑、中长跑、长距离游泳、自行车、滑冰、滑雪、划船等周期运动项目中的意义是不言而喻的，耐力素质影响并促进其他素质的发展。

综上所述，力量、速度、耐力三种素质之间是有迁移的。

专栏7 学生排球学习迁移能力的调查问卷

亲爱的同学：

你好！我是体育学院××级研究生，为了更有效地促进和提高排球的学习效率，我想通过以下的问卷测试来进一步了解你的想法和需要，请你仔细阅读下面每一道题，根据实际情况如实进行选择，每题选一项，在符合你情况的选项前的字母上打"√"。本测验不记名，只做相关的了解用，选择任何一个答案对你没有任何影响，问卷分为以下五个部分填写，感谢你的合作！

一、学生情感态度的影响分析

1. 你觉得你喜欢排球课吗？
   A. 喜欢　　　　　　B. 一般　　　　　　C. 不喜欢
2. 你觉得你的心情状态（积极、平淡、低落）对你学习排球技能的影响？
   A. 很大　　　　　　B. 一般　　　　　　C. 没感觉
3. 你觉得学习排球是否具有实用性？
   A. 具有实用性　　　B. 没有　　　　　　C. 说不清
4. 你觉得学习排球对你以后的学习和工作有影响吗？
   A. 没有帮助，浪费时间
   B. 帮助不大
   C. 思维和方法对其他体育项目的学习很有帮助

二、学生对学习内容相似性的分析情况

1. 你是否发现正面双手垫球和侧面双手垫球的相似性？
   A. 觉得相似，类比后发现对前者的学习有助于学习后者
   B. 觉得相似，但说不出来有什么具体联系
   C. 不觉得相似
2. 你是否发现正面上手发球和正面扣球之间存在相似的概念、规律？
   A. 很相似，类比后发现对前者的学习很有利于学习后者
   B. 觉得相似，但说不出来有什么具体联系
   C. 不觉得相似
3. 你在排球技术与理论的学习中也发现知识点之间的相似之处，并有意对它们进

行类比吗?
A. 常觉得相似,用类比方法能更好更快掌握新知识
B. 偶尔觉得相似,但没使用类比
C. 没注意到

三、排球教学方法与定势的情况分析

1. 在学习排球技术过程中,已有的学习经验对学习其他技能有影响吗?
A. 可能引入误区
B. 能够快速找到学习方法
C. 影响不大

2. 在排球技术技能学习过程中,你是否意识到排球思想和方法的重要作用?
A. 意识到　　　　　　B. 偶尔意识到　　　　　　C. 没有意识到

3. 你认为排球基础知识和基本技能对提高你的运动技能和反应能力的作用如何?
A. 很大　　　　　　　B. 一般　　　　　　　　　C. 没感觉

四、排球练习方法、理论概括能力的情况分析

1. 对好的练习方法、技巧,有没有特别地在脑海里加深印象,以备以后提取使用?
A. 常常有　　　　　　B. 偶尔有　　　　　　　　C. 没有

2. 你常常将排球练习方法、技巧等进行概括和总结吗?
A. 是　　　　　　　　B. 否　　　　　　　　　　C. 有时候会

3. 你是否对所学的排球的每项技术,都会在脑海里进行概括和总结?
A. 是　　　　　　　　B. 随意愿　　　　　　　　C. 从来不

五、学生对排球知识在现实中的应用情况

1. 排球比赛过程中需要相互配合,你有没有将这种配合意识应用到生活和工作中?
A. 喜欢尝试　　　　　B. 只想未做　　　　　　　C. 从未想过

参考文献

[1] 季浏,殷恒婵,颜军. 体育心理学 [M]. 北京:高等教育出版社,2016.

[2] 杨锡让. 实用运动生理学 [M]. 北京:北京体育大学出版社,2007.

[3] 邓树勋,王健. 高级运动生理学:理论与应用 [M]. 北京:高等教育出版社,2003.

[4] 刘宏宇,于立贤,王成. 运动技能学的迁移研究与练习法的分类 [J]. 体育学刊,2001(4):103-105,108.

[5] 王树明. 运动技能学习与控制 [M]. 北京:高等教育出版社,2018.

[6] 章建成. 运动技能学 [M]. 北京:高等教育出版社,2018.

[7] 胡海青,胡小岗. 运动技能学习策略的分析 [J]. 运动,2010(12):77-78.

[8] 曹跃兴. 对运动技能迁移的研究 [J]. 体育科技,2004(1):19-21.

[9] 徐林川. 运动素质的迁移研究与影响因素分析 [J]. 四川体育科学,2007(2):64-66.

[10] 魏莉. 浅析结合体育新课改发展中学生的运动技能 [J]. 职业时空, 2009, 5 (12): 135-137.

[11] 张秀丽, 董翠香. 影响运动技能学习的内部因素研究 [J]. 山东体育学院学报, 2010, 26 (1): 65-67, 71.

[12] 金亚虹, 于宗成, 周雅琳, 等. 主观估计错误活动、结果反馈时机与运动技能的学习 [J]. 武汉体育学院学报, 2010, 44 (4): 55-61.

[13] 刘志强. 我国体育消费者的需要、动机和行为的研究 [J]. 西安体育学院学报, 2000 (2): 10-12.

[14] 曹杰. 行为科学 [M]. 北京: 科学技术文献出版社, 1987.

[15] 张德, 赫文彦. 关于成就动机的几个问题 [J]. 心理科学, 2001 (1): 94-95.

[16] 董奇. 心理与教育研究方法 [M]. 北京: 北京师范大学出版社, 2004.

[17] 桑维斯, 由明. 生物反馈和体育科学 [J]. 哈尔滨体育学院学报, 1996 (3): 76-79.

[18] 陈瑞宁, 刘岳江. 反馈学习对运动技能形成的意义 [J]. 武汉体育学院学报, 2002 (4): 56-57.

[19] 马启为, 张力为. 体育运动生理学 [M]. 杭州: 浙江体育出版社, 1996.

[20] 金亚虹, 章建成, 任杰, 等. 国外运动学习中追加反馈的研究现状 [J]. 心理科学, 2002 (6): 733-719.

[21] 王慧君. 自我控制反馈对运动技能学习的作用 [D]. 上海: 上海体育学院, 2017.

[22] 曲鲁平, 郭楠楠, 郝梦群. 组块练习和随机练习对运动技能学习的影响: 效果、机制与启示 [J]. 武汉体育学院学报, 2020, 54 (11): 73-81.

[23] 蔡端伟. 教练领导行为、激励氛围对运动员动机内化影响研究 [D]. 上海: 上海体育学院, 2016.

[24] 宋宇, 张力为. 传统心理技能训练和正念训练促进压力下运动表现的效果比较 [J]. 体育科学, 2020, 40 (9): 53-60, 73.

[25] 张伟. 美国学校体育教育动机研究分析及启示 [J]. 成都体育学院学报, 2017, 43 (5): 115-121.

[26] ILGEN D R, FISHER C D, TAYLOR M S. Consequences of individual feedback on behavior in organizations [J]. Journal of Applied Psychology, 1979, 64 (4): 349-371.

第四章 运动技能与身体素质

【本章提要】 本章对力量素质、柔韧素质、耐力素质、速度素质、灵敏素质与运动技能形成的关系进行了论述,并介绍了运动员身体素质练习方法。

由运动技能的概念可知,运动技能是运动技术在力量、速度、柔韧、耐力、灵敏、协调等素质的强化下发展而来的,是"硬化"和"锤炼"过的运动技术,所以运动技能是在运动技术学习的基础上通过训练发展而成的。当然,对于已经具备优异身体素质的运动员,掌握了运动技术,也就基本形成了运动技能。

人的身体素质可以分为多种,它们都与运动技能有着紧密的关系,但是从运动技能形成的专项身体素质来看,力量素质、速度素质、柔韧素质、耐力素质、灵敏素质、协调素质、弹跳力素质与运动技能的关系更加密切(图4-1)。

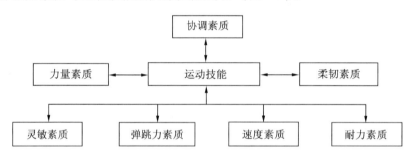

图 4-1 运动技能和身体素质的相互关系

运动技能的发展和提高,要求学习者具有良好的身体素质。可以说,身体素质是运动技能提高的基础,随着运动技能的提高,身体素质也会得到发展。身体素质的提高又为进一步提高运动技能打下了良好的基础。因此,运动技能与身体素质是相辅相成、相互促进、相互影响的。由于不同的运动项目具备各自的特点和技术风格,因此,其进行的身体素质训练和技能训练也各有侧重,两者的结合也视运动项目的不同而各不相同,但是不管哪一类运动项目都离不开对运动员进行身体素质的训练,只是训练的方法、方式及两者的关联性因运动项目的不同而不同。例如,由于排球运动是技能主导类对抗性运动项目,运动员身体形态要符合灵活性高、移动快和挥臂动作快的要求;又由于排球运动是隔网对抗性运动项目,球网的高度相对较高,因此,运动员的身高要尽量高,体重也要适当。其中,身高、体重是衡量排球运动员身体形态发展水平的重要指标。在身体素质方面,要求排球运动员移动和挥臂速度快、灵活性高,弹跳力好,耐力水平高。在排球运动项目上,通常采用30 m移动跑、米字移动跑、助跑摸高、30秒双摇跳绳、立定跳远等指标来测试排球运动员身体素质基本情况。其中,弹跳力是构成空中优势及争夺网上优势十分重要的因素,因此,弹跳力是排球运动员身体素质中最为重要的一项基本运动素质。

第一节 运动技能与力量素质

一、力量素质概述

力量是指肌肉紧张或收缩时所表现出来的一种能力,它是身体素质的基础。发展力量的锻炼项目有举重、体操、各种器械练习等。在学习任何运动技能时,都需要克服一定的阻力(重力、摩擦力等),因此,在运动技能的发展与提高过程中,力量素质的提高是不可或缺的。

二、力量素质的种类

（一）力量素质的表现形式

力量素质的表现形式是多方面的,一般包括最大力量（单纯力量、绝对力量）、速度性力量（爆发力）、耐久性力量（力量耐力）等。

（1）最大力量是指完成某一动作（练习）时,各相关肌群协力所能克服的最大负荷的能力。最大力量专注于使肌肉产生最大张力,从这个角度来看,也可称为单纯力量。

（2）速度性力量是指力量与速度的结合。速度性力量不仅要求发挥尽可能大的肌张力,而且要求在短时间内快速收缩,以达到最大功率输出,使负荷以最大加速度移动,即人们通常所说的"爆发力"。

（3）耐久性力量是指力量与耐力的结合,即维持自身一定力量水平的持续工作的能力。

（二）肌肉收缩的机械特征

肌肉收缩有四种基本形式:等张收缩、等长收缩、离心收缩、等动收缩。这四种形式的收缩不同程度地应用于各种体育活动中。

（1）等张收缩:肌肉缩短、张力增加的收缩叫等张收缩。它是最常见的一种收缩形式,用于一切提举活动中。等张收缩又称动力性收缩或向心收缩。等张收缩时,在整个关节活动范围内,张力都没有达到最大值。例如负重屈肘时,尽管负荷恒定,但是关节运动到不同角度时,张力是不同的。肘关节角度在115°~120°时,肱二头肌张力最大,30°时张力最小。张力最小的角度所能举起的最大重量才是整个关节活动所能举起的最大重量。

（2）等长收缩:肌肉长度不变、张力增加的收缩叫等长收缩。这也是常见的一种收缩形式。例如,伸臂平举一重物,或试图举起固定不动的物体等都是等长收缩的例子。等长收缩亦广泛地应用于运动训练过程中,摔跤就是一个典型的例子。等长收缩也叫静力性收缩。

（3）离心收缩：肌肉张力增加，但长度反而变长的收缩叫离心收缩。长度变化与等张收缩正好相反，运动中称为"退让工作"。例如，负重慢慢下蹲，下山或下楼梯时，肌肉都要做离心收缩。可见，离心收缩现象在体育运动中也是很普遍的。

（4）等动收缩：肌肉以最大力量收缩，但速度始终恒定的收缩叫等动收缩。这是一种很"新奇"的收缩形式，至少对于体育运动来说是这样的。这种收缩在运动中也很常见，如自由泳的划臂动作。

虽然等张收缩和等动收缩都是向心收缩，但是两者收缩形式是不同的。等动收缩在整个动作过程中始终以最大张力进行收缩；而等张收缩不是这样，它的速度是变化的，并且相对较慢，这就限制了肌肉的做功能力（包括力量和速度）。

三、影响力量素质的因素

（一）组织结构方面

力量首先取决于肌肉单位横断面积所能产生的最大张力，肌肉的横断面积越大，肌肉的力量也越大。可以通过训练肌肉加强代谢，在结构上使肌纤维增粗。肌纤维结构发生变化，是力量提高的物质基础。

力量还取决于两种类型肌纤维的组成百分比，白肌纤维收缩速度快、张力大，是力量素质的主要因素，在一块肌肉中白肌纤维占的比例越大，肌肉收缩可获得的张力和速度越大。

（二）生理功能方面

运动单位是指一个运动神经元同它所支配的一组肌纤维。参加收缩的运动数量越多，肌肉收缩将表现出更大张力，同时运动单位的类型也与此有关。

（三）其他因素

增强相关肌群在完成动作时的协调能力，是提高肌力的又一途径。根据各肌群在完成动作中的作用，肌群可分为原动肌、对抗肌、协同肌、固定肌等，在运动中各肌群密切配合，保证动作的方向、幅度、力量和速度。改善这种协调关系，使动作更为有效合理，是提高力量的重要方法。

在肌肉发力前，使肌肉拉长至最适宜初长度，是发挥力量的一种方法。在一定范围内，肌肉收缩的初长度越长，肌肉收缩时产生的张力和缩短的程度就越大。

四、发展力量的训练方法

力量训练的方法多种多样，发展力量的目的不同，力量训练的手段和方法也不同。

（一）负荷的练习

（1）等长力量练习，即静力性力量练习，是肌肉以等长收缩的形式使人体保持某一特定位置或对抗固定不动的阻力的练习方式。等长力量练习的力量可随意调节，如举杠铃可以轻推，也可竭力推。静力性力量练习对发展静力性力量是必要的，同时也有助于发展最大力量。

（2）等动力量练习，是一种需通过专门器械——等动练习器进行力量练习的方法。在等动力量练习时，肌肉一直以某种张力进行收缩，并且收缩速度始终恒定。等动力量练习在整个关节活动范围内，在可调节的不同速度条件下，都保持肌肉的最大张力，因而在动作的整个过程中，肌肉都得到最大力量的有效训练。

（3）超等长练习法，也叫超长练习法，是肌肉先被迫迅速进行离心收缩，紧接着迅速转为向心收缩的练习方法。这种练习的目的在于发展爆发力。其生理机制就是牵张反射。

（二）负荷的强度

力量负荷的强度主要体现在阻力或负荷重量的大小上。在力量训练中，常将负荷分为若干级别。分级标准以最大力量的百分数或竭力重复次数负荷重量的相对值来划分。

随着力量负荷强度的增加，负荷数量必然相对减少，从而导致负荷总量的减少。因此，重负荷的力量训练对人体主要是功能性的，有影响其调节功能，发展最大力量的作用。轻负荷指一般轻器械练习，轻负荷力量练习的重点在于提高负荷节奏（速度），要求运动员以最大速度完成练习，保证最大功率输出，主要用于发展爆发力。

（三）负荷的数量

练习的重复数与负荷强度相关，强度增大则重复数减少。不同强度与数量的匹配具有不同的作用。发展绝对力量，可采用极限强度（90%以上），反复数1—3次；或采用较大强度（75%），反复数6—8次。发展绝对力量主要是改善肌肉内协调能力，发展爆发力。

（四）负荷的节奏

练习的负荷性质确定之后，便是负荷强度、数量和节奏这三个基本因素的匹配。负荷节奏，即完成练习的速度，它与负荷的强度、数量密切相关。应该指出，对于运动员来说，在任何负荷强度的练习中，在主观上都应尽可能以最快速度完成动作。

（五）负荷的方式

负荷的方式有持续负荷和间歇负荷两种。力量训练一般采用间歇训练方式。间歇时间的长短，根据训练目标、运动员训练水平、负荷的节奏及发展肌肉的数量而定。

第二节　运动技能与柔韧素质

一、柔韧素质概述

柔韧性是指大幅度完成动作的能力，它取决于有关肌肉、韧带的弹性和关节活动范围的大小，也取决于肌肉紧张和放松协调能力。发展柔韧性的练习有摆腿、踢腿、压腿、甩腰、慢劈、纵横叉等。柔韧素质是指人体关节活动幅度的大小及跨过关节的韧带、肌腱、肌肉、皮肤和其他组织的弹性与伸展能力。因此，运动员要想做出漂亮的动作，就必须练好柔韧素质。

研究发现，运动员柔韧素质不足将导致运动技能出现以下弊病：首先，有损于动作的掌握，不利于学习某些动作，甚至达不到运动技能的基本要求；其次，影响力量、速度、协调、平衡能力的进一步发展，互相间的互补作用受到阻挠；再次，在学习动作时容易受伤；最后，限制运动技能的发展，对快速、有力、轻松、富有表现力的动作影响更大。

二、柔韧性的种类

柔韧性一般可分为以下几种。

（1）一般柔韧性：指保证一般练习顺利进行所需要的柔韧素质。例如，排球运动员在进行速度练习时，需要加大步幅时所需要的腿部柔韧性。

（2）专项柔韧性：指专项体能或专项技术所需要的机体的柔韧性，由各专项动作的生物力学结构决定。如排球运动员扣球时所需要的手臂和腰部的柔韧性。

（3）主动柔韧性：指依靠相应关节周围肌肉群的积极工作，完成大幅度动作的能力。主动柔韧性不仅反映对抗肌的可伸展程度，也反映主动肌的收缩力量。

（4）被动柔韧性：指被动用力时，关节所能达到的最大活动幅度，是在一定外力协助下完成或外力作用下表现出来的柔韧水平。

三、影响柔韧素质的主要因素

（一）关节结构特征

关节结构特征是决定关节活动方向和幅度大小的基本因素，它是影响柔韧性的最不易改变因素，基本上由遗传决定。例如，膝关节仅能屈伸并在微屈的条件下可有少许旋内、旋外活动，而绝不可能进行背屈或大幅度旋内、旋外活动。柔韧性的发展只能限制在关节结构所允许的范围内，超过这一限度，必将导致关节损伤，降低关节的稳定性。但在关节结构许可的范围内，关节活动幅度可有一定幅度的增加。

（二）关节周围软组织的弹性

关节周围软组织的弹性一方面取决于性别、年龄特征，如男性与女性肌肉组成成分不一样，则弹性不一样，一般女性优于男性，未成年人优于成人；另一方面取决于中枢神经系统的兴奋性，肌肉被动牵张，肌梭和腱器官均受到刺激，肌梭的传入冲动使该肌肉收缩，腱器官的传入冲动则使该肌肉放松。

（三）关节周围组织的体积

身体脂肪含量和关节周围各组织的体积是限制关节活动的重要因素，如大腿后群肌肉肥大，必然影响小腿后折叠。然而训练过程中肌肉的发达是不可避免的。为解决关节活动幅度和肌肉体积增大的矛盾，必须有针对性地进行柔韧训练，才能更好地提高运动技能水平。研究证明，10分钟跑后，膝关节软骨较静止时增厚12%~13%，原因是运动时关节软骨交替受到挤压和减压的作用，促使关节液渗入软骨，结果使关节软骨弹性增大。

（四）中枢神经系统的调节功能

神经系统兴奋和抑制过程与运动中肌肉的基本张力有关，特别是中枢神经系统调节对抗肌之间的协调性的改善，以及关节活动幅度常因对抗肌群不能充分放松而受到限制。因此，改善肌群内的协调，特别是改善原动肌和对抗肌之间的协调，也是提高柔韧性的主要方面。

（五）心理因素

心理紧张度可通过中枢神经系统影响到机体各部位的工作状况，心理过度紧张会使神经过程由兴奋转为抑制，严重影响身体各部位的协调能力，从而影响到柔韧性。

（六）疲劳程度

工作时间过长，肌肉会产生疲劳现象，其弹性、伸展性均会下降，造成肌肉收缩与放松不完善。各肌群内协调能力降低，这时主动柔韧性下降，被动柔韧性提高。

四、发展柔韧素质的训练方法

（1）练习柔韧性时，动作频率不宜太快，应主要采用中等或较慢的频率，这样能延长力对关节的作用时间，避免肌肉和韧带拉伤。

（2）柔韧素质的发展需要坚强的意志，练习时疼痛感强，见效慢，停止练习便有所消退，只有持之以恒才能见效。

（3）掌握合理的柔韧发展水平。如根据排球技术的要求，柔韧性的发展并非越大越好，只需符合排球技能要求，并能顺利完成动作即可。

（4）在训练课中，柔韧训练应与专项准备活动相结合，练习前应安排不少于10分钟的热身运动，以提高肌肉温度，避免肌肉拉伤。刚开始时，动作幅度不要达到极限，应循序渐进，逐渐加大幅度，直到最大。

（5）柔韧性练习与力量训练相结合，柔韧的发展是在肌力增长前提下的发展，而肌力的增长又不能因肌肉体积的增长而影响关节活动幅度。力量的增加可间接使柔韧素质得到提高，如排球运动员在开展力量训练的同时，柔韧素质也有所增长。

（6）柔韧素质的发展要从小培养。少儿阶段是发展柔韧性的最佳时期，年龄越大，柔韧性越差。

（7）柔韧性练习之后应进行放松练习。放松练习，有利于伸展肌群的放松和恢复。

第三节　运动技能与耐力素质

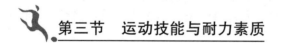

一、耐力素质概述

耐力是指人体长时间进行肌肉活动的能力，它包括一般耐力和专项耐力。发展耐力的基本途径有两条：一是增强肌肉力量，提高肌肉的耐久力；二是改善神经系统的调节能力，提高心肺功能。发展耐力素质的锻炼项目有长跑、足球、游泳、爬山等。耐力是维持人体持续运动的能力，是人体健康和体质强弱的重要标志，在运动技能学习过程中需具备相应的耐力水平。

二、耐力素质的分类

（一）根据氧代谢特征分类

（1）有氧耐力：指机体在氧气供应比较充足的情况下，坚持长时间工作的能力。

通过有氧耐力训练可以提高运动员机体输送氧气的能力，为以后提高运动负荷提供前提条件。

（2）无氧耐力：指机体在氧气供应不足的情况下，坚持较长时间工作的能力。无氧耐力工作会使机体长时间处于供氧不足的状态，从而产生"氧债"。

（二）根据耐力素质的表现形式分类

（1）心血管耐力：指机体在运动中通过循环系统保证氧气到达细胞以支持身体的氧化能量过程和运送代谢残渣的能力。

（2）肌肉耐力：指运动员在一定外部负荷或对抗一定阻力（外部阻力或人体本身阻力）的情况下，能坚持较长时间或多次重复运动的能力。例如，排球运动员在五局比赛中，要反复进行扣球、拦网、发球、防守等动作。因此，保持良好的肌肉耐力，有利于运动员保证运动技能水平的发挥。

（3）速度耐力：指运动员将获得的较高或最高速度一直保持到终点的能力。

三、影响耐力素质的因素

（一）中枢神经系统的调节能力

耐力练习要求运动员的中枢神经系统具有长时间保持兴奋和抑制节律性转换及运动中枢与内脏中枢的协调活动能力，借以保持肌肉收缩和舒张的良好节律及运动器官与内脏器官之间的协调和配合。

（二）机体能量储备的合理利用

机体经过长时间的活动，必然会疲劳，工作能力下降，从而限制运动的时间及水平的发挥，这是机体的一种自我保护。但是，疲劳又是提高机体工作能力所必需的，它是机体机能恢复与提高的刺激物，没有疲劳的刺激，机体机能就不会得到提高。在学习运动技能的过程中，机体机能的节省、协调性的完善、力量的合理分配都能有效地提高能量储备的利用率。机能的节省主要反映在随着运动技能练习水平的提高，在单位时间内能量消耗减少；协调性的完善可以减少不必要的能量消耗；力量的合理分配可以提高能量的利用效率。

（三）有氧能力

有氧能力是指机体在氧参与下产生能量的能力，它也决定着运动员的耐力水平。很强的有氧能力可以保证速度的稳定，并可以使机体各个系统在疲劳、内环境产生变化时，机能积极性仍然保持在必要的水平上。

（四）骨骼肌的糖无氧酵解供能能力

疲劳的产生是由多方面的因素造成的。长时间的活动，使体内能量物质被大量消耗，又得不到及时补充，于是产生疲劳感；活动后某些代谢产物（乳酸、二氧化碳等）在肌肉中大量堆积，使肌肉收缩能力下降，造成肌肉疲劳；活动后血液中PH值下降，细胞外液水分和离子浓度及渗透压发生变化，使内环境稳定性失调，从而导致疲劳。以上因素的变化，使皮层神经细胞能力下降，神经活动过程抑制占主导地位，形成大脑皮质的保护性抑制，出现疲劳状态。

根据不同的工作特征，疲劳可分为脑疲劳和体力疲劳。在体育运动中，更值得重视的是体力疲劳。当疲劳出现时，运动速度、力量、神经肌肉的协调配合能力就会下降，从而导致灵敏性和动作准确性降低，妨碍技术水平的正常发挥，甚至会造成动作失败，影响运动成绩。

无氧耐力的供能主要来自肌糖原的无氧酵解，肌糖原主要受肌纤维百分构成和糖酵解酶催化活性的影响。无氧系统能量的释放与运动强度直接相关，从事不同代谢性质运动项目练习的运动员，其肌纤维百分构成和糖酵解活性有各自的项目特征。

（五）个性心理特征

在运动中个体的参与动机和兴趣，以及心理稳定性、努力程度、自持力和意志品质对耐力的发展起着非常重要的作用。尤其在长时间运动出现疲劳的情况下，意志品质的作用体现得尤为明显。例如，在排球比赛中，经过多个回合的攻防较量还无法得分，在进攻队员和防守队员都出现疲劳状况时，拥有更坚强意志的一方，就可能成为得分的一方。

四、发展耐力素质的训练方法

耐力素质练习的方法较多，而且各种方法都有各自的特点。总的来说，这些特点基本上又体现在耐力素质练习强度、持续时间、间歇时间与方式、重复次数等因素的组合和变化上。目前，常用的耐力素质练习方法有以下几种。

（一）持续练习法

持续练习法是指在相对较长的时间里（不少于30分钟），以较为恒定的强度持续地进行练习的方法。持续练习法具有持续刺激机体的作用，有利于改善大脑皮质神经过程的均衡性，提高心血管系统和呼吸系统的功能，能较经济地利用体内储备的能量，有利于发展有氧耐力和一般耐力。

持续练习法由于持续时间较长，又没有明显的间歇，所以总的练习负荷量较大。但是，练习时的强度较小，而且比较恒定，变化不大，一般在60%的强度上下波动。练习对机体产生累积性的刺激比较和缓。持续练习时，内部负荷心率一般控制在140~160次/分钟的范围内为宜。

（二）重复练习法

重复练习法是指不改变动作结构和外部负荷表面数据，在相对固定的条件下，按照既定间歇要求，在机体完全恢复的情况下反复进行练习的方法。重复练习法能使能量物质的代谢活动得到加强，并产生超量补偿与积累，既有利于发展有氧耐力，又有利于发展无氧耐力。重复练习法每次练习的负荷量和强度可大可小，根据具体任务、目的而定。由于每次练习前均需恢复到原来开始练习前的水平，即心率在100~120次/分钟的水平上，因此，每次练习可以保证强度在中等偏大或极限强度（90%~100%）范围内，从而使机体的耐力水平得到有效的提高。长时间的重复练习，强度稍大于持续练习法，有利于有氧耐力的提高；而强度在90%以上的练习，则有利于无氧耐力的发展。

（三）间歇练习法

间歇练习法是指在一次（或一组）练习之后，按照严格规定的间歇负荷和积极性间歇方式，在机体未完全恢复的情况下从事下一次（或一组）练习的方法。间歇练习法与重复练习法较相似,主要区别在于间歇上的不同要求。重复练习法的间歇是采用完全恢复的间歇负荷和无严格规定的间歇方式(多以消极性的静息为主)进行的。而间歇练习法则是以未完全恢复的间歇负荷和积极的间歇方式进行的。运动员总是在未完全恢复的状态下进行下一次练习,有明显的疲劳积累,对机体的刺激强度较大,有利于提高机体的心肺功能和无氧代谢能力。

间歇练习法的持续时间与练习强度之间形成一种对应关系,强度大,时间短;强度小,时间长。据此,间歇练习法可分为低强度间歇练习法和高强度间歇练习法。

构成间歇练习法的基本要素有练习的数量、强度、间歇的时间与方式、重复次数等。不同的练习目的对这些要素的组合变化要求也不相同。例如,以周期性项目中跑的练习为例,发展一般耐力时,每次练习的距离要长,组数要多,中小强度;发展力量耐力时,负重较轻,中等强度,练习次数和组数较多。又如,可通过在练习中提高每次练习的强度(适用于周期性短跑项目和举重项目)、增加重复练习的次数(适用于周期性长跑项目和球类项目)、调整间歇时间,加大对运动员机体的刺激,贯彻超量负荷原理,从而提高机体的机能能力。

(四)变换练习法

变换练习法是在变化各种因素的条件下反复进行练习的方法。由于耐力练习比较枯燥,采用变换练习法可以在一定程度上提高运动员的练习兴趣和积极性,从而提高练习的效果。

变换练习法所变换的因素一般有练习的形式、练习的时间、练习的次数、练习的条件、间歇的时间、负荷等。只要改变以上因素中的一个,运动员机体受到的负荷刺激就会改变。因此,变换练习法的核心是变换运动负荷。

变换练习法可以提高练习的兴趣和积极性,在运用时要注意贯彻循序渐进原则,各种因素的变换一开始不能太突然,以免机体一下子不能适应,受到伤害。

(五)放松练习法

放松练习法是指运用游戏或比赛的方式进行练习的方法。这种方法能较好地提高运动员练习的兴趣和积极性,充分发挥主动精神,使机体能够承受较大强度的负荷,有利于提高有氧耐力和无氧耐力。

(六)高原训练法

高原训练法是利用高原空气稀薄的条件,在缺氧情况下进行训练,这样有利于刺激机体,改善呼吸及循环系统的机能,提高最大吸氧能力,刺激造血功能,增加循环血中红细胞和血红蛋白的数量,提高输氧能力。因此,高原训练可以提高运动员对氧债的承受能力,进而提高有氧耐力和无氧耐力的水平。

(七)循环练习法

循环练习法是根据训练的具体任务,建立若干练习站(点),运动员按规定顺序、路线,依次循环完成每个练习站(点)所规定的练习内容的训练方法。循环练习法下各练习站(点)内容及编排,必须符合专项特点的要求进行选择和设计,同时应根据"渐进负荷"或"递增负荷"的原则安排练习。

以上耐力练习方法基本上是单一类型。在实际发展耐力素质的练习过程中,往往还要采用综合练习法，通过各种方法的综合排列，使练习过程变化更大，更具选择性，从而有效提高耐力水平。

第四节　运动技能与速度素质

一、速度素质概述

速度是指人体进行快速运动的能力，表现形式有反应速度、动作速度和周期性运动中的位移速度。反应速度是指人体对情况突变或预定信号产生反应的快慢，如短跑的起跑、守门员的扑球等。动作速度是指人体完成单个动作或成套动作所用时间的长短，如跳跃项目的起跳速度、投掷项目的出手速度等。位移速度是指人体在单位时间内移动的距离。发展速度素质的方法很多，可选择一些动作频率高和反应速度快的运动项目，如短跑、球类运动等。

二、影响速度素质的因素

（一）感觉器官的特征

反应时是指运动员接受刺激与做出第一个肌肉动作之间的反应时间。当感觉器官受到外界刺激时，兴奋沿传入神经传入中枢，大脑根据以往的经验进行分析，刺激条件越复杂，中枢系统进行分析所需的时间就越长，产生的应答时间也越长。如听觉感受的速度慢于视觉感受的速度。

（二）中枢神经系统的兴奋性和神经过程的灵活性

神经过程的灵活性主要指运动神经中枢兴奋与抑制间的转换速度。肌肉活动受神经系统的控制，运动生理学研究发现，神经肌肉间的协调和调整能力越好，神经过程的灵活性越高，动作速度和移动速度就越快。

（三）各类肌纤维的构成比例

肌纤维分为白肌纤维、红肌纤维和中间肌纤维。白肌纤维的比例越高，快速运动的能力就越强。

（四）运动员的心理特征和运动技能水平

坚强的意志与注意力的高度集中是获得高速度的重要保证。因此，运动员的个性心理特征对其速度水平的提高也至关重要。

（五）肌肉中三磷酸腺苷（ATP）含量及其分解合成速度

速度素质的练习大多是在较短的时间内进行的，从能量传递过程来看，练习强度大、时间短，基本上是在无氧条件下完成的。而在无氧条件下的能量供应主要依靠ATP系统功能。因此，速度素质主要取决于肌肉中ATP的含量和在神经冲动作用下ATP的分解与再合成速度。

（六）肌肉爆发力的发展水平

力量是引起人体加速度的动因。在大多数运动项目中，爆发力的发展水平是制约动作速度和移动速度的重要因素之一。在训练和比赛过程中，运动员快速运动的阻力来自重力、器械阻力、环境阻力、对手等。为了克服这些阻力，必须提高肌肉收缩的力量来增加完成动作的技能。

三、发展速度素质的训练方法

（一）结合专项需要

速度素质的练习应结合运动员所从事的运动专项进行。例如，在排球运动中动作复杂多变，要求运动员能在瞬间对各种复杂多变的情况做出应答反应。

（二）分解运动法

分解运动法，就是分解应答反应的动作，通过提高分解动作的速度来提高反应速度。

（三）完善技术法

动作速度的提高在很大程度上取决于完善的运动技术。这是因为动作幅度大小、运动距离长短、运动时间多少、动作的方向和角度、用力部位等都与动作速度大小有极为密切的联系。

（四）结合力量练习

发展力量是提高移动速度的途径之一，尤其是发展爆发力。结合力量训练时，运动员应以较快或很快的速度重复某一负重的力量练习，使其获得较好的速度力量，以促进移动速度提高。

（五）放松训练法

人体在充分放松的状态下，肌肉张弛有度，能减少肌肉本身的内阻力，增大肌肉合力，使速度素质得到提高。生理学研究证明，肌肉紧张度达 60%~80%，动作就会失去协调性，已有的速度能力将无法发挥。

第五节 运动技能与灵敏素质

一、灵敏素质概述

灵敏是指人体表现出来的快速随机应变能力，它既与神经系统反应有关，又与力量、速度、协调性密切相关。发展灵敏素质的锻炼项目有体操、武术、各种球类运动等。灵敏素质是运动员运动技能和各种素质在运动中的综合表现，是一种复杂的素质。对于大多数运动员而言，灵敏性是一项相当重要的运动能力，甚至是决定胜负的关键所在。如排球运动的"鱼跃救球"、扣球时准确的"空间感"等，都需要具备良好的灵敏素质。而灵敏性能力与肌力、反应时间、速度、爆发力及协调性有密不可分的关系，甚至可以说是这些基本运动能力的综合表现。没有良好的灵敏素质，运动技能就难以发挥到较高水平。

二、影响灵敏素质的因素

（一）感觉器官的功能

运动分析器与本体感受器的灵活性和准确性，以及肌肉收缩的协调性与节奏感是影响灵敏素质的重要原因。神经过程的灵活性好，兴奋与抑制转换得快，肌体在环境发生变化时就能够迅速地做出判断和反应。

（二）智力与思维的发展水平

在运动中，各种运动技能的灵活应用、战术思想的具体实施、大脑神经活动过程兴奋和抑制的转换程度与快速工作能力的平衡均取决于良好的智力水平和敏捷的思维判断。例如，优秀的运动员在竞赛中不仅能表现出高超的运动技能，而且能表现出敏捷的思维能力，能迅速解决竞赛过程中出现的复杂或潜在的技术问题。

（三）学习运动技能时经验的积累

运动员长期学习各种运动技能，可以丰富自身的实践经验，巩固运动技能的掌握程度。灵敏素质是多种运动技能和身体素质在运动中的综合表现，掌握的运动技能数量越多且越熟练，灵敏素质就能越充分地表现出来。

（四）其他因素

发展灵敏素质需要有一定的力量、速度、耐力、柔韧等素质，这样才能真正地适应复杂的环境变化，做出准确的反应。此外，灵敏素质还受年龄、性别、体形、疲劳程度等因素的影响。在儿童期，男、女的灵敏素质差别不大；进入青春期以后，男子的灵敏素质明显优于女子。一般情况下，过高而瘦长，过胖或"梨形"身材的人缺乏灵敏性，但不同运动项目对体形的要求不一样。此外，身体疲劳时，动作反应迟钝，爆发力、速度、协调性等都会下降，灵敏素质也会显著下降。

三、发展灵敏素质的训练方法

灵敏素质是人体综合能力的反映，受遗传因素的影响很大。发展灵敏素质需从专项特点出发，综合发展爆发力、反应力、速度等素质。

（1）结合运动技能的目的性：不同的运动项目要求有不同的灵敏技能，为了获得良好的训练效果，应当紧密结合专项训练。

（2）结合其他项目动作训练：如排球运动员在防守时经常做出鱼跃和滚翻的动作，这就要求其具有良好的灵敏素质，因此，结合体操运动中前滚翻、后滚翻、侧滚翻、鱼跃前滚翻的动作进行辅助练习，有利于提高排球运动技能。

（3）结合反应判断的训练：如按口令做相反的动作、按有效口令做动作、一对一追逐模仿等。

（4）结合爆发力训练：爆发力是力量和速度的综合表现，由于在敏捷性的动作表现上，会反复出现起动、制动、再起动的过程，因此，具有良好的爆发力对灵敏素质的提高尤为重要。

前面主要介绍了运动技能学习与力量、柔韧、速度、耐力、灵敏等身体素质的关系。但事实上，对运动技能有影响的身体素质还有许多，而且有专门性的影响，只是在不同的运动技能中,某种素质所发挥的作用不同而已。

第六节　运动员身体素质练习方法

一、身体素质练习的基本方法

（一）单项重复法

单项重复法是指锻炼者在相对固定的条件下,按照计划和要求反复练习同一内容的方法。这种方法适用于:第一,运动负荷较小或用时较短的项目;第二,运动技术比较复杂、难以掌握的项目;第三,运动负荷较大、难以一次完成的项目。此法关键是一次练习完毕后,间歇时间应当充分,这样可有效地提高锻炼者的无氧、有氧混合代谢能力,提高各种技术应用的熟练性与机体的耐久性。练习时要根据锻炼者身体素质情况,科学安排,不得超过负荷极点。

（二）循环练习法

循环练习法是根据身体的需要,确定循环练习的各项练习内容,在一次练习中一次循环进行练习的方法。这种练习法可以弥补单一练习对身体发展作用比较单一的不足,使各练习之间的作用互相补充,有利于身体的全面发展。此外,由于锻炼内容多样,能够调动锻炼者的积极性。

运用循环练习法的关键是按照全面性原则去搭配项目。就大学生而言,锻炼时既要发展四肢,也要发展躯干;既要运动胸背部,又要运动腰腹部;既要追求形态的健美,又要追求身体素质的全面发展。

（三）变换锻炼法

变换锻炼法是指通过不断变换运动负荷、练习的形式及条件来提高锻炼者的积极性、适应性和应变能力的方法。运用变换锻炼法,能够提高中枢神经系统的调节能力,发展身体的调节能力和适应能力,同时,对修订锻炼计划、活跃锻炼气氛也具有一定意义。

刚参加锻炼时,可多做些诱导性练习和辅助性练习。随着锻炼水平的提高,应加大练习的难度,如用越野跑代替在田径场上的长跑等。锻炼条件的变化,可使锻炼者的皮层不断地产生新的刺激,提高兴奋性,激发锻炼的兴趣,从而提高机体对负荷的承受力,提高锻炼效果。另外,不断地对锻炼的内容、时间、动作速率等提出新的要求,可调节生理负荷,使机体不断产生适应性变化,从而达到更好地锻炼身体的目的。

（四）连续锻炼法

连续锻炼法是指为了保持有价值的负荷量而不间断地连续进行运动的方法。此方法要求负荷强度较低,负荷时间较长,无间断地连续进行运动。从增强体能出发,需要间歇就停一会儿,不能仅讲究间歇,还要讲究连续,连续、间歇、重复都是在整个锻炼过程中实现的。连续、间歇、重复等各有其具体的作用,连续的作用在于持续负荷量不下降,维持在一定的水平上,使身体充分地受到运动的作用。

（五）间歇锻炼法

间歇锻炼法是指在运动过程中，对多次锻炼时的间歇时间做出严格规定，使机体在不完全恢复状态下反复进行锻炼的方法。该方法的关键在于间歇时间的严格控制，使机体处于不完全恢复状态，使锻炼者心脏功能明显增强，提高有氧代谢供能能力，增强体质。

（六）负重锻炼法

负重锻炼法是指用杠铃、哑铃、沙袋等重物进行身体锻炼的方法。用负重方法去提高运动负荷，并不是越重越好，而应采用低于最大摄氧量和最大心血输出量（由心室压入主动脉的血氧量，通常以毫升/分钟来表示）的负荷。上肢锻炼方法，如图4-2、图4-3、图4-4所示；腰腹部锻炼方法，如图4-5所示；下肢锻炼方法，如图4-6、图4-7所示。

图4-2 仰卧"飞鸟"

图4-3 坐姿肩上推

图4-4 站立弯举哑铃

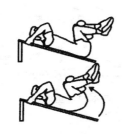
图4-5 上斜仰卧负重屈腿上抬

图4-6 负重正面登高台

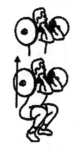
图4-7 前蹲

（七）巡回锻炼法

巡回锻炼法是指在进行锻炼时，可以按不同锻炼项目设立若干个站，一个站一个项目，锻炼者依次在站上进行巡回锻炼。各站的项目若选择恰当，可以达到全面锻炼的目的。一般设立6—12个站，如图4-8所示。

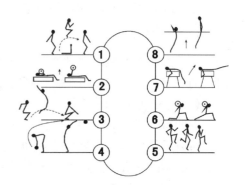
图4-8 巡回锻炼法示意图

二、发展速度素质的练习方法

（一）游戏比赛法

游戏比赛法是指在比赛条件下以极限的动作

速度和移动速度完成游戏。分组完成游戏，可提高这一方法的效果。如两人拍击游戏（图 4-9）。

图 4-9　两人拍击游戏

（二）变速法

变速法是指大强度（10~15 秒）的动作与小强度（15 秒以上）的动作较有节奏地交替。如上肢练习方法俯卧撑起击掌（图 4-10），下肢练习方法立定跳远（图 4-11）、单腿跳（图 4-12）。

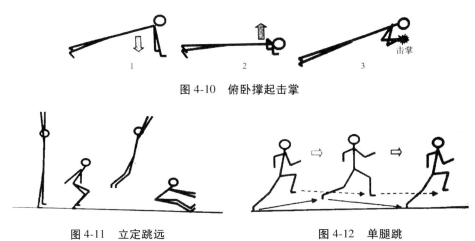

图 4-10　俯卧撑起击掌

图 4-11　立定跳远　　　　图 4-12　单腿跳

（三）重复法

重复法是指以最快速度重复进行练习 10~15 秒，每次间隔时间在 1 分钟以内。

三、发展耐力素质的练习方法

（一）匀速练习法

这种方法的实质是在脉搏为 150 次/分钟的条件下，以比较均匀的中等速度进行长时间的练习（20 分钟以上）。越野跑、滑雪、游泳等都是这种练习形式。

（二）重复变速练习法

它的特点是有计划地加快进行练习的速度，致使产生氧债（短时间的），而这些氧债应待以后用中等速度进行练习和随意休息的方式予以消除。在提高练习强度之前，应在脉搏为 140~160 次/分钟的条件下进行练习，而在提高练习强度后，应在脉搏为 180 次/分钟的条件下进行练习。例如，发展一般耐力，可采用 2 千米跑（每跑 300 m 后加速跑 30~50 m）或 500 m 游泳（每游 90 m 后加速游 10~15 m）。

（三）循环练习法

依次进行发展力量、速度、灵敏素质的练习，可采用不同的结合法。

四、发展灵敏素质的练习方法

发展灵敏素质，应由简入繁，既要掌握向左的练习，又要掌握向右的练习，要在双人练习和分组练习中加强锻炼者的对抗性。灵敏素质练习要求锻炼者注意力很集中，动作准确、快速。因此，最好把这些练习安排在练习课的前半部分，在锻炼者注意力集中的时候进行。

为了发展灵敏素质，一般采用能让锻炼者借助快速动作解决突变局面的各种练习方法。球类运动（篮球、足球、手球等）、活动性游戏、器械操练习、技巧运动、能克服障碍的个别田径运动项目（跨栏跑）最符合这类练习的要求。以排球为例：① 距墙 2 m 准备姿势站立，接身后教练以各种变化抛向墙体的反弹球练习（图 4-13）；② 守门员练习，近距离快速抛出上、下、左、右各种球，要求练习者将球挡出（图 4-14）。

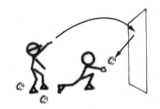
图 4-13　接反弹球练习

图 4-14　守门员练习

五、发展柔韧素质的练习方法

（一）主动与被动拉伸练习

柔韧练习也称作伸展练习，根据其不同训练效应，相应地被区别为主动柔韧练习和被动柔韧练习两类，而每类还区分为动力和静力两种形式。主动动力柔韧练习是练习者依靠自己的力量，将肌肉、肌腱、韧带等软组织拉长，提高其伸展性的练习，如踢腿、拉肩。主动静力柔韧练习是练习者在动作最大幅度的情况下，依靠肌肉力量保持静止姿势的练习，如扶杆控腿、成桥静止（图 4-15）等。被动动力柔韧练习为借助外力，灵活性地加大动作幅度的练习，如利用肋木屈体压腿。被动静力柔韧练习为借助外力来保持固定姿势的练习（图 4-16）。

图 4-15　背桥图

图 4-16　屈体站立转体拉肩

（二）拉长肌肉和结缔组织的练习

拉长肌肉和结缔组织的练习方法有快速爆发式牵拉和缓慢牵拉两种。前者在进行牵拉练习时有疼痛感，并且在准备活动不充分时较易拉伤肌肉，如排球运动中扣球时挥臂练习。后者是将有关部位肌肉、韧带缓慢拉长至一定程度（有轻微的疼痛感觉）。缓慢牵拉练习因超过关节伸展限度小，不易引起损伤和疼痛，并可以有意识地放松对抗肌，因此，锻炼效果较爆发式牵拉练习好，如跪立挺身后仰（图4-17）、直膝坐立体前屈（图4-18）等练习。

图 4-17　跪立挺身后仰

图 4-18　直膝坐立体前屈

六、发展弹跳力的练习方法

（1）连续深蹲蛙跳练习（图4-19）。
（2）连续跳起空中收腹练习（图4-20）。
（3）跳起单手交替摸篮圈，连续进行练习（图4-21）。

图 4-19　深蹲蛙跳

图 4-20　跳起空中收腹

图 4-21　跳起单手交替摸篮圈

（4）负沙衣连续直腿跳、半蹲跳、深蹲跳练习（图4-22）。
（5）双脚起跳连续过栏架练习（图4-23）。
（6）跳台阶练习（图4-24）。

图 4-22　负沙衣跳

图 4-23　双脚过栏架跳

图 4-24　跳台阶

（7）负杠铃全蹲、半蹲练习（图4-25）。
（8）两腿分立于凳上，手提壶铃蹲跳练习（图4-26）。
（9）负杠铃提踵练习（图4-27）。

图 4-25　负杠铃蹲起　　图 4-26　手提壶铃蹲跳　　图 4-27　负杠铃提踵

（10）卧推杠铃练习（图 4-28）。

（11）连续向斜上方快速推举杠铃练习（图 4-29）。

图 4-28　卧推杠铃　　　图 4-29　向斜上方快速推举杠铃

七、发展腰腹部的练习方法

（1）垫上仰卧起坐练习（图 4-30）。

（2）背肌练习（图 4-31）。

（3）斜板仰卧起坐练习（图 4-32）。

图 4-30　垫上仰卧起坐　　图 4-31　背肌练习　　图 4-32　斜板仰卧起坐

（4）肩负杠铃做左右转体练习（图 4-33）。

（5）双手持杠铃片做体绕环练习（图 4-34）。

（6）在攀登架上做举腿绕环练习（图 4-35）。

图 4-33　肩负杠铃左右转体　　图 4-34　双手持杠铃片做体绕环　　图 4-35　举腿绕环

专栏 9　中国排球运动员身体素质考核方法

1. 60 m、100 m、800 m、1 500 m 跑

在 400 m 跑道田径场地进行测试，跑道若干条，地面平坦，秒表若干块，秒表使用

前须校正。测试时，每组不少于两人，用站立式起跑，允许一手扶地，不能穿钉鞋。受试者听到"跑"的口令后起跑。发令员在发出"跑"的口令的同时摆动发令旗，计时员视旗动开表计时，受试者胸部触到终点线的垂直面停表。记录以秒为单位，精确到小数点后一位。

2. 36 m 移动

36 m 移动测试在排球场地进行（图 4-37）。受试者站在一方进攻线后，看手势启动，同时计时员开表计时。受试者从进攻线到中线前进后退两个来回。前进时必须用双手摸中线，后退到进攻线时，必须双脚均退过进攻线。双脚着地后（不需要手触线），再接着改为侧身滑步或交叉步移动（不许转身）至中线两个来回，用单手摸线，然后做钻网跑，不能触网，单手摸对方进攻线，折回终点时单手摸出发线，停表计算时间。记录以秒为单位，精确到小数点后一位。

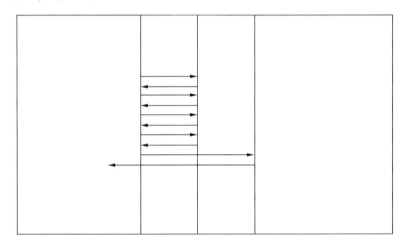

图 4-37 36 m 移动

3. 助跑双脚和单脚起跳摸高

助跑起跳摸高是反映排球运动员弹跳好坏的重要指标。用电子摸高器测试，每次测试时规定一种，测双脚起跳时必须用双脚起跳，测单脚起跳时必须用单脚起跳，助跑距离和方向不限，连续测两次取最好成绩。

4. 立定三级跳

在沙坑前 6 m、8 m 处各设置一块起跳板，其尺寸、规格与跳远踏板相同。受试者面向沙坑，双脚平行站立，从立定姿势开始起跳，要求第一次双脚起跳单脚落地，第二次另一侧腿单脚落地，第三次双脚落入沙坑。每人测两次，以最远一次计算成绩。

5. 羽毛球掷远

测试在室内场地进行，地面画一条起掷线。受试者将羽毛球沾上白色粉末，手持羽毛球头，两脚左右或前后开立，站在起掷线后，原地经肩上将球掷出。投掷时，允许一脚离地但不能踩上或超越投掷线。每人掷两次，以最远一次计算成绩。

6. 平板收腹

仰卧在木板或板凳上，用带子捆住膝关节，看手势做 30 次仰卧收腹。要求用左手摸右脚尖,用右手摸左脚尖,第30次摸到脚尖时停表,两臂可以自由摆动,每人测一次,手没能触及异侧脚尖或仰卧时双肩胛骨未能触木板不计次数。

7. 身体前屈手摸深度

受试者赤脚站在立位体前屈测量计平台上,两脚尖分开5~10 cm并与平台前沿齐平。脚跟并拢,两腿伸直,上体尽量前屈,双臂及手指伸直,两手并拢,用两手中指尖轻轻推动标尺上的游标下滑,直到不能继续下伸为止,不允许单臂下伸或膝关节弯曲。

8. 灵敏

测试方法为:在距离墙壁4 m处设置两根相距1 m、直径小于0.05 m并可以升降的立柱,两立柱顶端横架一根直径0.02 m的横杆,立杆和横杆成为栏架,栏架与墙壁平行,在墙、栏的延伸线上距墙9 m处的地面上画一条与墙壁平行的标志线(宽0.05 m,长0.05 m)。栏架高度从横杆下沿到地面,女子甲、乙组为0.75 m,男子甲、乙组为0.80 m,男、女儿童组为0.65 m。受试者必须靠墙用手支撑倒立,倒立后双脚并拢、伸直、停顿后(3秒),再听信号返下,立即转身移动至栏架前钻过栏架,然后双脚跳回(双脚必须跳落在两立柱垂直投影之内,不许踩线)。再双脚跳过,绕栏架跑一圈,然后钻回,再双脚跳过,最后移动摸标志线(向标志线方向为"过",向墙壁方向为"回")。

9. 连续摸高

连续摸高是测试排球运动员弹跳耐力的方法。受试者连续原地起跳,用手触摸摸高器10次,计算10次的平均成绩,在连续起跳过程中不应有停顿或垫步。

10. 连续五次助跑双脚起跳摸高

受试者从距离篮板3 m以外,采用助跑双脚起跳方式摸高。在20秒内,用前后进撤的方法完成5次。计时从第一次助跑起动开表到最后一次手触篮板停表,最终成绩为最高成绩加最低成绩除以2。凡在20秒内未完成5次摸高者,不予计算成绩。每人允许测3次(包括犯规次数在内)。

11. 助跑摸高净跳高度

(1)测直立手足间距。受试者直立于标尺杆的一侧,以右上肢侧贴近标尺尽量上举,双脚并拢,不能提踵,测量右手中指指尖至足底平面的垂直距离。

(2)助跑摸高。运动员单脚助跑起跳,助跑4—6步,以起跳脚异侧手摸摸高显示器,测量中指指尖至地面的距离。每人测3次取最好成绩。

(3)计算净跳高度。用助跑摸高高度减手足间距即是助跑摸高净跳高度。记录以厘米为单位。

12. 6 m×16次移动计时

6 m×16次移动是评价运动员起动、快速变换方向及突然改变动作的灵活性和速度的能力。该项为二传手、自由人测验。在排球场内两条进攻线上各放置1个瓶子,受试者在球网下往返16次,每次必须用手触倒瓶子。计时从受试者手离瓶子开表到第16次手触瓶子停表,手不触倒瓶子不计数,身体触及球网被视为犯规。每人允许测3次(包括犯规次数在内)。

13.9 m×10次移动计时

在排球场地进行测验。受试者由一侧边线沿端线向另一侧边线移动，往返5个来回计时。

参考文献

[1] 田麦久，刘大庆. 运动训练学［M］. 北京：人民体育出版社，2012.

[2] 邓树勋，王健，乔德才. 运动生理学［M］. 北京：高等教育出版社，2005.

[3] 曹青军. 运动训练：理论与实践［M］. 北京：北京理工大学出版社，2010.

[4] 刘大庆. 运动员竞技能力非衡结构补偿理论［M］. 北京：北京体育大学出版社，2005.

[5] 程锡森，金海波. 运动项目概论［M］. 天津：天津大学出版社，2010.

[6] 浦钧宗. 优秀排球运动员机能评定手册［M］. 北京：人民体育出版社，2006.

[7] 丁跃东. 初探初中生运动技能与发展体能有机结合［J］. 运动，2011（16）：95，73.

[8] 陈小平. 试论"专项能力"的训练：对我国体能类项目训练中存在的主要问题的探析［J］. 中国体育科技，2002（1）：10-13，33.

[9] 任雅琴，陆作生. 体育教学技能构成要素的质性研究［J］. 体育与科学，2021，42（1）：114-120.

[10] 王利华，张健鹏. 学校体育管理模式与体育教学方法研究：评《体育管理学》［J］. 中国学校卫生，2020，41（7）：1121.

[11] 张长念，张长思. 偏异与回归：高校太极拳教学模式反思［J］. 北京体育大学学报，2021，44（3）：129-138.

[12] 刘飞. 体育训练理论和方法探讨：评《学校体育教学的多维度分析与阐释》［J］. 中国教育学刊，2020（11）：149.

[13] 王卫星，蔡有志. 体能：力量训练指南［M］. 北京：北京体育大学出版社，2006.

[14] 张英波. 现代体能训练方法［M］. 北京：北京体育大学出版社，2006.

第二部分

运动技能研究篇

第五章 运动技能学研究的主要内容

【本章提要】 本章主要对运动技能学研究的运动动作、教学方法、学习评价等内容进行了阐述,明确了动作是运动技能学的基本元素,教授动作和学习动作是运动技能学的主要内容。

运动技能学作为一门独立的理论学科在我国起步较晚,但已有一批科研人员、教师、教练员在这块土地上辛勤耕耘。运动技能学科研论文内容的分布主要集中在影响运动技能学习的因素、运动技能的迁移、运动技能形成的教学理论与方法、反馈与动作控制、运动技能的分类、运动技能评价、运动技能与智力潜能开发、运动技能的记忆与遗忘等方面。由于运动技能是人体有效掌握专门动作的能力,运动动作是运动技能学的基本元素,动作教授和动作学习是运动技能学的主要研究对象。因此,运动技能学研究的内容主要包括人体运动动作的影响因素、教学方法两个方面。

第一节 运动动作及其影响因素

任何体育运动都是由动作构成的,人们根据动作固有的特点,以及与其他动作的联系与区别对动作进行命名,这样就产生了许多运动动作的名称及其表现形式。动作结构是区别不同动作、正确动作和错误动作的依据。对于体育教师、教练而言,只有具备区分不同动作、判别正确动作与错误动作的能力,才能有效实施运动动作教学、纠正错误动作。学生只有通过学习正确的动作,才能掌握正确的运动技术,并通过练习形成正确的运动技能。

不同名称的动作与正误动作的差异主要表现在动作的运动学特征和动力学特征两个方面。运动学特征是指完成动作过程中的时间、空间和时空方面表现出来的形式或外貌上的特征,即完成动作过程中人体各关节、各环节(头、躯干、四肢)随时间变化所表现出来的空间差异;动力学特征则是决定动作形式的各种力(力矩)相互作用的情况和特点,包括力、能量和惯性特征三个方面。

一、运动动作的运动学特征

(一)动作的时间特征

动作的时间特征反映的是人体运动动作与时间的关系,不同动作的开始时刻与结束时刻、持续的时间都不同。例如,半蹲起立和深蹲起立两个动作,一般来说完成半蹲动作的时间要比深蹲短一些。在对运动动作的时间要素进行测量与分析时,除了最基本的时间长短外，还应该关注动作的一些关键时刻、动作出现的频率等。如立定跳远上肢的前摆和蹬伸结束的时刻应该同步，否则可以判定未能有效或正确完成立定跳远运动。

（二）动作的空间特征

动作的空间特征是指人体完成运动动作过程中身体各环节随时间变化所产生的空间位置改变情况，不同动作身体各环节的运动轨迹不同。例如，侧平举与前平举，上肢环节的空间移动路线不相同，因而构成了两个不同的运动动作。如果在完成运动动作过程中，某个环节没有按照动作的要求在空间移动，就会构成错误动作。

（三）动作的时空特征

动作的时空特征是指人体完成运动动作时身体位置变化的快慢情况，全面展示了动作的时间和空间特征。不同动作的时空特征不同，也就决定了动作形式的"快、慢"差异。例如，腿的摆动有快速摆动和缓慢摆动之分，不仅形成不同的动作名称与动作差异，也是判断动作是否正确完成的要点。

二、运动动作的动力学特征

（一）动作的力特征

人体运动是通过人体与环境的相互作用实现的，力是人体运动的根本原因。人体动作的实现是内外力共同作用的结果，外力表现在外部环境对人体的作用，内力中的肌肉力接受大脑皮质的控制，保证正确的动作表现形式。肌肉力是人体完成动作时唯一可控的主动力，没有肌肉的适时收缩和舒张就不可能产生任何人体的主动动作。肌肉力的大小、用力的时机决定了运动动作其他特征的表现方式。

（二）动作的能量特征

人体运动的实现是体内储存的生物能转化成外在的机械能，表现为人体运动时完成的功、能、功率、机械效率等。在一定程度上，运动员和一般人完成相同动作表现出的差异与能量的利用效率有密切关系。

（三）动作的惯性特征

在人体运动中，人体整体、各环节，以及运动器械的质量、转动惯量对运动动作具有一定的影响。例如，投掷轻标枪要比投掷重标枪容易得多，就是重标枪的惯性大的缘故。

三、运动动作的影响因素

运动技能的形成过程除了需要个体能够完成一定数量的运动动作外，还需要个体通过学习过程中的泛化、分化，实现运动技能的巩固自动化。在这一过程中，体育教师和教练应该根据运动技术自身的特点、运动技术形成的规律、影响运动技术形成的因素实施教学和训练，并应用运动动作、运动技术的分析方法，对错误动作产生的原因进行分析，及时纠正错误动作。人体运动技能形成的规律表明，个体的解剖学因素、生理心理学因素，以及运动过程中的力学因素是影响人体运动动作教学的主要因素。

（一）解剖学因素

人体运动是在内外动因作用下，由神经系统协调全身各器系，通过运动器系（主要是骨、关节和骨骼肌）活动直接完成运动动作，通过人体神经系统的不断正、负反馈使动作达到准确、精细的程度。人体的各环节可动地连接起来，构成了生物运动链，这是人体运动器系的基本结构，各种力作用在生物运动链上，引起各环节相对位置的改变，于是产生了人体姿位和运动状态的变化。

1. 环节与生物运动链

相邻关节之间的部分称为环节。人体的运动器系就是由多个环节组成的多环节系统，这种多环节结构使人体能够灵活自如地运动，它也是人体能够完成复杂动作的前提。环节的质量与转动惯量、环节的长度均会对动作产生影响。

两个以上相邻环节串联式连接而成生物运动链。例如，上肢生物运动链由上臂、肘关节、前臂、腕关节和手构成，下肢生物运动链由大腿、膝关节、小腿、踝关节和脚构成。在完成运动动作过程中，生物运动链的活动有开放和闭合两种形式。末端环节可自由活动的生物运动链称为开放链；无自由活动环节的生物运动链称为封闭链；开放链的末端环节如果受到其他物体的约束即变成封闭链。开放链中各环节绕关节轴转动可使末端环节做圆弧运动或平动。而封闭链中环节不能单独运动，一个环节的运动必然伴随其他环节的运动。

环节自由度是环节运动能力的量度。在开放式生物运动链中，末端环节的自由度等于生物运动链中各关节自由度的叠加，如果叠加起来超过 6 个自由度，就相当于自由刚体。生物运动链环节的自由度决定了运动动作的多样性、协调性，自由度越多，运动动作越难控制。

2. 骨杠杆

生物运动链中的骨杠杆同机械杠杆一样，分为省力杠杆、平衡杠杆和速度杠杆。阻力点在支点与动力点之间的杠杆为省力杠杆，如提踵足尖站立时足构成的杠杆；支点在阻力点与动力点之间的杠杆为平衡杠杆，如篮球单手上手投篮前的持球以肘关节为支点所构成的杠杆；动力点在支点与阻力点之间的杠杆为速度杠杆，这类杠杆在人体投掷动作和踢腿动作中常见，能够获得较大肢体末端速度，但需要较大肌力，属于费力杠杆。在运动动作和运动技术的测量与分析中，通常会关注如何合理利用杠杆达到省力的目的或者发挥环节末端速度等方面的问题。

3. 骨骼肌的分工与协作

在完成一个动作时，不同的肌肉起着不同的作用，这就是骨骼肌的分工。参与工作的肌肉所起的作用都不可能单独存在，而只能在互相配合中表现出来，这就是骨骼肌的协作。骨骼肌离开或缺乏这种分工与协作关系，体育动作将很难完成或者极不协调。同时也应看到，在体育活动过程中，骨骼肌的分工和协作关系不是固定不变的，而是会随着动作的改变而变化。对参与每个运动动作的骨骼肌作用的认识是运动动作和运动技术分析的主要内容。

在完成运动动作时，肌肉的分工与协作形成了骨骼肌的四种作用表现。① 原动肌，是指以主动收缩直接完成动作的肌肉，又可分为主动肌和副动肌。例如，握哑铃弯举中的肱肌、肱二头肌为主动肌，肱桡肌、旋前圆肌为副动肌。② 对抗肌，或称拮抗肌，是指与原动肌作用相反的肌肉。例如"弯举"动作中的肱三头肌。在主动肌收缩的时候，对抗肌的放松是动作协调性的重要体现。③ 固定肌，是指将原动肌定点骨加以固定的肌肉。如三角肌、胸大肌、背阔肌等肌肉。固定肌在运动活动中通常以等长收缩的形式工作，固定肌的力量强弱是人体运动动作能否完成的重要基础。近几年受到广泛重视的"核心肌群"力量训练，主要是通过加强人体运动中固定肌的作用来提高主动肌的运动效率和防止运动损伤的出现。④ 中和肌，当原动肌对动点骨有两种以上的功能时，为了有效地发挥其中一种功能，需要借助其他肌肉抑制另外的功能，这里其他肌肉就叫中和肌，起着抵消（中和）某些功能的作用。

4. 骨骼肌的工作形式

骨骼肌的工作形式主要有两种：动力性工作、静力性工作。

动力性工作是指骨骼肌在收缩过程中长度有变化的工作形式，包括向心工作和离心工作。向心工作又叫克制工作，是指肌力矩大于阻力矩，环节朝肌拉力方向运动，肌肉变短、变粗（肌腹隆起）、变硬。离心工作又叫退让工作，是指肌力矩小于阻力矩，环节朝肌拉力相反方向运动，肌肉变长、变细、变硬。

静力性工作是指骨骼肌在收缩过程中长度不变的工作形式。在人体活动过程中，其表现分为三种情况。① 支持工作：指位于关节某一侧的肌肉持续收缩，以平衡阻力矩，使环节保持一定姿势工作，如肋木悬垂举腿动作中腹肌、髂腰肌所做的工作。② 加固工作：指位于关节周围的肌肉同时持续收缩，以对抗关节由于外力牵拉作用而分离的工作，如肋木悬垂时肩、肘、腕关节周围肌肉所做的工作。③ 固定工作：指关节运动轴两侧相互对抗的肌肉同时持续收缩，使环节保持固定的工作，如双手支撑倒立时，屈肘肌群和伸肘肌群所做的工作。

5. 多关节肌的工作特点

多关节肌的工作具有"主动不足"和"被动不足"的特点。

多关节肌"主动不足"是指多关节肌在一个环节运动时已经缩短，在另一个环节运动时不能再继续缩短的现象。如伸大腿后再屈小腿会感到费力的原因之一，是股后肌群出现功能性"主动不足"。多关节肌"被动不足"是指多关节肌在一个环节运动时已经拉长，在另一个环节运动时不能再继续拉长的现象。如伸直膝关节后再屈髋（直膝前摆），腿难以摆得高，这就是股后肌群"被动不足"现象。又如充分屈腕后再屈指则会感到困难，这是因为前臂的伸肌群作为对抗肌发生了"被动不足"的现象。

6. 骨、关节、肌肉的相互作用

肌肉跨越关节收缩时肌力作用线不通过关节点，肌力可分解为沿着环节纵轴方向的法向分力和垂直于环节纵轴方向的切向分力。法向分力起着加固关节的作用，而切向分力对关节点产生力矩。环节的重力矩和外界的阻力也对关节产生力矩，一般跨越同一关节的有多块肌肉，这些肌肉收缩时的力矩与环节的重力矩和阻力矩的合力矩决定着关节的运动状态，使环节转动的角速度发生变化，或保持一定的关节角度。

在生物运动链中，每块肌肉并非是单独产生作用的，肌肉总是以肌群的形式参与运动。在肌群内各块肌肉之间及各肌群之间都存在复杂的相互作用，这种相互作用包括相互促进作用和相互干扰作用。相互促进作用使生物运动链的运动更协调、更完善，而相互干扰作用则产生负面效应。生物运动链中关节周围的肌肉共同组成功能群而发挥功作用。肌肉对关节的固定和解除固定，使生物运动链中活动环节的数量发生变化。整个生物运动链有时可以固定成一个整体进行运动，有时运动可以发生于部分环节，乃至于生物运动链的所有环节。肌群的协调工作可保证生物运动链中各环节的运动方向，控制运动速度，限制运动幅度，并在这个过程中实现力学量的传递。

（二）生理心理学因素

无论是人体运动动作的控制，还是人体运动动作的实现，均依赖于人体神经系统功能的完整性和能量供应系统的及时供能。一旦有一种功能出现不足甚至缺失，或者达到了其能力的局限，运动动作与运动技术就会有不同的表现。

1. 神经系统功能的完整性

神经系统的感觉功能是运动行为产生的基础，按照运动控制的反射理论，人体运动行为的产生即是对内外环境变化的应答性反应。与人体运动关系密切的感觉主要有视觉、听觉、位觉、皮肤感觉、本体感觉等，其中，视觉、位觉和本体感觉与运动的关系最为密切。

骨骼肌的收缩和舒张的信息来自神经系统的兴奋与抑制。人体脊髓运动神经元池的α运动神经元通过其支配的肌纤维构成的运动单位参与人体肢体的随意运动；人体脑干通过各种姿势反射（状态反射、翻正反射、旋转运动反射、直线运动反射）调节肢体的肌张力；小脑和基底神经节及大脑皮质对运动进行较为精确的调控。

人体完成运动过程中，全身不同的肌肉承担不同的功能，这就需要神经系统的整合。通过神经系统的整合，人体应该收缩的肌肉收缩，应该放松的肌肉放松，同时保持与环境之间的协调。可以说，有了神经系统的整合，人体才能正确地完成各项运动动作。除了运动控制系统自身的整合功能外，运动系统与植物神经系统的整合也在运动过程中起重要作用。因为运动需要通过消耗氧气来氧化体内的能源物质以供给肌肉的活动。

脑的学习和记忆功能本质上是建立条件反射的过程，而条件反射的建立需要中枢神经系统参与，特别是高等动物具有对两个信号系统建立条件反射的能力，两个信号系统间的整合使条件反射的建立更加丰富。人体又通过学习与记忆建立起条件反射的抑制功能，从而使人体的运动行为更加精确和多样化。

2. 感觉机能的作用

运动技能是在多种感觉机能参与下大脑皮质相关中枢建立暂时性神经联系的过程。其中，本体感觉对运动技能的形成具有特别的意义，肌肉本体感觉的存在是运动动作建立的基础。

视觉在动作学习中也起主导作用，是人体接受外界信息的主要器官，并能影响肌肉的协调活动和平衡能力。对于多数的动作学习来说，建立视觉和本体感觉间的联系最为重要。人体可以借助视觉保持平衡和调节肌肉用力程度，从而强化正确动作。如学习体操、武术和舞蹈动作时，采用对镜练习，有助于强化正确动作，发现和纠正错误动作。

听觉与本体感觉间的相互作用，有助于建立正确的发力时间和节奏感。如舞蹈、体操等运动中音乐伴奏可增强完成动作的节奏和韵律感。教师在教学中的"好""对"等词语也能强化运动技能的形成。

对于一些空中高难度动作，位觉机能与本体感觉建立联系非常重要，教师可通过降低难度和保护帮助促进动作的空间感形成。充分发挥皮肤感觉和本体感觉的相互作用，也有助于建立正确的运动技能。

3. 注意力的作用

注意是对信息处理资源的集中和限制。注意的有限容量是指人一次只能集中注意力于少量的信息。注意力的集中是对一定对象的指向和集中的心理活动。影响注意力集中的因素主要包括内在的心理因素和外在的环境因素。在动作的教学和训练中应有意识地加强适应，使学习者能最大限度地将注意力集中在与主题有关的环境信息上，并避免一些分散注意力的干扰因素影响动作学习。

4. 能量连续统一体

由于人体骨骼肌活动的直接能源为 ATP，而 ATP 在人体内的储量有限。人体通过三条途径合成 ATP。① 磷酸原系统是由 ATP 和 CP（磷酸肌酸）构成的系统，人体中磷酸原系统是一切高功率运动，如冲刺、投掷、跳跃、足球射门等活动的供能基础。② 乳酸能系统是指肌糖原或葡萄糖在无氧分解过程中再合成 ATP，也称无氧糖酵解系统，是机体处于氧供不足时的主要供能系统。乳酸能系统供能能力的重要意义是在氧供不足时，仍能快速供能以应付身体急需。③ 有氧氧化系统是指运动所需的 ATP 由糖和脂肪的有氧氧化过程再合成，可以维持较长的工作时间。所以，有氧氧化系统是进行长时间耐力活动的主要供能系统。

在不同的运动项目中，由于运动的强度、持续时间及运动技术结构等的不同，三种能量系统所占的比例也各不相同，也即每个能量系统再合成 ATP 的比例与进行的运动项目有关。例如，100 m 跑是高功率输出的活动，其 ATP 的再合成主要依靠磷酸原系统；而时间长、强度小的马拉松跑，其 ATP 的再合成绝大多数是由有氧氧化系统实现的；400 m、800 m 跑中 ATP 的再合成，除了依靠磷酸原系统外，还要依靠乳酸能系统。这种不同类型的运动项目的能量供应途径之间，以及各能量系统之间是相互联系形成的一个连续统一体，运动生理学中把它称为"能量连续统一体"。

5. 运动性疲劳

无论是神经系统本身活动的限制，还是供给人体运动的能源物质消耗过多，能量供应过程代谢产物的堆积，都会使人体在运动过程中出现运动能力暂时下降的现象，我们把这种现象称为运动性疲劳。运动性疲劳可以是中枢的保护性抑制引起的，也可以是外周的代谢产物堆积、内环境失调或肌糖原耗竭引起的。运动性疲劳是长时间运动的正常生理现象，但疲劳会对运动技术产生一系列影响，在人体运动动作和运动技术的测量与分析中必须考虑到这一点。

（三）力学因素

人体的运动动作归根到底，是人体整体或环节，抑或运动器械在一定时间内的空间位置变化，因而机械运动的本质特点决定了人体运动需要遵循基本的力学原理。机械运动的力学原理基本上都适用于人体的运动动作与运动技术，因此，掌握基本的力学原理及其在运动中的体现和作用，是运动动作与运动技术研究的基础。这些原理包括人体或物体运动的时空规律、牛顿运动定律、动量定理和动量守恒定律、动量矩定理和动量矩守恒定律、功能原理，以及人体与运动器械在空气和水中运动的流体动力学原理等。下面仅举几例加以说明。

1. 获得运动速度的最大冲量原理

冲量是力作用的累积效应，根据物体运动的动量定理，运动中通过改进和优化运动技术获得尽可能大的力的冲量，以获取人体或器械的最大速度。例如，投掷标枪最后用力前的超越器械姿势，一方面是通过肌肉收缩前的拉长增加收缩时的力，另一方面是有效增加了力的作用时间。

2. 反向动作的最佳起始力原理

反向动作是指人体在做动作时为了提高动作的效果首先产生一个与实际运动方向相反的动作，如排球扣球时先向后挥臂和做背弓动作，其目的是在增加动作幅度的同时，使做扣球动作的肌肉预先拉长而产生弹力，并利用肌肉被拉长引起的神经系统的牵张反射，以增加扣球力量。标枪投掷时向后引枪、踢足球时向后摆腿、打网球时向后引拍等动作均有预先拉长肌肉、增大肌肉弹性能的作用。

3. 打击碰撞的动量保持原理

体育运动中打击碰撞的项目很多，如技击性项目的拳击、足球的踢球、网球的击球等。为了提高碰撞效果，人们在攻击碰撞物体时，除了要求速度快之外，还要尽可能使身体有效碰撞质量大。有效碰撞质量就是完成动作中能够产生碰撞力效果的身体质量（含器械）。这就要求在打击碰撞物体时应尽可能地固定肢体的各个关节，使身体或身体的某部分成为一个整体，以增大碰撞的有效质量，使碰撞的动量尽可能大。

综上所述，个体在不同生长发育阶段身体形态、身体素质等的变化及运动能力的变化，或者在运动过程中身体机能的变化、力学因素的变化等均会对动作产生影响。探究这些因素对动作的影响规律是运动技能学研究的主要内容。

第二节　运动技能教学方法

一、运动技能教学方法的演变

运动技能教学方法的发展受诸多因素的制约，当然首先是受各个时代特征的影响。由于运动技能教学内容受时代的影响远大于其他学科，因此运动技能教学方法的发展首先受到运动技能教学内容变迁的影响。

在漫长的封建社会和资本主义社会前期，体育主要是士兵的训练，在这种以发展身体为主要目的的运动技能学习中，注入式的教学方法占据主导地位。这是一种偏重于苦练式的重复，通过注入大运动量来形成运动记忆和增强体能。这种教学方法的背后隐藏着封建社会的专制性质、运动技能教育不发达等诸多原因。

近现代以来，随着生产力的快速发展和社会的进步，代表现代社会文明的竞技体育项目迅速发展起来。这些竞技体育项目本身就充满了人本主义和自然体育的精神，充满了青春的活力，而且竞技运动的运动技能要比操练和兵操更加复杂、精确，它是一种集技术、战术、心理素质等各种文化因素于一体的现代运动。因此，苦练式的教学方法就不再适应了，客观上要求运动技能教学方法与时代发展相适应，做出一些改变，这种改变主要体现在加快教学速度、提高教学效率等方面。

在当代，体育已经成为一种文化，成为人们日常生活的一部分，成为一个成熟的教育领域，体育的内容向着健康教育、心理训练、行为规范教育等方面迅速扩展，体育知识和技能的总量也急剧增长，这就对体育教学和体育教学方法提出了新的、科学的、更高的要求，同时运动技能教学方法随着体育教学方法的与时俱进也在发生新的变化。现代运动技能教学不但要求学生掌握相关的体育知识和技能，还要帮助学生建立自信心，形成良好的行为规范。因此，当代运动技能教学方法得到了空前的发展，特别是随着幻灯、录像机、摄影机、计算机等现代工具的发展和应用，依赖运动表象建立的运动技能学习更是如虎添翼，运动技能教学方法正向着更高层次、更科学的方向发展。

但是，运动技能教学方法的更新和发展，并不意味着一些基本的运动技能教学方法的过时和淘汰，而是每个时代都有反应其特征的、具有代表性和倾向性的教学方法的出现。从这些教学方法的发展历程可以看到一个时代的社会生产力和科学文化的发展状况，也可以反映出运动技能教学理论和运动技能教学实践的变革特点。

从以上对运动技能教学方法的发展简述中可以看到，运动技能教学方法不是一成不变的，而是随着运动技能教学实践的内外部条件的变化及体育教学内容的发展而不断与时俱进的。因此，运动技能教学方法的完善和革新始终是运动技能学理论与实践研究的重要内容。

二、运动技能教学方法发展的影响因素

由于运动技能教学方法的主体是教授运动技能，随着运动技能的不断发展，运动技能教学方法也是处于不断进步和不断发展的状态。运动技能教学方法的发展除了受科学技术的限制外，还受运动技能教学内容的发展、运动技能教学理论的发展、学生的发展与变化和政治文化因素的影响。

（一）科学技术进步对运动技能教学方法的影响

日新月异的科学技术对运动技能教学方法的影响主要体现在：计算机、多媒体等技术的运用使运动技能的教学示范更加准确、精确，不再局限于时间和空间的限制，如一套完整动作的诸个分解动作的示范演示，可以随时调整每个动作的快慢，也可以展示每个动作的观察面、放大各个动作的局部等。计算机、多媒体等技术的运用使运动技能教学的讲解、示范、展示、学习等教学方法发生了质的变化。

（二）运动技能教学内容的发展对运动技能教学方法的影响

一些新的运动技能教学内容的引进带动了教学方法的革新，如心理拓展训练内容的引进使团队凝聚、团队组织等教学方法得到开发；竞技运动的发展使提高各项身体素质的教学方法得到开发；游戏的引进使兴趣教学法、情境导入法等教学方法得到开发；野外生存训练的引进使野外活动中组织方法、活动形式和在野外进行教学的方法得到开发；攀岩训练的引进使绳索保护下的教学方法得到开发；等等。

（三）运动技能教学理论的发展对运动技能教学方法的影响

运动技能教学理论的发展对运动技能教学方法的影响最为典型的例子是"领会式教学法"的出现。过去，在运动技能教学理论中缺少对运动技术类型的分析，也缺乏对不同的运动项目应有不同的运动技能教学方法的认识，因此，运动技能教学方法在面对众多的运动项目时只能以不变应万变。但随着对球类运动项目研究的不断深入，适合球类运动的"领会式教学法"应运而生了。

（四）学生发展与变化对运动技能教学方法的影响

随着社会的不断发展，物质生活和精神生活极大丰富，学生的整体状况发生了很大变化，主要体现在：① 学生接受知识的来源日益繁多，知识面也随之不断拓宽；② 学生的身体发育提前；③ 学生的个性化增强，对问题的认识深度提高；④ 学生的思辨能力增强，反思能力增强；⑤ 学生以自我为中心的趋势加强。这些变化必然带动探究性、集体性、以学生为中心、思考性和民主性教学的发展，从而带动运动技能教学的革新。

由于运动技能教学方法是人们在长期的运动技能教学实践中总结与归纳出来的，许多优秀的运动技能教学方法是符合运动技能发展规律的，有其存在的必然性，因此，一些好的教学方法也是相对稳定的。虽然对运动技能教学方法的改善是运动技能教学不断发展的永恒主题，但是我们也应该认真学习前人留下的良好教学经验和教学成果，不能一味盲目地追求教学方法的创新而忽视已有教学方法的存在意义。

三、运动技能教学方法的发展趋势

运动技能教学方法随着学科的发展而不断发展，运动技能教学方法已从运动训练方法和师父的传教方法中发展成为具有自身特点的教法体系，而随着科学技术的发展及教育学、心理学和生理学领域的不断进步，运动技能教学方法正在出现一种现代化、心理学化、个性化、公平化等的发展趋势。

（一）运动技能教学方法的现代化

运动技能教学方法的现代化主要体现在教学设备的现代化上。录像教学法进入体育课堂，把学生的视野扩展到运动技能教学以外的空间，为学生展示他们在体育课中无法感觉和体验的东西。计算机辅助教学，通过各种教学课件把运动技能教学带到一个新的感知空间。今后大量运用多媒体来辅助依赖形象感知的运动技能教学确实是一个清晰的发展趋势。

（二）运动技能教学方法的心理学化

学习本身就是一个心理过程，而体育知识学习和运动技能的提高更是一个复杂的心理过程，因此，对运动技能教学方法影响最大的基础学科就是心理学。随着心理学研究的不断发展，运动心理学家和体育心理学家已不再局限于对教学实践的心理学分析，开始通过心理学研究来探究运动学习的过程，其成果逐渐应用于运动技能教学方法的改革中。如心理的念动理论已经使念动训练进入运动技能教学；又如对分散学习和集中学习的特征的研究直接对分解教学法和整体教学法的优选起到重要的理论支持。可以预见，随着脑科学的发展和心理学的发展，它们将会给运动技能教学方法的改进与创新提供更多的理论支持。

（三）运动技能教学方法的个性化、公平化

重视个性化也是运动技能教学方法发展的一个重大进步，它是对以体能和运动能力画线的传统运动技能教学方法的挑战。传统的班组教学制强调以教师为中心，具有很强的统一性，学生的个性发展受到限制。特别是运动技能教学，其学习效果与学生身体素质有密切的关系，因此，更应该根据学生的个体差异选择教学方法，这种改革也体现了面向全体学生的公平教育。

综上所述，运动技能教学方法是一个不断发展的过程，贯穿运动技能学的发展。我们应充分应用现代科技发展的成果、神经心理学与认知方面研究的成果，开展运动技能教学方法相关的研究。

四、运动技能教学方法简介

在合适的时机选择合适的教学方法对运动技能教学效果的影响至关重要。运动技能教学方法是一个大概念，是对所有的学生而言的，但我们在使用某一个运动技能教学方法时，应确定一个具体的概念，因为我们面对的是具体的学生。因此，我们在评价和使用某一个运动技能教学方法之前必须考虑它是以哪个年级的学生为授课对象的。同样的教学方法在面对不同的学生时就有不同的评价，用错了对象，好的教学方法也会变成不好的。如对高中生使用"故事化教学"就不行，同样对小学低年级学生使用"研究性学习"也很难取得好的学习效果。

不同的运动技能教学内容的教学方法也有其适应性，不是什么教学方法都可以用的。如"研究性教学法"和"发现式教学法"适合用于那些有深度、原理性比较强的教材，而不适合用于那些浅显的介绍性和锻炼性教材；"情境性教学法"主要用于锻炼性教材和表现类教材；"游戏教学法"和"比赛教学法"主要用于比较枯燥的锻炼性教材和领会性学习教材；"领会性教学法"和"完整教学法"则多用于体操和游戏这些"会"和"不会"的教材；等等。如果我们在使用教学方法时没有充分考虑到教学内容的特性，那么就难以收到好的教学效果。

任何好的教学方法的使用都不是无限制和无度的，好的教学方法也不能滥用。例如，游戏教学法在活跃教学氛围、帮助学生理解教材的乐趣和含义、形成教法的阶梯等方面有着特殊的作用，是体育教师经常使用的教学方法。但是，如果无度使用游戏教学法，易导致整堂课都是体育游戏，那么教学效果也不会好，而且会使体育课变得主次颠倒、喧宾夺主，甚至幼稚化。同样，如果堂堂课都是发现式教学、研究性学习，体育课也不会有好的效果，甚至可能就不是体育课了。

搞清楚各种教学方法的目的、授课对象、教学内容、使用频率及其局限性，充分发挥各种教学方法的优点，收获良好的教学效果，才是运动技能教学方法不断与时俱进的发展意义。

（一）讲解法

讲解法是运动技能教学常用的方法之一，是教师通过简明、生动的口头语言向学生系统地传授体育知识和运动技能的方法。体育教师可以运用逻辑分析、论证、形象的描绘、陈述、启发诱导性的设疑、解疑，使学生在较短的时间内清晰地获得全面而系统的

知识。运用讲解法时应注意以下几点：① 目的要明确，内容要正确。在运动技能教学中讲什么、怎么讲、什么时候讲均会对学生的学习效果产生影响，所以要求体育教师在运用讲解法教学时一定要认真研究备课内容。切忌想到哪里就讲哪里，想起多少就讲多少，应根据教材的内容、任务和学生的具体情况来安排。② 语言应简明扼要。讲解时语言简单明了、生动形象，条理清晰，学生乐意听，易懂，能记住。③ 讲解要符合实际。在同一运动技能的教学中，对不同的授课对象讲解的内容和层次也应不同。④ 注意时机和形式。在运动技能教学中，学生是教学的主体，课堂上大部分时间是学生的练习时间，在此过程中，教师应根据实际情况，随时提出要求，并给予正确的指导。

（二）问答法

问答法也称谈话法，是教师和学生以口头语言问答的方式完成体育教学的方法。它的优点是便于启发学生的思维、培养学生的思考能力和语言表达能力，也有唤起与保持学生的注意力及兴趣的作用。

（三）讨论法

讨论法是在教师指导下，学生以全班或小组为单位，围绕教材的中心问题各抒己见，通过讨论或辩论活动，获得体育知识或者辅助运动技能学习的一种教学方法。讨论法的优点在于能促进全体学生都积极参加学习活动，培养合作精神和参加集体思考的能力，同时还可以激发学生的学习兴趣，提高学习情绪。

（四）动作示范法

动作示范法是教师（或教师指定的学生）以自身完成的动作作为范例来指导学生进行学习的方法。动作示范法是体育教学中最常用的直观方法，它在使学生了解所学动作的表象、顺序、技术要点和领会动作特征方面具有独特的作用。轻快优美的动作示范还能激发学生学习的兴趣，增强学生学习的信心。

由于运动动作具有多样性，因此，动作示范要注意示范面、示范的速度和距离等要素。要注意示范与讲解相结合，与学生练习相结合。示范与讲解相结合，能使学生的直观（看到的）和思维（通过示范和讲解使学生思考动作的技术要求）结合起来，收到更好的效果。教师领着学生练习，教师的示范与学生的练习相结合，使学生把看到的（条件刺激）立即与肌肉活动联系起来，能提高学生掌握动作的速度。但是，有些动作（器械体操）在学生练习时，教师不宜进行示范，否则会引起伤害事故。除教师亲自做示范之外，也可由动作掌握较好的学生做示范，这样不仅可以起到与教师示范相同的作用，还能增强学生学习的信心。

（五）完整法和分解法

完整法和分解法是体育教学中根据教材的任务、特点和学生的接受能力处理教材的两种教学方法。

完整法是从动作开始到结束，不分部分、段落，完整地进行教学的方法。完整法的优点是一般不会破坏动作结构，不会割裂动作与动作之间的内在联系，便于学生完整地掌握教材；缺点是不易使学生较快地掌握教材中比较关键和较难的要素与环节（重点、难点）。完整法多用于动作比较简单、学生容易掌握的教材。还有些动作虽然比较复杂，但是用分解法会明显破坏动作结构，这样的动作一般也用完整法进行教学。

分解法是把完整的动作合理地分成几个部分，逐次地进行教学，最后使学生掌握完整动作的一种教学方法。分解法的优点是便于集中精力和时间突破教材中的重点或难点，从而有利于学生更好更快地掌握动作要领。但是，如果运用得不合理，动作的几个部分分解得不科学，将会破坏教材的结构，割裂动作与动作之间的内在联系，从而影响学生掌握完整动作的效果。分解法多用于那些动作复杂、动作较多（成套套路练习），或者用完整法教学学生不易掌握的动作，如跨栏跑、体操中的成套练习、武术等。

（六）领会教学法

领会教学法是运动技能教学和训练方法指导思想的一项重大改革，它从强调运动技术转向培养学生认知能力和兴趣。领会教学法的教学过程主要包括六个步骤：项目介绍→比赛概述→战术意识培养→瞬间决断能力训练→技巧演示→动作完成。领会教学法以"项目介绍"和"比赛概述"作为运动项目的开始，让学生了解该运动项目的特点和比赛规则，从而使学生一开始就对该运动项目有一个全面的了解。领会教学法与传统的运动技能教学方法不同的是：教师不是从基本的动作教起，而是首先对学生进行"战术意识培养"。教师在介绍战术以后，结合实战向学生演示一些临场复杂的情况和应付的方法，对学生进行"瞬间决断能力的训练"，培养学生全面观察情况、判断和把握时机及灵活应变的能力，使学生最终可以根据所学的技术和战术，判断出"做什么"和选择最佳的行动方案——"如何去做"。领会教学法还有一个特点，就是将过去的从局部开始教学，改变为从整体开始教学再到局部教学，再回到整体教学。这个教学过程有利于学生从一开始就"领会"到项目（特别是集体性的球类项目）的基本概况和概貌，并较快地形成项目意识、战术概念等。

（七）情景教学法

情景教学法是一种主要适合用于小学低、中年级学生，利用学生热衷模仿、想象力丰富、形象思维占主导的年龄特点，进行生动活泼和富有教育意义教学的方法。这种方法主要遵循学生认知与情感变化的规律，在教学过程中设定一个"情景"，甚至由一个"情景"贯穿整个单元和整堂课的教学过程，如"夏令营""唐僧取经""小八路送情报"等，让学生学习、练习用情节串联起各种运动，多配合讲解（讲故事）、情景诱导、保护与帮助的方法来进行。

现代教学理论和实践很强调在教学中运用以陶冶情操与欣赏活动为主的教学方法，运用情景教学法就有这方面的意义。对于情景学习而言，应关注学生的学习兴趣、知识的获得，特别是对运动技能学习持续性的良好心理倾向。

（八）尝试教学法

尝试教学法充分发挥学生在运动技能教学活动中的主体作用，一开始就要求学生进行尝试练习，把学生推到主动的地位；学生在尝试练习中遇到困难，便会主动地自学课本内容或寻求教师的帮助，如此一来，学习便会内化为学生自身的需要。

尝试教学法符合现代教学理论思想的要求，改变了传统的注入式教学法，把知识传授和能力培养统一起来，引起了教学过程中一系列的变化，如从教师讲、学生听转变为在教师的指导下，学生自学、先练，教师再讲，从单纯传授知识转变为在传授知识的同时培养能力、发展智力。

（九）暗示教学法

暗示教学法由保加利亚心理学博士乔治·洛扎诺夫（George Lozanov）创立，因而亦称"洛扎诺夫教学法"，它被广泛运用于各个领域的教学活动，取得了良好的教学效果。其原理是：人类的学习过程包括大脑两个半球的协调活动，是有意识活动和无意识活动的统一，也是理智活动和情感活动的统一，它们是一个不可分割的统一体，就像一个完整的乐队，有铜管乐、打击乐、弦乐等，只有它们协调演奏时，才能奏出优美的乐曲。暗示教学法就是通过对大脑左右半球施加暗示，建立无意识的心理倾向，激发个人心理潜力，创造强烈的学习动机，从而提高记忆力、想象力和创造性解决问题的能力，以充分发展自我的教学理论和方法。实验证明，该教学法在发掘人的学习潜力方面有着异常功效。

（十）念动教学法

19世纪德国著名的化学家舍夫列利和英国物理学家迈克尔·法拉第（Michael Faraday）同时在不同地方独立做了同样的实验，结果表明：当产生一种动作表象时，总伴随着相应的肌肉产生自动轻微的动作。这种通过表象动作或在暗示语的指导下伴随的肌肉运动所实现的动作，叫作念动动作。在运动技能教学中，学生在大脑中回忆动作表象，诱发自身相应的运动器官并在相应的肌肉中实现的动作练习，叫作念动练习。

美国有位篮球教练曾做过这样一个实验：第一组被试者在20天内每天练习投篮20分钟，并把第一天和最后一天的投篮测试成绩记录下来；第二组被试者记录下第一天和最后一天的投篮测试成绩，但实验期间不做任何练习；第三组被试者记录下第一天和最后一天的投篮测试成绩，实验期间每天用20分钟时间做想象中的投篮练习，如果投篮不中时，要在想象中做出相应的纠正。实验的结果使人感到吃惊：第一组最后一天的成绩提高24%，第二组最后一天的成绩基本未变，而第三组最后一天的成绩提高26%，这就是"念动训练"的神奇力量。

（十一）学导式教学法

学导式教学法是近十余年国内兴起的一种启发式教学法，是有利于教学质量提高的可行方法。所谓学导式教学法，就是在教师指导下，学生进行自学、自练的一种方法。它把学生在教学过程中的认知活动视为教学活动的主体，让学生用自己的智慧主动地去获取知识，发展各自的智能，从而达到在充分发挥学生主动性的基础上，渗入教师的正确引导，使教学双方各尽其能、各得其所。

学导式教学法提倡学生自学，教师的指导贯穿其中，其本质特征是：教学重心从教转移到学上，学生自主地、直接地、快速地参与教学全过程，课堂上几乎三分之二的时间都是由学生主动进行自学、解疑、精讲、演练和活动，个体和群体相结合，让学生多练、教师少讲。

（十二）相似技术教学法

相似技术教学法是把所学动作体系中各种动作结果基本相同、技术环节基本相似的技术动作加以分析归纳，找出相同的规律，作为安排教学的依据，以利于不同姿势的相似技术相互促进，在较短的时间里掌握更多技术的一种教学方法。虽然各种运动项目的运动形式繁多，但经过认真分析，会发现各项技术之间仍然存在许多相似之处。只要我们在教学中能从相似的教材中找出共同规律，并合理地安排教材顺序和教法手段，就可使学生在有限的时间内掌握更多的技术动作，从而取得最佳的教学效果。

（十三）微格教学法

微格教学形成于20世纪60年代的美国教育改革运动，斯坦福大学艾德威·W. 阿伦（Dwight W. Allen）等人在"角色扮演"教学方法的基础上，利用摄录像设备实录受培训者的教学行为并分析评价，以期在短时间内掌握一定的教学技能，后来逐步完善形成了一门微格教学课程。在20世纪70年代末，微格教学已逐步被一些国家作为培训教师教学技能、技巧的一种有效方法而采用。

五、影响运动技能教学方法选择的因素

运动技能教学方法好比是一把打开大门的钥匙，方法合适，就会获得明显的教学效果。实践要求我们在运用教学方法时应注意教学内容、授课对象、环境、时机等因素与教学方法之间的关联，合理地筛选和运用教学方法才能收到良好的效果。

（一）授课的目的与任务

不同运动技能的教学目的与教学任务不同，这就需求有不同的运动技能教学方法。比如，新授课的教学，就得更多地运用语言的方法、示范和演示的方法；练习课的教学，就要更多地使用练习法、比赛法等。又如，单元的前段课，发现法、游戏法就可以多用一些；单元的后段课，小群体教学法、比赛法就可以多用一些。

（二）运动技能内容的特点

一般来说，不同性质的运动技能内容，也要求采取不同的教学方法。例如，器械体操基本上要使用"分解教学法"；游泳、独轮车、滑冰必须使用"分解教学法"；跑步、跳跃、投掷应该使用"完整教学法"；很多球类项目都可以使用"领会教学法"。另外，集体项目很适合用"小群体教学法"；枯燥的项目很适合用"游戏教学法"；锻炼性项目很适合用"循环教学法"；含有重要科学原理的运动项目很适合用"发现教学法"；等等。总之，体育教师应在仔细分析运动技能的基础上，根据运动技能的性质和具体内容的特点灵活而有创造性地选择适当的体育教学方法。

（三）学生的实际情况

使用运动技能教学方法的最根本目的是促进学生对技能的学习，而不是教师的什么"展示"，因此，选择的运动技能教学方法是否合适要看该教学方法是否符合学生身心发展特征，是否对学生有帮助。在选择某种运动技能教学方法时，教师要考虑学生的年龄、智力、能力、学习方法、学习态度，班级的学习纪律及风气诸方面的准备水平。如对中学生就不宜使用"情景教学法"；对初学的学生就不宜使用正规的"比赛教学法"；对体能较差的学生就不宜使用"循环练习法"。

（四）各种运动技能教学方法的功能、适用范围和使用条件

任何运动技能教学方法都不可能是万能的，都有其独特功能、适用范围和使用条件限制等，有自己的优点和缺点。运动技能教学方法受教学过程中各种因素的影响，可能有时有非常好的教学效果，有时就事与愿违。例如，有时多讲是循循善诱，有时则是繁缛啰唆；有时做游戏是生动活泼，有时则是无聊幼稚；有时用多个教学步骤是循序渐

进，有时则是画蛇添足；有时组织比赛是兴趣盎然，有时则是尴尬无味；等等。这些变化取决于对这些教学方法功能是否有深刻的理解，取决于使用这些教学方法的时机是否合适，取决于对这些教学方法功能的使用范围是否有了解和运用准确，取决于这些教学方法使用的条件是否已经具备等，离开了上述条件，用任何教学方法都不会取得好的效果。因此，选择运动技能教学方法时，必须认真分析教学方法的功能、适用范围和使用条件。

（五）教师本身的条件和特点

任何一种运动技能教学方法只有与教师自身的条件和特点密切结合才能取得最佳效果。有的教学方法虽好，但实施的教师缺乏必要的素养条件，仍然不能产生良好的教学效果，因此，体育教师的条件和特长都会成为选择教学方法的重要依据。如有的体育教师形象思维水平和语言表达能力强，就可以多用生动形象的语言描绘现象和问题；有的体育教师身体形象和运动技能强，就可以多用示范和帮助的方法使学生产生学习兴趣和信任感；有的体育教师很幽默，就可以多用有意义的笑话来阐述一些道理或巧妙地处理一些突发事件；有的体育教师给人以严肃的印象，就不宜开一些不伦不类的玩笑，应多进行正面教育。总之，体育教师应根据自己的实际优势，扬长避短，选择与自己条件相适应的教学方法。当然，作为一名有责任心的体育教师，也应通过努力学习和克服缺点，不断提高选用各种运动技能教学方法的能力。

第三节　运动技能学习评价与练习条件

学生的学习是相对于教师或教练教授的行为过程，两者共同构成了运动技能的教学过程，教授的效率与学习的效果需要通过学习评价来实现。同时，运动技能形成的规律决定了运动技能的学习过程是通过动作练习完成的，练习条件也是影响学习效果的重要因素。因此，运动技能学研究需要关注学习评价与练习条件。

一、运动技能的学习评价

（一）运动技能学习过程中运动表现的主要特征

运动技能学习过程中观察到的行为即为运动表现，它是在特定时间内和特定情境中对一项运动技能的完成与执行情况。在运动技能学习过程中，运动表现主要有四个特征。

1. 提高性

运动表现的提高性是指在一段时间内运动技能动作的合理性的提升和动作与目标一致性的提高。一般来说，在运动技能的学习中，学生完成动作的水平是随着时间的推移逐渐提高的。但是，学习并不总能提高运动技能的表现水平。在有些情况下，练习不当会产生一些不好的习惯，这些不好的习惯还会阻碍运动表现的进步，运动表现还可能随着这种练习的持续而变得越来越糟糕。

2. 一致性

随着学习的进步，运动表现一致性提高，即从一次运动表现到下一次运动表现越来越趋于一致,学生的运动表现特征会变得更为相似。在学习的早期阶段,各练习间的运动表现特征通常是不稳定的,但是到了最后,运动表现特征会变得更为一致。当运动技能操作一致性提高时,一些运动表现行为特征会更加稳定,也就是说已经习得的新运动技能不会轻易因个体或环境微小变化而受干扰。

3. 持久性

运动表现的提高具有持久性,即随着学生在某项运动技能中不断取得进步,已经得到提高的运动表现能力能够保持相当长的时间。例如,学生如果学会了某项运动技能,他就能够在今天、明天、下一周等时间内保持其运动表现水平,然而由于遗忘或其他因素,人们不会在任何情况下都表现出等同于练习阶段末的运动表现水平。

4. 适应性

已经提高的运动表现能力与运动表现环境特征的变化相适应,一般而言,我们永远不会在绝对相同的情境下完成某项运动技能,而总是在不同的情境下完成。这些差异可能是由我们自己的情绪状态、技能本身的特点、环境(气候条件、技能运动表现的地点)的不同等原因造成的。因此,要成功完成运动技能,就要适应个体、任务和环境特征的不同变化。需要适应的程度取决于技能本身和完成技能的具体情况。当学生学习一项运动技能取得进步时,他在变化的环境中表现这项运动技能的能力也得到提高。

(二)运动技能学习评估方法

1. 通过观察练习时的运动表现评估学习

评估运动技能学习的第一种方法是对学生一段时间内的运动表现水平进行记录。常用的方法就是绘制运动表现曲线进行图示以确定是否进步。运动表现曲线是通过记录每段时间内测量的运动表现水平绘制出来的,时间段可能是几秒钟、几分钟,也可能是一次运动或多次运动所用的时间。

当学习一项新的运动技能时,运动表现曲线的一般趋势有四种:① 直线型。随着时间的推移,运动表现水平成比例增长。② 负加速型。练习初期技能运动表现提高较快,但练习后期提高较慢。③ 正加速型。练习初期技能运动表现提高较慢,但练习后期提高较块。④ "S"型。它是前面三种类型的复合体。

2. 通过运动表现的保持测试评估学习

评估运动技能学习的第二种方法是对学生运动表现水平提高的持久性进行评估。在学完运动技能的每个单元后,教师通过对学生进行运动表现水平的测量来推断学生对运动技能的掌握情况。这种方法一般是让学生练习一项运动技能,随后让其休息一段时间再重新完成该项运动技能,以测试运动技能完成的保持量。这种评估要求学生有一段时间不进行练习,从练习结束到进行测试之间停练的时间长度是任意的,但停练时间的长度必须足以排除所有影响运动表现结果的因素。评估的关键是区分练习第一天和测试这一天运动表现水平的不同。

3. 通过运动技能表现的迁移测试评估学习

评估运动技能学习的第三种方法是检验学习过程中运动表现的适应性特征,通常采用迁移测试。迁移测试是通过设置新的情境,并让学生在新环境先完成运动技能,观察其运动表现适应新环境的特征。考查学生在新环境中完成运动技能的情况,一方面可以通过改变外部的环境信息，如从学习过程中有语言反馈提示变化为没有语言反馈提示来进行运动表现测试；另一方面可以通过改变动作完成的场地环境，如在不同弹性的场地上完成篮球运球等动作来进行运动表现测试。

4. 从动作协调性来评估学习

评估运动技能学习的第四种方法是观察完成运动技能过程中的动作协调性的稳定和变化情况。这种方法目前在运动技能的学习评价中比较流行，认为学生学习一项新的运动技能，并不是真正学习了一项新技能，而是在原来的基础上在时间和空间上取得了新的进展，形成了新的运动动作模式。这种完成动作的新模式表现为协调模式，协调模式的稳定性和持久性是决定学生运动表现的协调性的重要标准。

二、运动技能的练习条件

（一）练习变异性

练习的根本目的是提高学生完成运动技能的能力，以便在不同的环境中应用这些技能并获得上佳的表现。有效练习最典型的特征是学生在练习过程中能够体验到技能的多种变化，这样才能在随后的环境和技能变化中保持优异的表现。研究表明，变换练习法产生的学习效果好于固定练习法，即增加练习条件的变化量有助于运动技能的学习。显然，这种变化必然会增加练习过程中出现错误动作的数量，但也有研究表明在学习初始阶段出现错误动作多的学生比出现错误动作少的学生最终学习效果更好。

练习变异性的实施是对最佳的变化形式和变化数量进行操作，包括变换练习背景、闭锁性技能练习中的条件变换、开放性技能练习中的条件变换等。

（二）练习量和练习分布

练习量和练习间隔或分布不仅会影响练习的本身，也会影响运动技能的学习过程。练习量对学生学习运动技能起着至关重要的作用，特别是在以达到专项水平为目的的技能学习中，练习量起着决定性作用。但是，在大多数情况下，合理的练习量对实现特定运动技能的学习目标有着重要意义。尽管可以利用的练习时间可能是有限的，但充分利用这些时间制定合理的练习量仍然是非常必要的。

练习分布或练习间隔一直是运动技能学习中的热点问题，学生在学习间所需的休息是练习计划的重要组成部分，也是构成练习环境的重要因素之一。练习分布方面的研究包括每个练习单元的练习量和练习单元间休息量的问题、集中练习和分散练习哪个合理的问题、练习单元时间短而练习计划时间长与练习单元时间长而练习计划时间短哪个更好的问题。

参考文献

[1] 陆阿明，张秋霞. 人体运动动作测量与分析实践指导 [M]. 苏州：苏州大学出版社，2017.

[2] 刘宇. 人体运动生物力学 [M]. 上海：上海交通大学出版社，2017.

[3] 邓树勋，王健，乔德才，等. 运动生理学 [M]. 3版. 北京：高等教育出版社，2015.

第六章 运动技能学研究的方法

【本章提要】 本章对运动技能学研究的设计、运动技术研究的一般方法及运动动作测量与分析的一般流程进行了介绍。

第一节 运动技能学研究的设计

由于运动技能学涉及广泛的学科内容,因此其研究的领域范围也较为广泛。除了相关学科研究成果在运动技能学习与控制方面的应用外,运动技能学本身的理论也是研究的主要内容。但是,对于一般的体育工作者(体育教师、教练、运动康复师等)运动技能学的研究主要集中在教学方法、学习方法方面的探索,目的是在丰富运动技能学学科内容的同时,为提高体育教学、运动训练、运动康复的效果提供理论与实践支持。

一、研究变量的设计

变量是指能够取两个或两个以上值的概念,或者说变量是一种具有可测性的概念。在大多数的研究活动中,主要关注的是研究变量及变量之间的关系。变量也是运动技能学研究的重要组成部分。

(一)变量之间的关系

在大量的体育运动现象中,一些事物以某种方式与另一些事物相互联系。比如,经过系统训练的运动员基本功都比较扎实;气质类型属胆汁质的运动员易产生赛前竞技状态的紧张性反应;等等。正因为事物间相互联系的普遍存在,才使我们找到某些规律性,从而利用规律来指导运动实践,提高运动水平。这种内在的联系体现为变量与变量之间的关系,主要有以下三种基本形式。① 相关关系:指变量相互之间存在一定关联。如人的身高与体重,一般来说身高与体重成正相关关系。② 因果关系:指变量相互之间存在因果关系。如青少年的年龄与身高,年龄是自变量,身高是因变量,身高因年龄增长而增加。③ 虚无关系:指变量相互之间没有联系。

在运动技能学的研究中,各因素最重要的联系方式就是因果关系。通过揭示运动技能的教学与运动表现之间的因果关系,就能发现运动技能学习过程中的重要规律。想要改进教学或训练的效果,就必须预先了解是哪些条件或因素在影响着学生对技术、技能的掌握,其中可能就包括教学方法、教学环境、学生的素质基础等。我们要找出教学效果差主要是缺乏哪些条件导致的,通过改进这些条件来提高教学或训练的效果,从而使体育教学或训练变成一个可以预测和控制的过程。

变量之间是否存在因果关系,可以根据以下三条标准确定:① 在时间上原因先于结果，而且在时间和空间上原因与结果的出现一般比较接近。② 两个变量之间存在某种相关关系，是原因使结果产生某种变化。原因对结果的影响不但反映在事物量和质的变化上，而且反映在事物变化的某种规律性上。③ 两个变量之间的相互影响关系不会由于第三个变量的存在而消失。

（二）研究变量的分类

科研中的变量有不同的类别，根据研究的目的和变量的不同作用，研究变量可分为自变量、因变量、调节变量、控制变量、中介变量等类型。

1. 自变量

自变量是对机体的反应、行为、心理发生影响的刺激条件、特征，或者说自变量是由研究者测量、操纵或选择，以决定它与所观察现象之间关系的一种因素。

在科学研究中，自变量往往处于研究者的主动控制之下，它是施加于研究对象的刺激，在因果关系中，代表着研究所要寻找的重要原因。在研究两个变量之间的关系的过程中，如果要了解 X 增大或减小，Y 会如何变化，那么 X 就被认为是所要研究的自变量。研究者感兴趣的是当能够改变 X 或操纵 X 使其产生变化时，Y 的变化规律，或者 X 自身的变化如何影响 Y 的变化。这里 X 是 Y 变化的原因或条件，即通过自变量 X 能部分地预测 Y 变化的结果。研究时可能只包括一个自变量，这时称为单因素研究；也可能包括几个自变量，这时称为多因素研究。一般情况下，研究的自变量的数目越多，对 Y 的预测和描述也就越精确，同时研究的方法和过程也就越复杂，研究越不易达到科学解释的目的。

在运动技能学研究中，自变量的形式很多，主要有教学方法、教学环境、教师语言、教学内容、练习数量、练习顺序、练习间歇等。

2. 因变量

因变量是受到刺激的机体所观察到的行为现象，是研究对象对刺激的反应或输出。当自变量被引入、消去或改变时，因变量也会随之出现、消去或改变。因变量属于因果关系中结果的一方，代表了被研究对象改变后的结果。

在体育运动实践中，因变量往往是体育活动（教学、训练、竞赛、锻炼等）所要达到的目标或目的，如运动成绩、各项素质、运动行为的表现方式等。另外，作为结果存在的因变量也可能在另一种情况下成为另一个结果的原因，即自变量。如力量素质是训练的结果，但力量也是取得 100 m 跑成绩的原因。因此，自变量和因变量的确定实际上完全取决于研究的具体目的。运动技能学研究中反应变量或因变量主要是对运动表现的测量，包括运动动作的运动学、动力学特征变化，运动技能的提升、适应性、协调性、一致性变化，运动成绩与运动能力的变化，等等。

自变量与因变量是科学研究的主要变量。一切研究活动都是围绕着准确地理解两者之间的关系展开的。自变量对因变量产生影响后，因变量在数量上会发生变化，而且这种变化有着一般的规律性。

3. 调节变量

调节变量是研究者测量、操纵或选择的第二变量，借以了解是否该变量改变了自变量与因变量之间的关系。调节变量属于特殊类型的自变量。设立调节变量的目的是选择它作为第二自变量，以便研究它对自变量与因变量之间的关系有何影响。当研究 X 对 Y 的影响，但又怀疑 X 与 Y 之间的关系被一个存在的第三因素 Z 改变时，Z 就可被视为调节变量。调节变量实际是一种附加的自变量，在研究自变量与因变量的关系时附带了解它的影响作用。例如，在研究高中学生参加体育活动的时间（X）对文化课考试成绩（Y）的影响时，如果不考虑学生性别的影响，仅研究成绩与时间的关系，可能会发现 X 与 Y 之间并非关系密切。然而，把学生的性别 Z 作为第二自变量引入研究之后，发现男性 X 与 Y 正相关，而女性 X 与 Y 负相关。因此，引入调节变量后，所得的结论就较为合理、准确。

在很多情况下，研究所得的结果中 X 与 Y 的关系难于理解，往往就是由于未能引入其他有意义的调节变量。只要引入这些变量，X 与 Y 的关系就会较为清楚。另外，在一项研究中，为了更加全面地研究问题，也可以引入更多数量的调节变量。当然，调节变量过多，研究可能过于复杂，也难以得出明确的研究结论。

4. 控制变量

一项研究不可能同时研究所有的相关变量，因而有些变量就必须加以控制，以保证它们不对自变量与因变量的关系发生缓和或曲解作用，从而能更准确地把握自变量与因变量的关系。那些由研究者控制以便消除可能存在的对研究现象的影响的因素，就称为控制变量。只有在控制变量的影响作用被消除之后，才有可能研究自变量和调节变量对因变量的影响。

在运动技能学的科研中可能涉及的控制变量很多，如性别、年龄、民族、智力、素质、教学或训练条件等。例如，假定在体育教学中，男生的学习兴趣对教学效果的影响比女生要大。那么，因变量为教学效果，自变量为学习兴趣，调节变量为性别，控制变量则为年龄、教学环境等。

控制变量也就是研究的无关变量，它通常由以下因素产生：① 研究对象自身（参与研究的动机、经验、生理状态等，以及相关的心理反应，如"霍桑效益""安慰剂效益"等）；② 研究者（操作差异、暗示等）；③ 研究设计（方法、器材、设备等引起的各种变化）；④ 环境条件（温度、光线等）。

控制研究中的无关变量对提高科研质量和水平具有很重要的意义，一项研究的成败往往取决于是否能有效地控制影响研究的无关变量。研究人员要仔细分析需要控制的因素，并在实施研究之前拟定对这些因素的具体控制方法。

5. 中介变量

中介变量又称中介因素，是指与研究对象有关的不能直接观察的过程或状态。从理论上说，中介变量影响着对所观察现象的测量或操作，是一种看不见的因素，具有某种设想性。因此，中介变量一般不易测量、观察，它对研究的影响作用只能从自变量对因变量的影响中推测出来。在科学研究中，中介变量一般用于帮助解释和推论自变量与因变量之间的关系，如某种练习方法（X）引起练习效果（Y）的提高。从理论上看，有一种中介变量能合理地解释练习效果提高的原因，这就是练习的动机。特定的奖励方法增强了练习的动机，从而提高了学生参加练习活动之后的成绩。可见，中介变量的引入使研究者更易于合理地理解和解释研究的结论。

中介变量实际上是在受到自变量、调节变量和控制变量的影响之后，进一步影响因变量的。研究人员注意分析研究中的中介变量，有助于得出更合理的研究结论，使研究的结论在理论上能得到合理的解释，从而能够提高研究的逻辑性和系统性。在上例中，认识中介变量的作用之后，研究人员必然会去检查学生的练习动机，把它作为影响练习效果的因素，并且在其他促进动机的因素中寻找能提高练习效果的方法。因此，在确定自变量和因变量之后，研究人员就要决定哪些变量是调节变量需要引入的，哪些变量应该作为控制变量而被排除或保持不变，同时还要仔细分析起中间作用的中介变量。

6. 各种研究变量的关系

在分析了研究中五种变量的一般特征和作用之后，还要了解五种变量之间的关系。根据各种变量在研究中的作用和地位，可以把五种变量组合起来，用图6-1表示它们之间的关系。

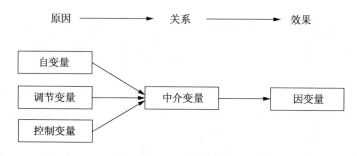

图6-1　五种变量的相互作用和关系

由图6-1可知，自变量、调节变量和控制变量均是输入或原因，其中，自变量、调节变量是研究者所想要认识和理解的最重要的研究变量，控制变量是需要被抵消或排除的因素，因变量代表了上述变量或因素所产生的效果，而中介变量是介于原因和结果之间的理论上的含义或概念。

对众多的研究变量进行深入分析后，需要确定哪些变量应该被纳入研究，以便在具体实施研究的过程中对这些变量进行有效的操纵或控制。适当地选择研究变量，可以提高研究的效率，保证研究结果的可靠性。

在运动技能学研究中，选择研究变量时需要考虑以下几个方面的问题：

（1）要考虑各种变量之间是否会产生相互作用，其可能性究竟有多大，特别要考虑因变量对自变量的作用。另外，还要考虑这些变量如何发生影响，相互的制约关系是什么。

（2）要考虑研究所涉及的变量的数量有多少，是否包含了最重要的变量，研究的变量能否予以操纵或控制，采用何种方法进行实际的处理，处理的方法是否能达到预期的效果。

（3）研究条件方面的考虑。研究受时间、人力、物力的限制，而且运动技能学中的现象较为复杂，所以一项研究只能研究其中的部分变量。要选择那些对研究结果影响大，又能考查或预测其结果的原因变量（自变量、调节变量、控制变量等）进行研究。

（4）选择自变量、因变量和调节变量时要考虑理论和实际上是否具有意义，以保证这些变量能够提供研究的证据。

二、变量的操作定义与指标的设计

（一）变量的操作定义

在科学研究过程中，除了使用的概念要求准确外，还要求研究者使用的变量有共同确认的或者在一定条件下至少是前后一致的含义，即研究者对所研究的变量要有确实准确的定义。更为重要的是，对变量定义的目的除了使研究成果能与读者进行交流外，还需要把变量变成可测定、可操作的具体化程序，以使变量能够用某些具体的现象（通常是明确的、数量化的现象）来表示，这样才能对概念或变量进行有效的研究。在体育科研中，用可感知、可度量的事物、事件、现象和方法，把所研究的变量定义为可测定、可重复的具体指标的过程称为变量的操作定义。

（二）研究指标

研究指标是用来具体测量研究变量特性（类别、状态、水平等）的测量手段、方法或测试项目的结果。同一研究变量可以根据研究的需要用数个研究指标来代表。

1. 指标类型

（1）定类指标：反映研究变量性质和类别的指标。它给研究对象以定性标志，以识别或分类研究为目的，如性别、职业等。定类指标可以用一定的数字来代表不同类别的事物，如用"0"代表男，用"1"代表女。

（2）定序指标：反映研究变量所具有的不同等级或顺序的指标。如研究学生对体育课的态度倾向时，可以将其分为五种级别：非常喜欢、比较喜欢、一般、不太喜欢、很不喜欢。定序指标可以衡量研究变量在高低、先后、大小、强弱程度上的区别。也可以用一定的数字来代表不同的程度，如将非常喜欢、比较喜欢、一般、不太喜欢、很不喜欢分别赋值为1、2、3、4、5。

（3）定距指标：反映研究变量在数量上的差别和间隔距离的指标。它除了反映变量在具体数量上的距离差异外，其数字特性比定序指标高。如身高、体重、跳远成绩、跑步时间等。

（4）定比指标：反映研究变量比例或比率的指标，如发病率、体育人口等；或者表达一个具有实际意义的零点的变量，如温度等。

（三）度量的层次及要求

从观察的角度来看，运动技能学涉及的变量一般可以从以下三个层次进行度量：第一个层次是可以直接观察的事物，如球场的颜色、队员的号码等；第二个层次是可以间接观察的事物，如通过问卷可以了解人的性别、通过教练可以了解运动员的技术水平等；第三个层次是思维的产物，即那些建立在观察基础上，但又不能被直接观察到的理论性产物，如体育课的平均成绩是各门技术考查所得的数学平均值。不同的度量层次其度量的特征及精确性或可靠性是不同的。一般来说，直接观察的事物具有较高精确性，间接观察的事物次之，而通过思维的观察则较低。

在运动技能学研究中，用可观察的现象对变量进行实际度量时，需要注意以下三个问题：

（1）要明确界定研究变量的取值范围和意义。如不同的练习时间需要明确练习时间的具体确定方法；又如"中距离投篮"其范围是在哪一个区域内；等等。

（2）构成变量的取值应当是穷尽的，每一个被观察到的现象都应该属于变量中的某一类取值，不能有遗漏的现象。如在统计排球垫球效果时，必须设置到位、不到位和失误三个取值范围，即运动员垫出的任何一个球，都能归于上面三类之中，不能有例外。

（3）构成变量的取值必须是相互不包容的，每一个被观察到的现象都应属于一个取值而且仅属于一个取值，对现象的观察和界定必须是唯一、可靠的。如上例，垫起的球不能既可以归于到位，又可以归于不到位，必须明确取值的界限和范围。由此，对变量的度量就不会产生含混的现象。

需要说明的是，科学研究中最高的要求是度量变量时的准确、可靠，但实际上对变量的度量很难做到绝对精确无误，因为变量所代表的概念一般是概括的，具有一般性，而所观察到的能够代表变量的现象或指标则只可能是近似、局部的。因此，变量的度量具有以下主要特点：度量变量时产生误差是绝对的，而对变量度量的精确性则是相对的。当然，科学研究要求有较高的度量精确性，要求根据研究的目的及不同的学科性质规定度量的精确程度。

第二节　运动技术研究的一般方法

运动技能的掌握是以完成运动技术动作的正确性、质量等予以体现，因此，运动技术的测量与分析是运动技能学研究的基本手段。虽然从简单的运动技能到复杂的运动技能，其包含的动作数量和动作难度有很大差异，但是对运动技能的动作进行研究均遵循运动技术研究的一般方法。

一、了解运动技术的结构

要完成对某个运动动作或某项运动技术的测量与分析，首先应该对该运动动作或运动技术有较为全面的了解，一项完整的体育运动技术通常是由若干技术环节组成的，而一个技术环节又可被划分为多个动作阶段。因此，在测量与分析某一特定的运动技术之前，首要的工作就是了解该项运动的动作结构及其层次关系。

（一）确定技术环节

技术环节是指在运动过程中不同阶段所采用的不同动作形式，各动作形式环环相连，从而构成完整的运动技术链。如跳远运动分为助跑、起跳、腾空与落地4个技术环节，每一个技术环节都有其明确的任务，而所有技术环节的最终目标都是取得更好的运动成绩，即跳得更远。

（二）划分动作阶段

一个技术环节的动作范围确定后，还应进行更为深入的动作阶段划分，为测量与分析提供方便。动作阶段是指在运动过程中人体整体或局部肢体所处的各个空间方位，也称为"时相"。动作阶段的划分可依据肌肉工作的形式、作用力的性质、动作方向及人体与周围环境的关系进行。如跳远的起跳，根据肌肉工作的形式可进一步划分为缓冲阶段和蹬伸阶段。

（三）寻找特征画面

特征画面是指在运动过程中人体整体或局部肢体所处的空间位置。特征画面可作为区分不同动作阶段的临界点或标志点，如跑步的着地与离地瞬间就构成了支撑阶段，而最大缓冲瞬间（膝关节角最大屈曲位）又可将支撑阶段划分为缓冲与蹬伸两个阶段。对于某一特定的运动技术，其特征画面的构成总是确定的，并不会因人而异，否则就说明选取的特征画面不具代表性，不能准确反映技术特征。在运动技术分析中，动作的特征画面还可以作为运动技术诊断的重要依据，它与运动技术的基本力学特征及动作质量有着密切的关系。

二、明确运动技术的目标

在一项运动技术分析方案中指明运动技术的目的、任务是非常重要的，这是运动技术分析的立足点和评价依据。

（一）总体成绩目标与技术环节目标

任何一项竞技体育项目的技术运用都是为了取得最理想的运动成绩，这就是运动项目的终极目标（表6-1）。与运动技术的层次结构相对应，一项运动的终极目标的实现有赖于各个技术环节的衔接配合，各个技术环节也都有各自明确的动作目标，这就是技术环节目标。技术环节目标是终极目标的子层目标，两者最终目的是一致的。表6-2是跳高与跳远的技术环节目标。

表6-1 体育运动项目的终极目标

总体成绩目标	例子
1. 抛物体或人体为了最大水平距离	铁饼、标枪、跳远、三级跳远
2. 抛物体或人体为了最大垂直距离	跳高、撑竿跳高、纵跳
3. 抛物体为了最大的正确性	掷飞镖、射箭
4. 速度能增加效果，为了最大的正确性	板球投球、排球发球、网球发球、羽毛球扣杀
5. 为了克服阻力	举重、摔跤、柔道
6. 有时间和无时间限制，为了使身体移动规定的距离	越野跑、滑雪、游泳、定向越野
7. 用规定模式移动或定位身体及其环节以获得理想或标准表演	体操、跳水、健美、舞蹈
8. 移动身体为了与自然环境接触	冲浪、爬山、滑翔、潜水

表 6-2　跳高与跳远的技术环节目标

技术环节	跳高	跳远
助跑	以与自身力量和技术相协调的速度进入最理想的起跳位置	以可控制的最大速率到达最理想的起跳位置
起跳	尽可能将助跑水平速度转化为垂直速度，获得与过杆技术相适应的起跳姿态	在尽量保持水平速度的同时获得垂直速度
过杆（腾空）	采取合适的空中身体姿势，最大限度地利用身体重心的腾起高度	采取合适的空中身体姿势，维持身体平衡，为落地做准备
落地	合理缓冲，保护身体	选用合理的落地姿势，取得最远的水平丈量距离

（二）目标要素与目标要素树

运动技术的目标要素是指构成或决定运动成绩的各种成绩因素。每一项运动都有许多相关的目标要素，它们彼此联系而又呈现严谨的派生关系，这种层次性结构称为目标要素树，它包含了运动的终极目标要素（成绩）与所有的技术环节目标要素。建立一项运动技术的目标要素树对了解运动组成和技术环节的相互关系是很有帮助的，而对目标要素进行定量测量和分析也是运动技术分析的重要环节，不同技术和不同个体的差异往往就表现在不同的目标要素组合上。图 6-2 为短跑途中跑的目标要素树。短跑是以速度为核心的运动项目，因此，途中跑可将"平均速率"作为其目标要素树中的最顶层目标，在此基础上逐步分解展开，形成树形结构。需要指出的是，目标要素树是在运动技术分析的基础上建立的，也将在运动技术分析中得以完善。

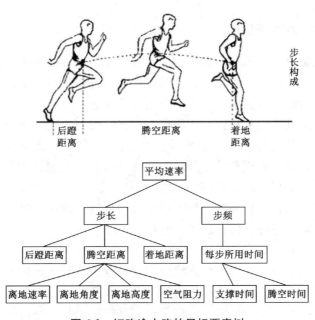

图 6-2　短跑途中跑的目标要素树

（三）围绕运动技术目标的定性分析

在对某项运动技术进行定量分析之前，有必要对其技术原理进行一定程度的定性分析。首先，对运动技术的定性分析最重要的是要围绕运动技术的目标展开。例如，短跑途中跑的目标是"维持高速"，即技术上要求运动员尽可能将速度维持在高水平上，由于此时运动员的能力已发挥到极限，因此，哪种技术能更好地保持最大水平速度，减少水平速度的波动，该种技术就是理想技术。其次，对运动技术进行定性分析时还要注意技术目标的前后衔接和优化，理想的运动技术运用应该是能：① 较好地继承前一阶段的目标成果；② 较好地实现此阶段的目标任务；③ 较好地为下一个动作阶段的目标实现做好准备。

在对运动动作和技术的构成与目标全面了解和分析的基础上，通过对拟定测量与分析的运动动作和技术相关要素及其影响因素的定性分析，拟定具体的观察测量指标，实现对运动动作和技术的测量与分析。

（四）定量分析

定量分析主要通过实验测量，建立运动技术与外界相互作用的内在力学联系，并建立运动技术及其优化的评价体系。通常在对运动技术进行定性分析后，就是确定定量测试的具体实验对象，即动作的执行者。实验对象应根据具体的分析目的而定，如对某优秀运动员的运动技术做分析、比较不同等级运动员的运动技术等。对实验对象进行的运动生物力学测试主要包括运动学测试、动力学测试及综合测试。运动学测试主要是利用高速摄像或红外运动捕捉系统对运动整体进行准确的记录，动力学测试主要是测量运动过程中各种力的指标。在实验条件允许的情况下，将这两种测试方法同步进行就能比较全面地记录运动员在运动过程中的表现，有利于揭示运动技术形成及改变的生物力学原理。

三、确定运动技术的评价指标

对运动技术的定量评价离不开相应的生物力学指标，寻找能够反映运动技术动作本质规律的生物力学评价指标，关键是建立对运动技术进行生物力学评价的标准及评价体系。总体而言，评价指标分为两类，一类是运动学指标，另一类是动力学指标。运动学指标反映的是物体运动的空间特征，如距离、位移、时间、速度和速率等运动学特征指标。动力学指标反映的是与力有关的各项指标，如平均力、最大力、加速度、力的梯度、冲量、关节力、关节力矩和功率等动力学特征指标（足底压力分布和肌电图也经常被作为与动力学有关的指标）。在运动技术分析中，运动学指标和动力学指标的测定结果通常有两种表达方式，一种是以统计表的形式给出特征数值，另一种是以曲线图的形式给出指标在整个动作过程中的连续动态变化。

（一）技术特征数据表

技术特征数据表是指以表格的形式给出运动过程中特征画面的运动学或动力学指标或某一技术过程的时间、位移、速度等力学参数。大部分的目标要素均采用这一表达方式，其特点是简单明了、易于比较，可用于对关键技术或某一特定技术环节进行总体评价，如表6-3所示。在确定技术特征评价指标时，仅仅挑选常用的目标要素往往是不够的，为深入了解人体运动的形成、形式及人体运动变化的机理，寻找能更直观反映运动技术本质规律的评价指标，是运动技术生物力学分析的关键。

表 6-3　优秀短跑选手的技术指标比较

运动员	身高/m	全程步数	平均步长/m	平均步频/（步/s）	步长指数	步频指数
博尔特	1.96	40.96	2.44	4.278	1.245	8.385
苏炳添	1.72	48.74	2.05	4.826	1.192	8.301
张培萌	1.86	46.58	2.15	4.576	1.156	8.511

文献来源：易文娟，詹晓梅，王双，等. 苏炳添、张培萌与博尔特百米技术差异分析［J］. 山东体育科技，2015，37（2）：64.

（二）技术指标曲线图

技术指标曲线图记录的是某一特征指标在运动中的连续变化过程，这种表达方式的优点是可以直观地反映运动技术全过程的运动学或动力学连续变化，配合人体运动技术图像或连续棍图，便于详细又直观地描述人体运动的技术表现，尤其是身体重心、环节重心或关节的运动轨迹及其变化。技术指标曲线图通常需要借助时间变量加以直观表达。

（三）指标分析的一般原则

运动技术分析的最终目的是揭示动作的生物力学原理，为体育教学、运动训练和促进康复服务。因此，如何利用接触或非接触测量所得到的各类生物力学指标数据，深入分析运动技术的产生机制是运动技术分析的核心所在。运动技术生物力学指标分析的一般原则：一是定性分析与定量分析相结合，能够定量的不能只满足于定性，无法定量的需要给出定性的判断或结论；二是运动学指标与动力学指标结合评价，有条件进行动力学和运动学综合测量的尽可能综合测量，并保证测量的同步性。

第三节　运动动作测量与分析的一般流程

无论是对相对简单的运动动作进行测量与分析，还是对复杂的运动专项技术进行测量与分析，其基本过程是一致的，均包括观察测量与描述、定性与定量分析、评定三个基本阶段（图6-3）。

一、观察测量与描述

在运动动作的测量与分析中，观察测量是指利用人体感觉器官和相关的仪器设备获取人体在完成某一动作过程中的运动学或动力学数据。而描述就是将这些观察测量得到的数据客观、准确地表达的过程。观察测量过程总是伴随着结果数据的输出，从这个意义上讲，观察测量与描述在

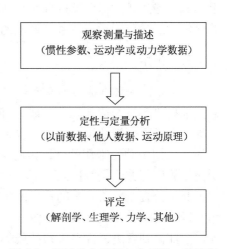

图 6-3　运动动作测量与分析的一般流程

功能上是不可分的，对观察测量的结果进行整理的过程即为描述。一般来说，描述的方法需要在观察测量前就拟定；观察测量后的整理，通常可以以表格展现的方式和图形展现的方式进行。

二、定性与定量分析

分析则是对整理的资料和数据与已知的事实、材料进行比较、对比的过程，目的是揭示测量结果所包含的客观规律，从而为科学评价奠定基础。运动动作分析方法大体可以分为定性分析和定量分析两种，两者互为基础、互相补充。在运动动作的分析中往往需要对所测定的数据进行某种数学运算，使之能以另一种形式来表达，或将多种数据源整合在一起进行运算，产生一些不能直接测定的变量值。目前，运动动作的定性分析主要是在测量的基础上，根据体育教师和教练的经验做出分析，而定量分析通常使用相关的分析软件自动完成。

运动动作的分析与其他科学领域中讨论的分析内涵一致，采用的方法主要是逻辑分析方法、数理统计分析方法和系统科学的分析方法。在运动动作和运动技术的分析中，有些只针对人体环节或整体的运动时间、位移、速度、加速度或角位移、角速度、角加速度等进行分析，称为运动学分析；有些则针对人体运动中的力和力矩的大小、方向、作用点、冲量、功、功率等进行分析，称为动力学分析。考察肌肉收缩时出现的电信号与肌肉功能的某些参数之间的关系，明确肌肉的用力程度和用力顺序等的分析也被纳入动力学分析的范畴。

比较和对比是运动动作分析使用的主要手段。一般来说，运动动作的分析是依据现时的测量结果，通过与以前数据、他人数据及一些标准数据的比较和对比，以此确定运动动作或运动技术的准确性、合理性等，从而为运动动作或运动技术的评价提供可靠的依据。例如，体育教师在体育课上测定学生立定跳远的距离，通过学生之间的相互比较或与达标要求的比较，定性地判断学生立定跳远技术的合理性和正确性；教练在训练课上测试背越式跳高运动员过杆时身体重心与横杆的位置关系，通过与该运动员先前数据的比较，定量分析运动员过杆技术的提高情况。

三、评定

评定是对人体在完成运动动作和运动技术过程中，其动作和技术是否符合人体运动的基本规律、是否达到教学与训练目标、是否可以有效合理地改进的一种综合性的判定过程。它既是分析结果的概述，也是提出建议与措施的依据。体育教师和学生经常会关注的是"这个动作错在哪里，如何纠正"；教练和运动员问得最多的可能是"现在我们所使用的训练方法是否比以前更有效"；而研究人员可能更关心的是"我们所做的解释和推断是否真正反映了运动背后的生物力学机制"。这些问题的回答都依赖于对运动动作和运动技术的评定。然而，由于人体运动很复杂，我们所面临的问题不可能通过一次评定全部得到解决，许多未知的或不能确定的因素都给评定带来一定的困难，同时由于评定是基于测量与分析的，测量误差和分析方法的局限性也都影响着评定结果的有效性。

评定主要是在测量与分析的基础上,综合地应用解剖学、生理学与力学的基本理论,有时还需要结合运动训练学、运动心理学等理论做出的。无论是从实践角度还是从理论角度,对于评定而言,测量与分析是基础,只有测量真实可靠、分析正确合理,才能得到客观、有效的评定。

四、研究举例

以对学生立定跳远动作的观察测量与分析为例。

(一) 测试器材

数码摄像机 1 台、三脚架 1 个、皮尺、记录纸等。

(二) 测量方法

(1) 用三脚架将数码摄像机放置于学生侧前方(以能拍摄到学生立定跳远的完整动作为准),对学生的立定跳远动作进行摄像。

(2) 用暴风影音等具有逐帧播放功能的视频软件对学生立定跳远动作进行逐帧播放观察。

(3) 观察完成立定跳远过程中预摆阶段、起跳阶段、腾空阶段、落地阶段的上肢、下肢、躯干动作。

(4) 根据预先确定的动作特征,对动作出现的有无、先后顺序等信息记录在表 6-4 中。

表 6-4 学生立定跳远动作观察记录表

学生姓名:_____   立定跳远成绩:_____

动作阶段	观察动作	观察指标	观察结果
起跳前	上肢动作	1. 上肢没有摆动,随着身体重心下降自然放在体侧	
		2. 上肢直接向后摆动(一次)	
		3. 上肢先向前摆动,然后向后摆动(一次)	
	上肢摆动及身体重心的变化	4. 身体重心下降,抬头,并有前移	
		5. 身体重心下降不够,有前移	
		6. 身体重心没有下降,没有前移	
起跳阶段	上肢动作	7. 屈臂	
		8. 直臂	
	上肢位置	9. 垂直身体重心	
		10. 在身体重心前	
		11. 在身体重心后	
	双脚的起跳次序	12. 双脚依次起跳	
		13. 双脚同时起跳	

动作阶段	观察动作	观察指标	观察结果
起跳阶段	躯干姿态	14. 髋、膝、踝关节成一条直线	
		15. 膝关节弯曲	
	上肢状态	16. 大于75°	
		17. 60°至75°	
		18. 小于等于60°	
		19. 耸肩	
		20. 两臂外展不过头	
		21. 两臂外展过头	
		22. 直臂侧摆成屈臂外展不过头	
		23. 直臂前摆成屈臂外展不过头	
腾空阶段	上肢与身体的位置关系	24. 上肢在身体前方	
		25. 上肢在身体后方	
		26. 上肢没有动	
		27. 上肢展开在身体两侧	
	大腿上抬情况	28. 大腿上抬接近90°	
		29. 大腿上抬大于45°	
		30. 大腿上抬小于45°	
	大腿和小腿折叠情况	31. 小腿积极折叠大于45°	
		32. 小腿积极折叠小于45°	
		33. 小腿没有折叠	
落地阶段	双脚的落地次序	34. 双脚依次落地	
		35. 双脚同时落地	
	小腿前伸情况	36. 小腿有前伸	
		37. 小腿前伸不明显	
	上肢与身体重心的位置关系	38. 上肢在身体重心后	
		39. 上肢在身体侧方	
		40. 上肢在身体重心前	
	膝关节角度	41. 落地后膝关节弯曲小于90°	
		42. 落地后膝关节弯曲接近90°	
		43. 落地后膝关节弯曲大于90°	
	重心移动状况	44. 落地后重心稳定	
		45. 落地后重心不稳定,身体前移	
		46. 落地后重心不稳定,身体后倒	

（三）分析方法

（1）对样本进行定性分析，通过对决定立定跳远成绩的运动技术因素的分析，初步确定影响该学生立定跳远成绩的运动技术问题。

（2）观察测量多名学生的立定跳远动作，结合立定跳远成绩，应用统计学方法确定影响立定跳远成绩的关键技术指标。

参考文献

［1］黄汉升．体育科学研究方法［M］．3版．北京：高等教育出版社，2015．

［2］陆阿明，赵焕彬，顾耀东．运动生物力学［M］．4版．北京：高等教育出版社，2018．

［3］陆阿明，潘慧炬．运动生物力学实验［M］．3版．北京：高等教育出版社，2018．

［4］陆阿明，张秋霞．人体运动动作测量与分析实践指导［M］．苏州：苏州大学出版社，2017．

第七章 运动动作表现的测量

【本章提要】 本章对人体运动动作表现的运动学、动力学、肌肉活动、运动协调性等内容与测量方法进行了介绍,同时对其测量的应用做了初步分析。

第一节 运动的运动学参数测量与分析

运动学参数是指人体或器械在运动过程中表现的时间、空间和时空数据。运动学参数反映了动作的外貌特征,是体育教师和教练定性判定正确与错误动作的重要依据,也是科研人员进行运动技术分析的最主要内容。

一、运动的运动学参数

(一) 时间参数

1. 时刻

时刻是人体位置的时间量度,是时间轴上的一个点,它用于运动的开始、结束和运动过程某一特征画面的瞬时。在运动实践中,对运动状态显著变化的时刻的把握非常重要,运动过程中往往一个运动动作时相的结束时刻即是下一个运动动作时相的开始时刻。例如,跑步中支撑腿足蹬离支撑点的时刻便是蹬地动作时相的结束时刻,同时也是进入腾空动作时相的开始时刻。在人体运动分析中,时刻都是根据运动本身的规律人为加以确定的。只有确定了运动过程中的开始时刻和结束时刻,才能测量与分析运动学的其他参数。例如,只有确定了推铅球的出手时刻,才能测量和分析出手的速度、角度、高度等参数。

2. 时间

运动时间是运动结束时刻与运动开始时刻之间的差值,是时间轴上的一段。运动持续时间是运动始末两个时刻之间的间隔。在体育运动中,人们把时间作为一个过程量,说明某些比赛、某些动作的过程长短。如 100 m 起跑,秒表从 0 开始,时刻为 t_0;跑至终点,秒表显示 12 s,时刻为 t_1,则此人运动持续时间为 $\Delta t = t_1 - t_0 = 12 - 0 = 12$(s)。运动持续时间对于评价运动成绩和运动技术的优劣是一个重要的运动学参数。在运动测量与分析中,时间的单位一般为秒(s),其他常用的单位还有毫秒(ms,1 ms=1/1 000 s)、分钟(min,1 min=60 s)、小时(h,1 h=60 min)。

3. 频率

频率是对动作重复性的度量。动作频率就是单位时间内重复进行的动作次数。频率跟动作持续时间成反比,每个动作的持续时间愈长,则频率愈低,反之亦然。在周期性动作中，频率是衡量运动技术的一项指标。例如，在跑步、游泳、划船等运动项目中，技术水平高的运动员的动作频率要高于技术水平低的运动员。

（二）空间参数

人体或物体在空间的运动可以分为平动与转动，平动的空间参数表现为位移，而转动的空间参数表现为角位移。

1. 运动轨迹

无论是质点的运动，还是刚体（可以看作由无数质点构成）的平动与转动，运动中质点均有其运动路径，称为运动轨迹。运动轨迹的绘制，是质点随时间变化的空间位置改变形成的一条线，如果是直线即为直线运动，如果是曲线则为曲线运动。曲线运动中比较特殊的是抛体运动、圆周运动。在运动测量与分析中，人体或物体的重心运动轨迹是定性分析的主要内容。例如，在跑步中，教师或教练可以依据假想的重心点的上下、左右的变化情况，判定学生或运动员跑步技术的合理性。

2. 路程

路程是人体或物体从一个位置移到另一个位置时，质点运动轨迹的长度。例如，运动员从 100 m 起点到 100 m 终点，那么运动员所经过的路程即为 100 m；如果运动员从起点绕 400 m 田径场内道跑两圈，运动员所经过的路程即为 800 m。因此，路程是标量，它是只表明大小而不表明运动方向的量值。

3. 位移

位移是人体在整个运动过程中位置总的变化，既有大小又有方向，是对运动的直线量度。也可以说是人体初始位至终止位的直线距离，并不是物体所经过的路程。位移是矢量，其运算遵循平行四边形法则。只有直线运动中的位移与运动轨迹（路程）重合，而曲线运动中位移与路程一般不重合。除了直线运动外，位移的大小不等于路程，一般小于路程。在田径比赛中，田赛项目的成绩是以位移的长度来计算的，如投掷的远度、跳远成绩等；而在径赛项目的运动长度是按照路程来度量的。例如，100 m 跑从起点线跑到终点线，这时人体位移就是路程，都是 100 m；而在 400 m 田径场内道跑 800 m 时，路程是 800 m，位移则等于零。

路程与位移的单位为米（m），其他常用的单位还有毫米（mm，1 mm = 1/1 000 m）、厘米（cm，1 cm = 1/100 m）、公里（千米）（km，1 km = 1 000 m）。

4. 角位移

角位移是人体整体或环节绕某轴转动时转过的角度。人体或器械的运动简化为刚体运动时，才有角位移。当人体的转动在一平面内进行时，通常规定逆时针转动的角位移为正值，顺时针转动的角位移为负值。角位移可用角度、弧度、周等作为单位。但是，在计算中，角位移的单位以弧度（rad）表示，当转动所经过的弧长等于转动半径时，这时的角位移就是 1 rad。因为半径为 r 的圆周的周长为 $2\pi r$，所以一周（360°）相对应的弧度就是 $2\pi r/r = 2\pi$ rad。其他常用的单位是度（°，1° ≈ 1/57.3 rad）。

人体或器械在转动运动中，角位移相同，但其中的每个质点移动的路程并不相同。远离转轴的质点移动的路程长，越靠近转轴的质点移动的路程越短，转轴上的质点移动的路程为零。

(三) 时空参数

1. 速度

速度是指人体所经过的位移与通过这段位移所用时间之比，是描述人体运动快慢和方向的物理量，用 v 表示。在大多数体育运动项目中，速度占有非常重要的地位，有些项目以比赛速度为特征，如各种径赛项目及游泳、赛艇、皮划艇、自行车、赛马等都是比速度；很多对抗性项目，如各种球类比赛、击剑比赛等要求移动速度快，才能使自己占据主动，打败对手。速度是矢量，有大小和方向。速度有瞬时速度和平均速度之分。

(1) 瞬时速度是人体在某一时刻或通过运动轨迹某一点时的速度。瞬时速度等于当时间趋于无限小时平均速度的极限值。时间趋于零，是指时间分段减小到最小极限 Δt，Δt 越短，描述人体运动越精确，越接近真实。但 Δt 不可能等于零，因为没有时间间隔也就没有位移，就谈不上人体运动快慢，令时间段 Δt 趋于零，人体运动快慢也就只有微小的改变，所以可以确切地说，瞬时速度是平均速度的极限值，它被用来表征人体或物体的运动快慢。瞬时速度的计算公式为

$$v = \lim_{\Delta t \to 0} \frac{\Delta r}{\Delta t}$$

瞬时速度是通过某一位置时的速度，比这个位置稍前或稍后一点都不一定以这个速度运动。在体育实践中，瞬时速度不可缺少，只有了解瞬时速度，才能知道动作的临界状态的特征。例如，跳远助跑踏跳时刻的速度、跳高起跳时刻的速度、推铅球出手时刻的速度，这些瞬时速度的大小和方向决定了运动成绩的高低。

(2) 平均速度是人体在某一段时间间隔内通过的位移与通过这段位移所用的时间之比。在直线运动中，人体的位移与通过这段位移所需时间之比，称为人体在这段时间内（或这段位移）的平均速度。因此，平均速度总是指某段时间内的平均速度，离开了时间间隔或位移长短来谈平均速度是没有意义的。例如，某运动员 100 m 跑的成绩为 12 s，则他 100 m 跑的平均速度 v = 100 m/12 s ≈ 8.3 m/s，这是反映该运动员在 100 m 全程中总的快慢，但并不意味着 100 m 跑中的起跑、途中跑，直到最后冲刺，速度都是 8.3 m/s。在 100 m 跑的直线运动中，实际上人体重心位置也有起伏。平均速度不仅表明人体运动的快慢，而且表明移动的指向。平均速度只能概括地、粗糙地描述人体运动，而要精确地了解人体在某一时刻或某一位置的运动情况需要运用瞬时速度的概念来描述。

2. 速率

速率是指人体运动所经过的路程与通过这段路程所用的时间之比，是描述人体运动快慢程度的物理量，只有大小，不表明方向。瞬时速率简称速率，速度的大小也称速率。例如，100 m 跑比赛中的平均速率、瞬时速率，赛跑中的摆臂速率，跳远助跑的速率，器械的出手速率，等等。

3. 角速度

角速度是指人体在单位时间内转过的角度，用 ω 表示。角速度用于表示物体转动的快慢与转动方向，其单位为 rad/s。人体局部环节的运动都是绕关节轴的转动，单位时间内关节角度的变化量即角速度，它能表征环节转动的时空特征。

4. 加速度

加速度是指单位时间内人体速度的变化量,是描述人体运动速度变化快慢的物理量,用 a 表示。加速度存在于体育运动所有项目中。任何动作都是从静止开始,由于有正加速度,速度逐渐增大,达到一定值后出现负加速度,最后动作或比赛结束回到静止。在训练、比赛中合理运用正负加速度对运动员创造优异成绩非常重要。因此,从比赛实践出发,要在训练中运用各种手段来提高运动员快速调整和改变加速度的能力。加速度有瞬时加速度和平均加速度之分。

(1) 瞬时加速度是指人体运动在某一时刻或某一位置的加速度,是当 Δt 趋于零时的极限值。其计算公式为

$$a = \lim_{\Delta t \to 0} \frac{\Delta v}{\Delta t}$$

瞬时加速度是速度对时间的一阶导数,即位移对时间的二阶导数。一般所说的加速度都是瞬时加速度。

(2) 平均加速度是指某一时间间隔内速度的变化率。在直线运动中,平均加速度等于人体运动的末速度 v_t 与初速度 v_0 的差值和时间 Δt 的比值。其计算公式为

$$\bar{a} = \frac{v_t - v_0}{\Delta t}$$

在运动技术测量与分析中,用瞬时速度或瞬时加速度来描述运动特征尤显重要。人体运动的瞬时特征是运动技术的关键,而不是平均值。但在长距离项目中,为了制订比赛策略、进行战术安排,常常取一定距离段的平均速度或平均加速度作为指标。速度、加速度是矢量,在直线运动中由于运动方向固定,往往会运用平均速度、平均加速度指标;但在曲线运动中,由于运动方向不断变化,平均值指标显性的物理意义不够明确,一般不采用。

在曲线运动中,速度大小和方向均会发生改变,因此加速度的确定非常困难。通常将曲线运动中的加速度 a 分解为两个分量:一个沿法线方向,称为法向加速度 (a_N);一个沿切线方向,称为切向加速度 (a_τ)。在圆周运动中,常常把法向加速度 (a_N) 称为向心加速度,向心加速度的大小等于该时刻的速度平方除以圆半径 ($a_N = v^2/r$)。

5. 角加速度

在圆周运动中,由于转轴和曲率半径固定,常常用角加速度表示人体转动时角速度变化的快慢,用 β 表示。它是转动中角速度的时间变化率。例如,转动人体在 t_1 时刻角速度为 ω_1,在 t_2 时刻角速度为 ω_2,则 $\beta = \Delta\omega/\Delta t = (\omega_2 - \omega_1)/(t_2 - t_1)$。人体所有环节的运动都是绕关节轴的转动,因此,经常采用角加速度来表征环节运动状态的变化情况。

二、运动的运动学参数测量方法

(一) 基本测量工具与测量方法

1. 时间参数的测量

时间参数测量最基本的手段就是秒表,秒表分为机械秒表与电子秒表(图 7-1)。

利用秒表的计时功能，实现对运动动作和运动技术时间参数的测量。

图 7-1　秒表计时器

秒表均具备开表（start）、停表（stop）和回表（reset）三个基本功能键。电子秒表还具有记录多个时间数据的功能，即可以分段计时和多个时间同时记录。现在体育教师和教练一般都采用电子秒表，其功能越来越丰富与完善。

用秒表记录的时间既是运动动作的时间数据，也是计算时空参数的基础。因此，在运动动作的时间测量上应明确开始时刻和终末时刻，并力求准确。为了实现准确测量，可以采用多人同时测量计算平均数的方式来尽量消除误差。

2. 空间参数测量

空间参数测量的基本手段是皮尺、钢尺和量角器（图 7-2）。

图 7-2　皮尺、钢尺和量角器

用皮尺或钢尺可以测量人体或物体的位移、路程，用量角器可以测量人体环节或物体的角位移。

测量位移和路程时，需要明确起始位置和终末位置。例如，测量人体行走单步的步长，需要明确测量的起始位置为左脚跟着地点，终末位置为右脚跟着地点；同样，测量角位移时也需要明确起始位置和终末位置。

3. 速度和瞬时速度的测量

（1）速度的测量。速度可依据时间参数和空间参数的测量值，通过简单的数学计算获得。例如，用皮尺在跑道或平地上确定 30 m 的距离，分别在起始位置和终末位置画一条直线（图 7-3），让学生站在起点，听到"跑"指令后开始跑步，教师则同时开始计时，学生到终点时停表。如记录到的时间为 6 s，则可根据 30 m 的位移和 6 s 的时间，推算该学生跑 30 m 的平均速度为 5 m/s。

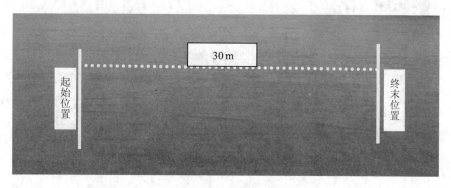

图 7-3　用秒表和皮尺测量 30 m 跑的平均速度

（2）瞬时速度的测量。在运动中，瞬时速度的测量具有十分重要的意义。瞬时速度可依据时间参数和空间参数的测量值，通过数学计算获得。例如，用皮尺在跑道确定 30 m 的线，在 30 m 线的两侧 0.5 m 的位置上（29.5 m 和 30.5 m）画两条直线（图 7-4 中的黑线）。A、B 两名计时员分别站在两条直线的延长线上，跑步者听到"跑"指令后开始跑步，计时员同时开始计时，当跑步者跑到计时员前面的直线时，各自停表（需要统一判别标准），得到时间 t_A 和 t_B。用 1 m 除以 t_B 和 t_A 的差值，可近似得到 30 m 处的瞬时速度。如计时员 A 记录到的时间是 5.92 s，计时员 B 记录到的时间为 6.02 s，则跑步者通过 30 m 处的瞬时速度为 1 m/（6.02−5.92）s＝10 m/s。同样的方法可以记录 10 m、20 m 等处的瞬时速度，并可粗略地绘制出该跑步者跑步的速度变化规律。

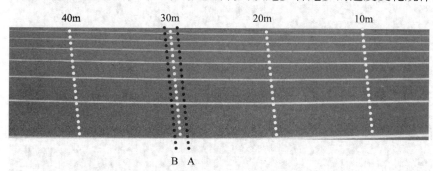

图 7-4　用秒表和皮尺测量短跑 30 m 处的瞬时速度

（二）专门测量工具与测量方法

1. 测角仪

测角仪是用于测量关节角度的电位计（图 7-5）。无线电子测角仪是利用应变规技术对在不同平面上的关节做精确的角度测量。测角仪的一个臂绑在一个肢体环节上，另一个臂绑在相邻的肢体环节上，测角仪的轴和关节轴成一条直线。这样，电子测角仪可记录到关节角度随时间的变化情况。

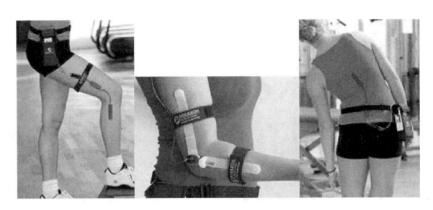

图 7-5　电子测角仪

2. 速度测试仪

速度测试仪可用于直接测量人体运动的速度。如图 7-6 所示，比利时 TimeTronics 公司 FAST 速度测试系统可测量 200 m 范围内的物体直线运动的速度，频率达到 300 Hz，速度上的精度是 0.1 m/s，距离上的精度是 1 cm。在物体运动期间，它可以提供数据和图像，如速度—时间、速度—距离、距离—时间的关系，还有每一分段的时间间隔、步长、步频、30 m 处的速度、最大速度、终点速度等。

图 7-6　TimeTronics 公司 FAST 速度测试系统

3. 加速度测试仪

加速度测试仪（图 7-7）可用于测量人体或器械运动的加速度。加速度测试仪根据测量的加速度维度可以分为一维加速度测试仪、二维加速度测试仪和三维加速度测试仪。目前的电子加速度测试仪，多为无线，体积越来越小，均能实现三维加速度的测量，且可自动识别步态的相位（脚跟着地、脚趾触地）或测量身体振动的振幅和频率。

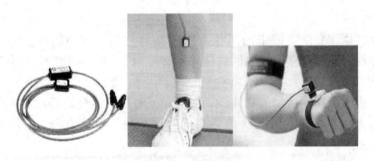

图 7-7 加速度测试仪

(三) 摄像方法

随着数字成像技术的不断发展，利用摄像技术进行运动学的测量变得越来越容易，再配置专用的软件，能对包括位移、角位移、速度、角速度、加速度、角加速度等参数进行测量与分析。对人体或器械运动分析的摄像方法有专门的要求，只有按照相关的测量要求进行摄像，才能保证后期分析的准确性。在运动实践中，主要测量方法有平面定点定机摄像法、平面定点跟踪摄像法、平面定轨跟踪摄像法、立体定点定机摄像法、立体定点跟踪摄像法等（详细内容可参见运动生物力学的相关实验教材）。

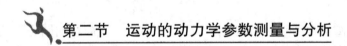

第二节 运动的动力学参数测量与分析

一、运动的动力学参数

人体运动的动力学参数主要包括内力和外力参数。

(一) 内力参数

在研究人体运动时，首先要确定研究对象。若将人体看作一个力学系统，那么人体内部各部分相互作用的力称为人体内力。例如，韧带张力、肌肉张力、关节约束力、组织粘滞力、软骨应力、骨应力等都属于人体的内力。其中，肌肉张力是人体内力中的主动力。内力是人体力学系统内部各个部分之间的相互作用力，虽可引起系统内部各部分的相对运动，但不能引起人体整体运动状态的改变。正如人无法抓住自己的头发将自己提起一样，水平再高的举重运动员都无法自举其身。

(二) 外力参数

若将人体看成是一个力学系统，那么人体外界其他物体作用于人体的力称为人体外力。能将人体由静态转变为动态的只能是人体的外力。

1. 重力

人体重力是一种非接触的力，是人体各部分所受地球引力的合成。人体重力的作用点为人体的重心，重力的方向指向地心。重力的大小也叫重量。在物理学中，重量与质量是两个不同的概念。它们的区别在于：质量是物体内含物质的多少，是惯性大小的量度，是物质本身的属性，其大小不随物体位置的变化而变化；而重力是由地球的引力引起的。质量为 m 的物体所受到的重力 (G) 为 mg (g 为重力加速度，一般为 9.8 m/s^2)。

2. 弹性力

发生形变的物体要恢复原来的形状而作用在与它相接触的物体上的力，叫作弹性力。因此，弹性力发生在直接接触的物体之间，并以物体发生形变为先决条件。

3. 摩擦力

摩擦力是指两个相互接触的物体做相对运动或有相对运动趋势时产生的力。物体所受的摩擦力的方向总是与其运动（趋势）的方向相反。摩擦力分为静摩擦力、滑动摩擦力和滚动摩擦力。

4. 支撑反作用力

人体处于支撑状态时，力作用于支点上，支点又反作用于人体，这种作用力称为支撑反作用力。支撑反作用力分为静力性支撑反作用力和动力性支撑反作用力。

5. 流体作用力（介质作用力）

运动员从事的体育运动或运动器械绝大多数在空气中或水中进行，其中空气、水就是介质。既然人或器械在介质内运动，那么必然要与介质发生接触，并相互作用，这种作用主要表现在动态作用方面，构成运动时的流体作用力。例如，铁饼、标枪出手后微逆风使器械获得上举力；跳台滑雪运动员腾空时人体受到上举力；游泳时手臂划水对介质发生作用，介质同时对手臂以反作用推动人体前进。

6. 向心力

物体做匀速圆周运动时，加速度的大小等于 v^2/r，方向指向圆心，这个加速度被称为向心加速度。有加速度的存在，就有力的存在，这个力被称为向心力，其方向与加速度方向一致。

二、运动的动力学参数测量方法

人体运动的动力学参数较多，在此仅以地面反作用力为例，对其测量方法进行简要介绍。

目前地面反作用力的测试多采用三维测力台，三维测力台主要应用于步态、平衡分析领域，可以准确地得出不同步态和姿势的地面作用力、摩擦力、压力中心等参数指标。

奇石乐（Kistler）三维测力台（图7-8）为例，测力台由4个三向力传感器组成。每个力传感器内有三个石英晶片作为敏感元件，分别感受3个方向的力 F_x、F_y、F_z，石英敏感元件受力后在其表面产生电荷。测力台中的内置电荷放大器是用于收集电荷并将其放大转换成电压信号，以便后端数据采集系统采集的装置。

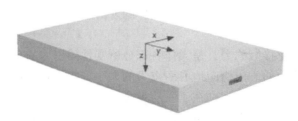

图 7-8　奇石乐三维测力台

下面举例说明如何采用三维测力台,对受试者跑步支撑期的地面反作用力进行测试。

正式测试前,要求受试者赤足在长约8 m的木质地板上(测力台安放于地板下,台面与地板平齐)试跑几次,调整起始步位置使测试足完全踏在测力台上面,让受试者足底适应接触的测力台,减少测试仪器对受试者跑步动作的影响,直至受试者感觉自己可以正常测试为止。要求受试者在此跑步过程中"无视"测力台的存在,避免出现跨步、踮脚、忽快忽慢等现象,要求受试者的跑速控制在(3.5±5%)m/s。正式测试时,受试者按要求完成跑步,分别用两侧脚接触测力台,这样就能准确测得左右脚跑步过程中的地面反作用力(图7-9为其中一个脚测得的地面反作用力示意图)。

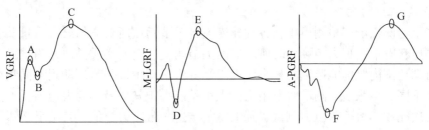

图7-9 地面反作用力示意图

在图7-9中,VGRF表示垂直方向的地面反作用力,M-LGRF表示内外方向的地面反作用力,A-PGRF表示前后方向的地面反作用力。A为垂直力第一峰值,B为垂直力波谷值,C为垂直力第二峰值;D为向内方向的地面反作用力最大值,E为向外方向的地面反作用力最大值;F为向后方向的地面反作用力最大值,G为向前方向的地面反作用力最大值。

第三节 肌肉活动的测量与分析

人体的运动动作是由肌肉收缩牵拉骨绕关节运动产生的,肌肉的力学特性决定运动中动作完成的效果。肌肉的力学特性一般指那些可测量的肌肉力学参数,包括力、长度、速度、功和功率等。在许多运动项目中,运动表现在很大程度上取决于这些参数的大小。肌肉力量是人体运动机能的基本素质,是人体运动系统在工作时克服或对抗阻力的能力,是影响人体运动能力的基本要素。影响肌肉力量的因素有很多,包括遗传、纤维类型、肌肉质量、神经肌肉协调关系等一系列生理乃至心理因素。

一、肌肉力量测量

肌肉力量的测试方法,根据发挥力量时肌肉的活动形式可分为以下三种:① 静力性肌肉力量测试,包括握力、背力、腿部肌肉力量测试等;② 肌肉耐力测试,包括引体向上、俯卧撑、双杠屈臂伸、仰卧起坐、仰卧举腿、俯卧挺身测试等;③ 肌肉爆发力测试,包括纵跳、立定跳远、推铅球、前抛实心球、后抛实心球测试等。肌肉力量的测试手段则主要分为等长、等张和等速测试。

(一) 等长肌力测试

等长肌力测试是测试肌肉在一定关节角度的最大静力性力量。该项测试要求有专门的测试仪器，如电子握力计、电子背力计等。等长肌力测试的目的是检测各关节肌肉力量。具体的方法是：等长最大收缩检测 2—3 次，收缩期程大约 5 s，取最好的一次成绩为肌力的最终数值。由于等长肌力测试所使用的仪器携带方便、重量轻、结果重复性好、测试的安全性高、测试效率高，因此，其一般适用于实地及受试者数量多的肌力测试作业。由于人体运动大部分是动力性的运动，因此该项测试的缺点是：测验的结果不能代表运动肌肉所表现的实际力量。此外，各关节肌肉力量大小均不尽相同，所以必须对每个关节进行测试，才能了解被测试者肌肉力量的大致情况。

(二) 等张肌力测试

等张肌力测试能够检测得出在各种速度下各关节角度所对应的最大力量及受测肌群在不同等速状态下出现力矩峰值时所对应的关节角度。它的实质是通过测试可以了解整个关节活动范围内肌肉能产生的最小肌力。在等张运动中，关节运动到不同角度时肌肉的力矩值不同，等张肌力测试时所用阻力大小不能大于其中最小的力矩值，不然运动即中断而无法完成，故等张肌力测试实际上是测定这一最小力矩值，其结果必然偏低。

(三) 等速肌力测试

等速肌力测试与等长、等张肌力测试不同，可独立地测量一个或多个特定动作速度时的力量，具有安全、有效、可重复性高、结果直接反馈等优点。因此，等速肌力测试已成为国际上研究人体肌肉力量必不可少的测量手段，广泛应用于运动员肌肉力量的评定、训练及运动系统疾病的防治和康复等方面。在体育和康复领域运用等速测试方法进行肌力测试取得了不少成果。由于等速肌力训练可提供一种可变阻力，这种训练方式能够降低康复训练中的组织损伤和再损伤的危险性，对运动损伤后的康复训练有重要意义。

等速肌力测试的指标主要有峰力矩、相对峰力矩、平均功率和拮抗肌力矩比值。峰力矩是指关节运动过程中相应肌肉或肌群收缩产生的最大力矩输出值，代表肌肉或肌群的最大肌力，被认为是等速肌力测试中的黄金指标。峰力矩是等速肌力测试中最基本的一项指标，实践中多用标准化峰力矩（又称相对峰值力矩）进行比较与分析。标准化最常见的是体重标准化，即峰力矩占体重的百分比，以排除体重的影响，可用于不同个体之间力矩的比较。平均功率是肌肉或肌群在单位时间内所做的功，反映肌肉或肌群的工作效率。等速肌力测试中，在一定范围内肌肉的平均功率随着运动速度的增加而增加，但当肌肉运动速度达到一临界值时，平均功率反而随着运动速度的加快而下降。拮抗肌力矩比值又叫屈伸肌比率，它反映了整体肌肉或肌群的运动能力和协调性，对预防损伤、保持关节稳定性有重要意义。尽管等速肌力测试相对于其他测试方法来说更为精确，但是由于等速肌力测试的仪器设备比较昂贵，不太适合大范围的体质测试，因此，在学生体质测试中多采用的是等长和等张肌力测试方法。

二、肌电图测量

肌电图（electromyography，EMG）是指用肌电仪将单个或多个骨骼肌细胞活动时的生物电变化加以引导、放大、显示和记录所获得的一维时间序列图形。由于它可以反映肌肉的兴奋程度，因此经常被用来评定神经—肌肉系统的功能状态。根据生物电活动引导方法的不同，肌电图可分为表面肌电图和针电极肌电图。其中，表面肌电是从人体皮肤表面通过电极记录下来的神经肌肉活动时发放的生物电信号，即肌肉收缩时伴随的电信号。表面肌电图是在体表检测肌肉活动的重要方法，其信号的检测分析在临床诊断、康复医学及运动医学中具有重要意义。因为它具有无创性、操作简单、被测者易接受等特点，所以在体育和康复领域有着广泛的应用。

（一）肌电信号特性

肌电信号发源于作为中枢神经一部分的脊髓中的运动神经元。运动神经元的轴突伸展到肌纤维处，经终板区（哺乳类神经肌肉接头为板状接头，故称终板或运动终板）与肌纤维耦合（是生化过程性质的耦合）。与每个运动神经元联系着的肌纤维有多有少，一个运动神经元与其支配的所有肌纤维合在一起就构成一个运动单位。运动单位是肌肉的最小功能单位，能被随意地激活。肌电信号是由不同运动单位的动作电位组成的。

肌电信息与肌肉收缩的关系可以概述如下：由中枢神经系统发出传向运动神经末梢分支的动作电位，传递着驱使肌肉收缩的信息。因神经末梢分支的电流太小，常不足以直接刺激大得多的肌纤维，但是通过神经肌肉接头处的特殊终板的类似放大作用，就爆发出一个动作电位，沿着肌纤维传播，在动作电位的激发下随之产生一次肌肉收缩。这种兴奋和收缩之间的联结是通过肌纤维内部特殊的传导系统实现的。

（二）肌电信号处理与分析

1. 时域分析方法

时域分析是将肌电信号看作时间的函数，通过分析得到肌电信号的某些统计特征，如对肌电信号进行整形、滤波，计算信号时域分析的振幅、积分肌电值、平均肌电值和均方根值，将其作为信号特征用于模式分类。除了方差能代表信号的能量外，其他大多数指标没有明确的物理意义。由于表面肌电信号比较微弱，往往淹没于各种频段的噪声之中，信号的时域特征难以提取。

2. 频谱分析方法

传统的谱分析方法是通过傅立叶变换将时域信号转换为频域信号，对信号进行频谱或功率谱分析。表面肌电信号的功率谱分析广泛应用于肌肉疾病诊断和肌肉疲劳检测。表面肌电信号在频域常用的指标是基于频率谱计算的中值频率、均值频率、频率范围、最高波峰频率、最高波峰幅值，也可以基于功率谱，计算平均功率频率和中位频率等。频域分析方法在表面肌电信号的检测与分析中具有重要的应用价值。但传统的傅立叶变换法也存在一定弊端，因为在使用傅立叶变换研究信号时，要求获得信号在时域的全部信息，甚至包括将来的信息，这很难满足。小波分析是一种把时域和频域结合起来的分析方法，它是傅立叶变换的新发展，具有可变的时域和频域分析窗口，其作用类似带宽不变、中心频率可变的带通滤波器，在高频时使用短窗口，而在低频时使用宽窗口，从而为信号的实时处理提供了一条可靠的途径。对于不同功能状态下的肌电信号，可以通过适当小波变换在不同尺度下观察其频率变化和时间特性。

(三) 肌电图测量的应用

肌电图学在体育科学研究上主要集中在对肌肉力量、肌肉活动时序、肌肉贡献度、协调性、肌肉类型和肌肉疲劳的研究。肌电图可以很好地评定某个动作不同肌肉激活的先后顺序和肌肉发力的顺序，以及它们之间的协调性作用关系和停止活动的先后顺序。利用表面肌电（sEMG）信号分析技术结合肢体运动检测进行时间—动作关系分析是人体肌肉运动分析的基本方法之一，被广泛应用到体育、康复医学、人机工程学等领域。以走为例，在确定与走有关的下肢表层肌肉之后，通过获取这些肌肉在走路过程中的sEMG信号，研究人员可以了解不同肌肉在走路过程中的激活模式，即激活开始与关闭的时间、激活程度、不同肌肉激活协调配合的关系等，这一模式对量化和判断人体走路的肌肉活动具有重要的应用价值。

在运动性疲劳研究方面，目前用于评价疲劳的肌电图指标主要包括表面肌电信号线性分析中时域分析的振幅、积分肌电值、均方根值和频域分析的肌电功率谱、平均功率频率、中位频率等，非线性动力学分析中的肌电复杂度、信息熵等。一般认为，疲劳过程中，快肌纤维比慢肌纤维响应更加迅速。如果一块肌肉中快肌纤维成分高，平均功率频率较高，随着疲劳的发生和发展，肌电图平均功率频率（MPF）下降明显，而慢肌纤维成分高的肌肉则下降不明显。

第四节　运动协调性的测量与分析

目前，在不同的体育基础学科中对运动协调没有统一定义，对在身体活动、运动中"协调"这一现象的概念表述主要有以下几种：运动协调、运动协调能力、协调、动作协调、协调性、身体协调。对人体运动协调属性的看法比较倾向于综合能力，有和素质并列的，有属运动能力的。此外，在一些以专项为视角研究协调的文献中也有把其归为运动技能的，但数量较少。国外对运动协调能力的看法比较倾向于将其归为运动模式，同时还倾向于认为它是与运动技能有关的一种体能。

一、运动协调的结构

（一）一般训练学层面上运动协调的结构

1. 运动协调的要素观点

持这种观点的研究者把协调性的组成分为几个要素。主要有两种观点：一种观点认为协调能力包括灵活性、学习能力、空间定向能力、反应能力、节奏、平衡能力、准确性等；另一种观点认为协调能力包括反应能力、时间感知能力、空间感知能力、适应调整能力、协同动员能力。

2. 运动协调的层次观点

这种观点从认知发展的角度对运动协调进行层次划分，把运动协调层次划分为本能运动协调、感知运动协调、操作运动协调、基本操作运动协调和专业操作运动协调。

3. 运动协调的专项观点

该观点将运动协调能力按专项关系分为一般协调能力和专项协调能力。一般协调能力是指在训练过程中，运动员完成一般练习所表现出来的协调能力。专项协调能力指在训练过程中，运动员完成专项练习所表现出来的运动协调能力。

4. 运动协调的表现形式观点

该观点认为运动协调与人体对肢体各部位的控制能力有关，因而把运动协调分为全身协调、双手协调、多肢体协调、手眼协调、手脚协调等。

其他的观点还有：运动协调的模式观点，即运动协调可分为固有的协调能力和新形成的协调能力；运动协调的生理学系统构成观点，主要有神经的协调、肌肉的协调、神经肌肉的协调；等等。

（二）专项层面上运动协调的结构

各专项的运动协调的结构及分类多是从要素角度提出的，如短跨运动员专项协调、足球运动员协调能力、散打运动员协调性等。

二、人体运动协调性的测试方法

目前，人体运动协调性的测试方法较多，大致分为简单动作（技能）测评法、量表测评法、仪器测评法、专项运动组合动作测评法等。其中，简单动作（技能）测评法在运动技能学研究的协调性测量中最为常用，下面举例加以说明。

（一）上肢协调能力

1. 单手拍球

测试器材：秒表、篮球。

测试方法：① 两腿分开，成站立式；② 右（左）手手指自然张开，用手指和指根部拍球，向下按压将球拍向地面，反复进行。

评分标准：记录 30 s 内在原地完成连续单手拍球的个数。完成的个数越多，说明协调性越好。

2. 双手拍球

测试器材：秒表、篮球。

测试方法：测试者站在指定区域，双手抱球，在听到老师喊"开始"指令后，双手同步进行连续拍球，若中途中断，应立即重新拍球，累计个数。

评分标准：记录 30 s 内完成双手拍球的个数。完成的个数越多，说明协调性越好。

另外还有：指鼻试验，快速指出所要求的面部部位，记录出错次数；轮替动作，两手快速做旋前旋后的交替运动，共济失调者动作缓慢、快慢不均、不协调并笨拙；双手交替下劈，以快速动作左右手交替用小鱼际下劈物体，记录 30 s 内完成次数；双手非对称性拍击，双手分别拍击不同部位，观察完成动作情况；等等。

（二）下肢协调能力

1. 十字向心跳

测试器材：胶带、秒表。

测试方法：身体呈直立姿势站立，双脚并拢，双手叉腰，站在十字区域内。双脚蹬地从一个区域按顺时针顺序跳至另一个区域，然后从最后一个区域依次跳回。

评分标准：根据4圈跳跃的时间来计时，跳错需从头开始，跳两次，记录最短时间。完成运动用的时间越短，说明协调性越好。

2. 单腿闭目站立

测试器材：秒表。

测试方法：测试对象双脚并拢，双手侧平举，闭目站立，开始计时，抬起左（右）腿，小腿与地面垂直，保持站立，直至左（右）脚落地，计时结束。

评分标准：按照站立所用时间以 s 计时，保留两位小数；连续测试两次，记录最长时间。时间越长，说明协调性越好。

3. 原地弓箭步跳

测试器材：秒表。

测试方法：① 前腿屈膝前弓，大腿接近水平，膝盖不超过脚尖。后腿自然蹬直，脚尖外展约45°；② 弓腿为实，蹬腿为虚，前腿作为支撑点，跳跃一次，在跳跃中把前腿收回，后退向前，两腿交替进行。

评分标准：记录 30 s 内完成弓箭步跳的个数。完成的个数越多，说明协调性越好。

此外还有：跳方格测试，规定单脚跳、双脚跳及交替跳的路径，记录所用时间；左右交叉步接并步起跳，双脚左右交叉并横向移动，接双脚并起起跳，观察完成情况；侧跨接后交叉步并步走，先侧跨步再双脚左右交叉横向移动，观察完成情况；等等。

（三）全身协调能力

1. 绕标志物跑

测试器材：秒表、标志桶。

测试方法：① 测试开始前，受试者站在起跑线后；② 听到开始信号后，快速绕过标志桶向前跑；③ 绕过最后一个标志桶后再折返原路跑回起点。

评分标准：每个标志桶 5 m 间隔，依次绕过标志桶，记录完成 30 m 所用时间。完成运动用的时间越短，说明协调性越好。

2. 软梯双脚连续跳

测试器材：秒表、软梯。

测试方法：上体直立，两脚稍分开。起跳时，两臂向前摆，同时两脚用力蹬地迅速向前跳出，双脚同时脚前掌着地，并两脚自然屈膝，如此连续向前跳。

评分标准：在指定长度的软梯内完成双脚连续跳 8 次；连续测试两次，记录最短时间。完成运动用的时间越短，说明协调性越好。

3. 软梯单脚连续跳

测试器材：秒表、软梯。

测试方法：左（右）腿屈膝提起，右（左）腿以前脚掌用力跳出，落地前脚掌着地，起跳腿屈膝缓冲，如此连续向前跳。

评分标准：在指定长度的软梯内完成单脚连续跳 6 次；连续测试两次，记录最短时间。完成运动用的时间越短，说明协调性越好。

4. 软梯开合跳

测试器材：秒表、软梯。

测试方法：① 测试对象双脚并拢，身体呈运动姿势站立；② 软梯内双脚并拢，软梯外双脚打开，双臂身体两侧自然摆动，完成规定的次数。

评分标准：在指定长度的软梯内连续5次完成开合跳；连续测试两次，记录最短时间。完成运动用的时间越短，说明协调性越好。

此外还有：30 m 节奏跑，在平整的 30 m 跑道上，测试者在起点处以站立式起跑，按"右、左、左、右、右、左、左、右……"的节奏，以时间为成绩标准；原地垫步摆腿跳，跳远常用准备动作，观察腿部和上肢协调性；行进垫步体前后双手拍击，记录出错频率和行进速度；跳绳，在双脚跳、单脚跳、两脚交换跳、双摇、花样双臂前交叉跳中，选择适当的方法次序跳 1 min，记录次数；摆腿双手拍击，左右摆腿同时双手拍击，不断加快速度，记录错误频率；立卧撑，反复进行支撑后跳跃动作，记录 1 min 立卧撑次数；十字变向跑、5 m 折回跑、综合变向跑，选择合适的跑步方式进行时间记录；等等。

第五节 其他动作表现的测量

一、反应时测量

反应时（Reaction Time，RT）是指人从准备到动作开始所需要的时间。刺激（或"开始"）是开始动作的信号。反应时有三种类型：一是简单反应时，是对单一刺激信号做出反应的时间；二是选择反应时，是在两个或两个以上刺激信号的情况下，对不同信号做出不同反应的时间；三是辨别反应时，是在两个或两个以上刺激信号的情况下，仅对阳性信号做出反应的时间。

反应时作为一种人类运动技能操作的测量手段已经有很长的历史了。反应时不仅被用来测量人开始指令动作速度的快慢，还被用来推断其他的运动特征信息，如常用反应时来判断环境背景的信息作用。反应时的另外一种用途是评价人对指定动作的动作形式和开始时间的预判能力。例如，篮球教练对得分后卫在进攻中，根据对方防守情况选择传球而非投篮这一过程所用的决策时间。

二、重复性表现与失误次数测量

重复性表现测试要求参与者在规定的时间内不断进行某个技能活动。例如，网球对墙的连续正手或反手击球、排球中的对打和传球等可用于测量动作的重复性表现。

人在完成重复性运动动作中出现的失误次数作为一种运动表现的指标，在运动技能的学习评估中占重要地位。失误次数测量可用来评估以精准性为目标的技能，如投篮、掷飞镖等，这些技能在完成过程中都需要时间或空间上的精准性。另外，在多次练习的情况下，可通过不同次数间的差异反映动作的稳定性。因此，失误次数测量是技能评估的重要内容。

参考文献

[1] 林文弢,魏源.青少年身体素质的测试与评价[M].北京:科学出版社,2019.

[2] 陆阿明,张秋霞.人体运动动作测量与分析实践指导[M].苏州:苏州大学出版社,2017.

第三部分

运动技能实践篇

第八章 运动项目的基本技能学习与分析

【本章提要】 运动技能学习，总是围绕一定的运动项目进行的。本章选取了深受广大青少年喜爱的田径、三大球、三小球、体操、健美操等9个运动项目进行技能学习与分析。

第一节 田径运动的基本技能学习与分析

一、田径运动简介

田径运动是田赛、径赛和全能比赛的统称。以高度和距离长度计算成绩的跳跃、投掷项目叫"田赛"。以时间计算成绩的竞走和跑的项目叫"径赛"。田径比赛由田赛、径赛、公路跑、竞走和越野跑组成，此外，还包括部分田赛和径赛项目组成的"全能"项目。

田径比赛起源于古希腊的古代奥运会，根据记载，最早的田径比赛始于公元前776年在希腊奥林匹克村举行的第一届古代奥运会。当时的比赛项目只有一个田径项目——短距离赛跑，跑道为一条直道，全长192.27 m。公元前708年的第10届古代奥运会上，跳远、铁饼、标枪等田赛项目被正式列入比赛项目。公元前490年，传说希腊士兵菲利皮迪斯从马拉松城一直跑到雅典城，为的是报告希腊军队打败了波斯军队的喜讯。当跑到雅典时，菲利皮迪斯精疲力竭而死。人们为了纪念他，在田径比赛中设立了马拉松跑比赛项目。

1894年6月，在奥林匹克之父顾拜旦的提议下，在法国巴黎举行了首次国际体育大会。国际体育大会决定把世界性的综合体育运动会叫作奥林匹克运动会，并决定于1896年在希腊举行第一届现代奥运会，在这届奥运会上田径的走、跑、跳跃、投掷等项目，被列为大会的主要竞技项目。

1912年7月17日，国际田径联合会（International Association of Athletics Federations，IAAF）在瑞典首都斯德哥尔摩成立，简称国际田联。国际田联是国际性田径运动的最高管理组织，其下设的主要赛事有世界锦标赛、世界青年锦标赛、世界室内锦标赛、世界杯赛、世界越野锦标赛、世界竞走杯赛、世界半程马拉松锦标赛、世界公路接力锦标赛、国际巡回大奖赛、国际越野巡回赛等。

1928年，在荷兰阿姆斯特丹举行的第九届奥运会上，首次增加了女子田径比赛。

1983年，第一届世界田径锦标赛在芬兰首都赫尔辛基举行。

目前正式的奥运会田径比赛项目如下：

男子：100 m 跑、200 m 跑、400 m 跑、800 m 跑、1 500 m 跑、5 000 m 跑、10 000 m 跑、马拉松跑、3 000 m 障碍跑、110 m 跨栏跑、400 m 跨栏跑、跳高、撑竿跳高、跳远、三级跳远、铅球、铁饼、链球、标枪、十项全能、20 km 竞走、50 km 竞走、4×100 m 接力、4×400 m 接力共 24 个小项。

女子：100 m 跑、200 m 跑、400 m 跑、800 m 跑、1 500 m 跑、5 000 m 跑、10 000 m 跑、马拉松跑、3 000 m 障碍跑、100 m 跨栏跑、400 m 跨栏跑、跳高、跳远、三级跳、撑竿跳高、铅球、铁饼、标枪、链球、七项全能、4×100 m 接力、4×400 m 接力、20 km 竞走共 23 个小项。

二、田径运动的基本技术学习与分析

田径运动由 40 多个单项组成，每个单项都有其独特的基本技术和要求。

（一）短距离跑

短距离跑项目指 400 m 及 400 m 以下的径赛项目。短距离跑技术划分为起跑、加速跑、途中跑（弯道跑）、终点跑四个技术阶段，每个技术阶段都有具体的任务和技术要求。

1. 起跑

根据国际田联的规定，正式的短跑比赛必须采用蹲踞式起跑。在中小学生 50 m 跑的教学和国家学生体质测试中，通常采用站立式起跑。本书重点介绍蹲踞式起跑。

（1）技术动作

听到"各就位"口令后，运动员轻松地走到起跑器前，有力腿在前，两脚依次蹬在起跑器的抵足板上，普通式起跑方法为前脚距起跑线一脚半，后脚距前脚一脚半，前抵足板与地面成大约 45°角，后抵足板与地面成大约 65°角。两手靠起跑线后沿支撑，四指并拢与拇指成"八字形"，虎口向前，两手距离与肩同宽或稍宽，头向下看，躯干自然弯曲，后腿膝关节触地，身体大部分重量落在前脚和后腿膝关节之间，注意听"预备"口令。听到"预备"口令后，运动员平稳地抬起臀部，同时身体重心向前移，形成臀部高于肩、肩超过起跑线 10 cm 左右的身体姿势。前腿大小腿夹角为 90°左右，后腿大小腿夹角为 140°左右。两脚脚掌紧贴起跑器抵足板，注意力集中，听枪声准备起跑。

蹲踞式起跑　　　　站立式起跑

（2）学习的重点和难点

① 重点是当听到"预备"时逐渐抬高躯干，形成快速启动的身体姿势。

② 难点是控制好稳定的起跑姿势，注意力集中。

（3）易犯错误与纠正方法（表8-1）

表8-1 起跑易犯错误与纠正方法一览表

易犯错误	纠正方法
重心靠后	明确动作方法与要求；帮助学生体会重心前移位置；反复练习体会
身体重心不稳	明确动作方法与要求；减小两臂之间的距离；控制重心前移的速度；加强手臂支撑和下肢力量

（4）练习方法

① 学习安装起跑器。介绍普通式起跑器的安装方法和要求。

② 分解练习法。把动作分解为安装起跑器、各就位、预备三个部分，在教师口令的指挥下做分解动作；进行无起跑器的集体练习，重复进行以强化动作结构。

③ 两人一组相互帮助与纠错，借助橡皮带辅助练习。

④ 结合起跑器练习。

⑤ 不同姿势、听声音起跑练习。

2. 加速跑

（1）技术动作

听到发令枪声后，双手迅速推离地面，两臂前后摆动，前腿迅速充分蹬伸，后腿（摆动腿）蹬离起跑器前摆。前摆与支撑腿间的夹角稍大于90°，摆动腿积极下压，着地点在身体重心投影点的后方，前脚掌着地，起跑后的最初几步的步长变化是第一步约为三脚半至四脚长，第二步约为四脚至四脚半长，以后的步长约逐步增加半个脚掌，直到途中跑的步长。最初几步的支撑点处于身体重心投影点后面，最初几步的两脚着地点间的距离比途中跑稍宽，随着速度的发挥，两个脚着地点逐渐向中线靠拢。起跑后的加速跑阶段躯干前倾角度逐渐转为正直，最后逐渐接近途中跑的姿势，加速跑段距离约为25～30 m。

加速跑

（2）学习的重点和难点

① 重点是听到枪声后迅速蹬地，逐渐加速。

② 难点是步幅逐渐增大，躯干逐渐抬起。

（3）易犯错误与纠正方法（表8-2）

表8-2 加速跑易犯错误与纠正方法一览表

易犯错误	纠正方法
听到枪声后动作慢	强调预备口令后注意力集中；各种听信号起跑练习
身体抬起过早	明确动作方法与技术要求；利用物体限制步幅；拉橡皮带跑；强调逐渐抬体、不有意识抬头

（4）练习方法

① 讲解示范技术动作。

② 分解练习法。练习第一步；击掌、口令等起跑练习；不同预备姿势加速跑练习，如原地小步跑逐渐前倾接加速跑、原地高抬腿逐渐前倾接加速跑；各种姿势下听信号转身跑；俯卧听信号加速跑。

③ 限制练习法。一人拉弹力带一人练习；起跑后逐渐加大的限制线或海绵块。

④ 游戏练习法。如听信号追逐跑、钻山洞等。

⑤ 负重练习法。如拉轮胎跑、推小车跑等。

3. 途中跑

（1）技术动作

上体姿势基本正直，腿的后蹬快速有力，前摆抬腿高，摆臂积极，两臂前后摆动协调配合，后蹬充分、快速积极，步幅大，步频快，重心位置高，重心移动平稳。

途中跑

弯道跑

（2）学习的重点和难点

① 重点是步频快、步幅大，正确的跑步姿势。

② 难点是蹬摆结合，后蹬充分。

（3）易犯错误与纠正方法（表 8-3）

表 8-3 途中跑易犯错误与纠正方法一览表

易犯错误	纠正方法
后蹬不充分，"坐"着跑	明确动作方法；后蹬跑；高抬腿跑；各种跳跃练习；加强下肢力量练习
摆臂不正确	明确动作方法与技术要求；原地站立摆臂练习；坐地上摆臂练习；手持轻器械摆臂练习；30~60 m 中速跑改进摆臂技术

（4）练习方法

① 讲解示范技术动作。

② 进行不同速度跑、不同距离跑、上坡跑、下坡跑、小跑步、高抬腿跑、后蹬跑、车轮跑、跨步跳、跳绳、跳台阶等练习。

小步跑

高抬腿跑

后蹬跑

车轮跑

跨步跳

4. 终点跑

（1）技术动作

上体姿势努力保持基本正直，后蹬快速有力，高抬大腿，加强摆臂，在距离终点1—2步时，两臂后摆，躯干前倾，跑过终点。

（2）学习的重点和难点

① 重点是保持步频和步幅，加强摆臂。

② 难点是克服疲劳，防止躯干后仰和步频下降过快。

（3）易犯错误与纠正方法（表8-4）

表8-4 终点跑易犯错误与纠正方法一览表

易犯错误	纠正方法
身体后仰"坐"着跑	明确动作方法；加强速度耐力训练
压线不充分	明确压线技术要求和时机；原地压线练习；强调压线时保持抬头动作；快速跑动中压线练习

（4）练习方法

① 讲解示范技术动作。

② 进行原地压线练习、不同速度跑动中压线练习、速度耐力练习等。

③ 集体练习法。如原地听信号压线练习、短距离跑压线练习等。

（二）蹲踞式跳远

跳远按空中姿势不同可分为蹲踞式、挺身式和走步式三种技术。跳远技术分为助跑、起跳、腾空和落地四个技术阶段。下面主要介绍蹲踞式跳远技术。

（1）技术动作

一般采用14—16步助跑。要固定助跑开始姿势、步长和步幅；助跑速度约为个人最大速度的95%。起跳时倒数第一步缩短步幅，起跳腿快速迈向起跳板，做到三快：上步快、摆臂摆腿快、蹬伸快。蹲踞式跳远要求在腾空的最高点后腿前上抬，与前腿并拢，靠近胸部，上体前倾，落地时两臂后摆，伸小腿。挺身式跳远是腾空后主动向后下方放下摆动腿，两臂同时向后下方摆动，形成反弓，之后，迅速屈膝外展前摆，伸小腿着地，两臂经上前摆。落地时主动屈膝，使重心快速通过着地点或侧倒方式着地。

蹲踞式跳远

挺身式跳远

(2) 学习的重点和难点

① 重点是起跳技术。

② 难点是助跑与起跳的衔接。

(3) 易犯错误与纠正方法（表8-5）

表8-5 跳远易犯错误与纠正方法一览表

易犯错误	纠正方法
步点不准	确定助跑距离；固定启动方式；固定加速方式；改进起跳技术
起跳腿蹬伸不充分	明确起跳技术要求；降低助跑速度；短距离助跑起跳；助跑起跳越过一定高度的障碍；加强起跳腿的退让蹬伸能力，如跳栏架、跳深练习、交换腿跳、各种下肢力量训练、各种跳跃练习

(4) 练习方法

① 讲解示范技术动作。

② 学习起跳技术。原地放脚起跳模仿练习，上一步起跳、原地起跳摆臂突停、三步助跑腾空步练习，利用起跳板做腾空步、腾空步越过障碍、腾空步头顶标志物等练习。

③ 学习助跑技术。丈量步点（步数乘2减2或者反跑）；确定助跑启动方式；反复助跑；节奏跑；听信号助跑；按标志助跑；第二标志调整练习；发展短跑练习。

④ 学习空中技术。完整原地练习、原地腾空步支撑腿并腿练习、上步成腾空步并腿落入沙坑练习、踏上跳箱完整练习。

⑤ 学习着地技术。立定跳远练习、原地单腿支撑伸膝练习、成腾空步并腿伸膝练习、原地伸膝着地屈膝跪倒练习。

(三) 跨越式跳高

跳高按过杆动作不同可分为跨越式、俯卧式和背越式三种技术。跳高技术分为助跑、起跳、过杆和落地四个技术阶段。

(1) 技术动作

直线助跑，助跑角度一般与横杆成30°~60°，一般在10~15 m，步数在8—12步，最后几步速度要加快，倒数第二步最长，重心最低，摆动脚落地时柔和屈膝前移，蹬脚送髋为起跳脚的前伸放脚做好准备。最后一步稍小，使上体迅速前移向前送髋，为从水平速度过渡到垂直速度做好充分准备。用远离横杆的腿作为起跳脚，起跳点与横杆投影线距离一般在60~80 cm。助跑到最后一步时，起跳腿以大腿带动小腿迅速向前伸出，用脚跟先着地并迅速过渡到全脚掌，屈膝缓冲，当身体重心移至起跳点的上方时，起跳腿迅速充分蹬伸，摆动腿膝关节微屈，向前上方摆起，两臂积极配合摆动，起跳一侧臂自然在侧下方，另一侧手臂随摆动腿前摆，使身体向上腾起。当摆动腿脚跟越过横杆高度时，向横杆一方侧摆。与此同时，起跳腿积极向上抬起，膝盖靠近胸部，小腿自然上摆与横杆平行，接着上体抬起，摆动腿同侧臂随摆动腿内转下压带动身体沿纵轴向内旋转，使上体和臀部能顺利过杆，起跳腿随着摆动腿的下压而抬高并绕过横杆，过杆后摆动腿先落地。

跨越式跳高　　　　　　背越式跳高

（2）学习的重点和难点
① 重点是助跑与起跳的衔接。
② 难点是摆动腿过杆后的内旋下压。
（3）易犯错误与纠正方法（表8-6）

表8-6　跨越式跳高易犯错误与纠正方法一览表

易犯错误	纠正方法
助跑节奏紊乱，助跑与起跳衔接不好	调助跑步点、按画好的每步标志反复进行练习；慢、中速助跑练习；采用绳间跑3、5、7步培养节奏感和目测距离的能力
前冲大，跳不起来	明确起跳时机；3步、5步助跑起跳的结合练习；原地或上步改进起跳脚快速着地和蹬伸练习；上步摆动腿和手臂上摆、提肩、拔腰练习；加强下肢力量练习
"坐"着过杆，臀部及大腿碰落横杆	明确起跳腿蹬伸时机；逐渐提高高度或用橡皮筋代替横杆，克服害怕心理，强化起跳拔腰练习；上步做向上前摆腿练习

（4）练习方法
① 讲解示范技术动作。
② 分解练习法。原地放脚起跳模仿练习、上一步起跳、原地扶杆摆动腿摆动练习、上步跨过低橡皮筋练习。走跨过横杆、原地抬起摆动腿，摆动腿下压时，提拉起跳腿。
③ 游戏练习法。如跨越斜拉的橡皮筋、四角跨越橡皮筋追逐跑。
④ 限制练习法。用橡皮筋代替横杆，拉成斜线、助跑起跳头触及标志物。

（四）背向滑步推铅球

推铅球按滑步方式不同可分为上步推铅球、垫步推铅球、侧向滑步推铅球、背向滑步推铅球和旋转式推铅球。推铅球技术分为握持铅球、预备姿势、滑步、最后用力和缓冲五个技术阶段。

（1）技术动作

推球手五指自然分开，铅球置于指跟处，铅球放在锁骨窝处，靠在颈部，肘外展接近与肩平行。背对投掷方向，站立在靠近投掷圈后沿，两脚前后开立，高姿势的预备姿势是（以右手投掷为例）：左腿在后，自然弯曲，前脚掌着地，滑步前做1—2次预摆动作。具体方法是：身体前倾，同时抬左腿，然后团身，屈右腿，左腿收在右腿附近，成团身弓背姿势，滑步开始时，身体重心后移，左腿伸展，向投掷方向摆出，然后，左腿内收于身体下方，脚与投掷方向成90°～135°夹角，左脚落于前偏右，左右脚的距离为骨盆宽度，重心大部分落在右腿，形成超越器械的最后用力姿势，最后用力开始于左脚着地时，右腿蹬转，上体向前上方翻转，左臂屈肘向前上方摆动，当身体正对投掷方向时伸右臂，将铅球推出，重心在左腿上方时左臂制动，形成稳固的左侧支撑。铅球以38°~42°的角度推出。铅球出手后迅速交换腿，降低重心，维持身体平衡。

侧向滑步推铅球

背向滑步推铅球

（2）学习的重点和难点

① 重点是最后用力的用力顺序。

② 难点是滑步与最后用力的衔接。

（3）易犯错误与纠正方法（表8-7）

表8-7 背向滑步推铅球易犯错误与纠正方法一览表

易犯错误	纠正方法
滑步时重心起伏大	明确动作要领；明确摆腿方向和蹬伸时机；扶肋木摆腿练习；原地摆腿收腿练习；原地摆腿成大分腿，收腿练习；在斜坡上练习滑步；先抬起左腿，下压时收右腿练习
最后用力不协调	明确最后用力方法；原地蹬转练习；两手搭肩翻转练习；徒手蹬、转、伸练习；负重转体练习；推轻器械原地或者滑步推铅球练习
抛球	明确伸臂推铅球的时机；正面推球、与投掷方向成90°推球、转体推球练习；肩抗球转体练习；原地推铅球练习；推轻器械练习

（4）练习方法

① 讲解示范完整技术。

② 分解练习法。由于背向滑步推铅球技术较为复杂，一般将最后用力和滑步技术分解学习。滑步练习包括俯身抬腿团身练习、连续俯身抬腿练习、蹬摆练习、后摆腿触及标志物、分腿成大劈叉收腿练习、连续收腿练习。最后用力练习包括原地双脚跳起练习、空中转髋落地练习、空中转髋复原后练习、落地转髋练习、右脚撑地练习、蹬伸转髋练习、平面转体练习及俯身90°、135°、180°转体练习。

③ 限制练习法。滑步超过限制线练习、摆腿超过一定距离的限制线练习、扶肋木摆腿练习。

④ 互助练习法。一人拉住练习者双手，练习者做滑步练习；一人双手固定练习者髋，练习者做转髋练习；一人拉住练习者双手，练习者做蹬转练习；一人按住练习者左肩，练习者做转体练习。

⑤ 比赛法。如左右手推铅球比赛练习、分两组各组自行安排出场顺序比赛练习、原地推铅球比赛练习。

⑥ 辅助练习法。各种抛掷实心球练习，如前抛实心球、后抛实心球、侧抛实心球、单手下手抛实心球、单手投掷实心球。

⑦ 游戏法。如左右传递实心球练习、滚动铅球掷准或触及标志物练习、抛掷铅球入门练习。

第二节　足球运动的基本技能学习与分析

一、足球运动简介

足球运动是以脚支配球为主，两个队在一块场地上进行攻守对抗的一项体育运动项目。这项运动最早起源于中国，其渊源可追溯至五千年前的黄帝时代，史传黄帝与蚩尤之战中，黄帝擒蚩尤，充其胃以为鞠，使人执之，多中者赏。现代足球的起源可追溯至公元前3世纪流传于古希腊和古罗马的一种手脚并用的游戏——哈帕斯托姆。在公元10世纪前后，这项运动传到英格兰，与当地的原始足球混杂在一起，形成了形式各异的早期足球游戏。1863年10月26日，英格兰足球协会成立，与此同时第一部统一的足球规则在英国的剑桥大学产生，这一天被全世界公认为现代足球的诞生日。19世纪下半叶，足球比赛越来越激烈，看球的观众也越来越多，一些俱乐部出于经济利益开始收取门票，足球比赛开始进入商业化阶段，走向职业化。国际足球联合会成立于1904年5月21日，是由七个国家在巴黎发起成立的，其宗旨是促进国家足球运动发展，发展各国足球协会之间的友好关系。目前，国际足球联合会会员已发展到211个。

足球技能教学方法按足球技术的不同性质、不同作用及不同表现形式，划分为六大模块，包括球感教法、运控球技术教法、传射类技术教法、接（停）球类技术教法、抢截球类技术教法和组合式技术教法。

足球基本技术教学一般从运控球技术开始，运控球技术把运球、运球过人、假动作等技术综合了起来。实际上运控球技术教学的前期仍然是球感教学的延伸，但此时已经带有技术动作教学的成分，比球感教学更贴近技术教学。在这一模块中，既有脚的各部位多种线路、方向、速度运球的技术教法，又有主要的运球过人和常用假动作的技术教法，这些教学方法的内容基本涵盖了足球运动中运控球主要技术的种类。传射类技术教法主要包括脚的各部位传球和射门技术教法。接（停）球类技术教法含有脚的各部位接（停）不同方向、不同角度、不同高度、不同距离、不同力量和反弹与非反弹球，以及原地与跑动中接（停）球的技术教法。

二、足球运动的基本技术学习与分析

（一）踢球技术

踢球技术的重点与难点：掌握助跑后准确的支撑脚站位，协调有序的踢摆发力，正确的击球部位、击球脚型及击球时间。

1. 脚内侧踢定位球

(1) 脚内侧踢定位球概述

① 特点：脚与球接触面积大，出球准确平稳易于掌握。但由于踢球时要求大腿前摆到一定程度时外展，大腿与小腿的摆动受到限制，因此，出球力量相对较小。

脚内侧踢球脚型

② 动作要领：直线助跑，支撑前的最后一步稍大些，支撑脚站在球的侧面约 15 cm 处，脚尖正对出球方向，支撑腿膝关节微屈。在支撑脚着地时，踢球腿大腿带动小腿由后向前摆动，在前摆的过程中大腿外展，当膝关节的摆动线接近球的上方时，小腿做爆发式摆动，在触球前将脚跟送出，使脚内侧部位所形成的平面与出球方向垂直，踢球脚脚底与地面平行，脚尖微微翘起，踝关节功能性地紧张使脚型固定，触（击）球后身体跟随移动，髋关节前送。

(2) 易犯错误与纠正方法（表 8-8）

表 8-8 脚内侧踢定位球易犯错误与纠正方法一览表

易犯错误	纠正方法
踢球腿击球脚型不正确，影响击球效果	可进行分解练习或无球模仿练习，也可结合固定球进行体会动作的练习
踢球腿直腿摆击球，出球乏力	在练习中增大支撑腿最后一步跨出的距离，使腿后摆充分伸展，膝关节放松
支撑脚位置靠后，击球刹那，脚型不固定，出球不顺畅	踢定位球时，确定支撑脚的支撑点，运用敲击的方式固定脚型

(3) 练习方法

① 模仿练习。先做无球的模仿练习，然后将球放在前方，做助跑预摆触球练习（不要将球击出），注意低重心及触球前踢球腿预摆时的膝关节外展和翘脚尖。

脚内侧踢定位球

② 两人一球，一人脚踩住球，另一人助跑踢球。注意助跑最后一步支撑脚与球之间的距离不要太小。

③ 两人相距 15 m，一人助跑踢球，一人挡球，互换进行练习。

2. 脚背正面踢定位球

(1) 脚背正面踢定位球概述

① 特点：踢球腿摆幅相对较大，用脚背踢球，脚与球的接触面积较大，因而踢球力量大，准确性较强，但出球方向变化相对较小。

脚背正面踢定位球

② 动作要领：直线助跑，最后一步稍大些，支撑脚积极着地支撑，在球的侧面 10~12 cm 处，脚尖正对击球方向，膝关节微屈，踢球腿随跑动向后摆动，小腿弯曲、支撑的同时踢球腿以髋关节为轴，大腿带动小腿由后向前摆动；当膝关节摆动接近球的正上方时，小腿做爆发式摆动，以脚背正面部位击球的后中部；击球后身体及踢球腿随球前移。

（2）易犯错误与纠正方法（表8-9）

表8-9　脚背正面踢定位球技术易犯错误与纠正方法一览表

易犯错误	纠正方法
支撑脚选位不当，影响摆踢发力和击球效果	在强调支撑脚位置的同时，采用分解动作和踢固定球，进行体会动作的练习
击球刹那，脚型不固定，影响出球力量和方向	在练习中固定脚型，稳定脚的击球部位，增大支撑腿最后一步跨出的距离，使后腿摆腿充分伸展，膝关节放松
踢球腿摆踢路线不直，身体后仰，出球方向不正	强调用中等以下力量击球，控制击球点，运用敲击的方式固定脚型，使踢出的球低、平、直

（3）练习方法

① 原地轻轻地将球踢出，然后再用脚尖拉回，注意控制脚的方向，准确把握击球部位。

② 踢定位球模仿练习。将球放在前方做助跑预摆触球练习（不要将球击出），体会各环节动作的连贯性。

③ 两人一球，一人助跑踢球，一人用脚挡球。注意助跑最后一步支撑脚与球之间的距离，掌握协调有序的踢摆发力。

3. 脚背内侧踢球

（1）脚背内侧踢球概述

① 特点：踢球力量大，出球方向变化较多。

② 动作要领：斜线助跑，助跑方向与出球方向约成45°角，最后稍大，以支撑脚积极着地，脚尖指向出球方向，距球内侧后方20~25 cm，膝关节微屈；在支撑脚着地支撑的同时，踢球腿已完成后摆，并开始以髋关节为轴大腿带动小腿由后向前摆动，当大腿摆至与支撑腿接近同一平面时，小腿做爆发式摆动，此时脚尖外转、脚背绷直，以脚背内侧部位触击球；击球后踢球腿及身体继续随球向前。

脚背内侧踢球

（2）易犯错误与纠正方法（表8-10）

表8-10　脚背内侧踢球易犯错误与纠正方法一览表

易犯错误	纠正方法
支撑脚选位不当，脚尖没有对准出球方向	进行助跑后的模仿踢球练习，体会支撑脚的位置，注意身体的协调配合
击球刹那，膝关节没有向前顶送，而是顺势内拐，球侧内旋	在练习中，增加支撑腿最后一步跨出的距离，使后摆腿充分伸展，膝关节前顶，放松做向前跟的动作
踢球腿后摆动作紧张，影响前摆速度，击球发力不足	强调后腿摆动时放松，击球顺势发力；强调触球的正确部位，踢球脚翘起，向出球方向顺势前摆

（3）练习方法

① 踢定位球模仿练习。原地做摆腿动作，找准脚的触球部位，然后加助跑做整套动作的模仿练习。

② 对墙踢球练习。注意开始练习时离墙近一些，用力小一些，然后再加大离墙距离和踢球力量。

③ 踢远练习。学生站成一排，加助跑用力将球踢出，注意控制球出去方向和全身的协调用力。

④ 踢准练习。教师在操场中央画一个直径为 5 m 的圈，让学生在离圈 30 m 处瞄圈踢球。

4. 脚背外侧踢球

（1）脚背外侧踢球概述

① 特点：由于踢这种球时脚踝灵活性较大，摆腿方向变化较多，并且助跑时又是正常的跑动姿势，所以出球隐蔽性强。

② 动作要领：直线助跑，最后一步时支撑脚踏在球侧，脚趾指向出球方向，膝关节微屈；在支撑脚前跨的同时，踢球腿大腿顺势后摆，小腿后屈；踢球腿前摆时，大腿以髋关节为轴带动小腿前摆，当膝关节摆至接近球体上方时，小腿加速前摆，脚背绷直，脚趾向内扣紧并斜下指，用脚背外侧击球的后中部，击球后，踢球腿顺势前摆着地。

脚背外侧踢球

（2）易犯错误与纠正方法（表 8-11）

表 8-11　脚背外侧踢球易犯错误与纠正方法一览表

易犯错误	纠正方法
支撑脚选位不当，影响踢摆发力	进行模仿踢球练习，确定支撑脚的位置，或进行击固定球练习，注意体会触球点和脚的触球部位
摆腿时髋关节内转或直腿击球，击球发力不足	在练习中，身体伸展，重心前移，使后摆腿充分伸展，强调击球后膝关节和踝关节固定
膝、踝关节内旋不够，击球刹那，脚型不固定，影响击球的准确性和前摆速度，出球不稳，发力不足	强调触球的正确部位，踢球脚向前摆动时脚尖稍向内旋，膝关节前顶向支撑腿一侧内旋，并做前随动作

（3）练习方法

① 模仿练习。先进行原地模仿练习，找准触球部位，然后加助跑做整套动作的模仿练习，注意控制击球脚型。

② 两人一球，一人做助跑踢球，另一人用脚挡球。注意踢球不要太用力，主要练习助跑、支撑脚的站位和踢球腿协调有序的踢摆发力。

（二）接球技术

接球技术的重点与难点：掌握合理的接球动作，准确地判断来球路线、落点、速度，利用合理的移动选位占据有利接球位置，接球时缓冲动作要协调，准确掌握接球部位。

1. 脚内侧接地滚球

（1）脚内侧接地滚球概述

① 特点：由于脚触球面积大，动作简单，容易掌握，因此这种技术在比赛中经常使用。

② 动作要领：支撑脚脚尖正对来球，膝关节微屈，同侧肩正对来球。接球腿提膝大腿外展，脚尖微翘，脚底基本与地面平行，脚内侧正对来球并前迎，在脚内侧与球接触的同时迅速后撤，把球接在脚下。若需将球接在侧面，则支撑脚脚尖应向同侧斜指，脚内侧与来球方向成一定角度触球，同时支撑脚提踵，以前脚掌为轴做适当转动，身体移动。当来球力量不大时，只需将脚提到一定的高度，并使脚内侧与地面形成锐角轻触球，也可在触球时用下切动作使球前进的力部分转变为旋转力，而将球接在脚下。

脚内侧接地滚球

（2）易犯错误与纠正方法（表 8-12）

表 8-12 脚内侧接地滚球易犯错误与纠正方法一览表

易犯错误	纠正方法
判断启动慢，不能选择正确的迎球位置，影响下面动作完成	在练习中注意力集中，反应快、起动快，抢占最佳接球位置，体会主动接球的动作顺序
接球腿的膝、踝外展不够，影响触球角度，导致控球不稳	进行无球模仿练习，提高动作的协调性，强调接球腿的膝、踝关节外展
接球时机控制不好，缓冲效果差	接球时确定好支撑脚的支撑点，要求由慢到快迎撤接球，从而达到最佳的缓冲效果

（3）练习方法

① 模仿练习。将球置于地上，做原地接球动作，体会膝关节外旋带动踝关节外旋及脚跟顺势下压的整个过程，注意脚与球的接触面。

② 两人一球，相距 15 m，一人踢地滚球，一人做接球动作。

③ 跑上去接对墙踢球反弹回来的地滚球。

④ 练习者分成甲、乙两组，两组相距 20 m 左右，分别成"一"字纵队。甲组第一名练习者踢地滚球给乙组第一名练习者，然后跑回本组排尾，乙组第一名练习者跑上去停球，然后再踢给甲组的下一名练习者，依次循环。

2. 脚内侧接反弹球

（1）脚内侧接反弹球概述

① 特点：反弹球在比赛中经常会出现，高球落点产生反弹，接反弹球在比赛过程中运用非常频繁。

② 动作要领：根据来球落点，及时移动到位，支撑脚踏在落球点的侧前方，支撑腿的膝关节微屈，上体稍前倾，同时停球脚的踝关节放

脚内侧接反弹球

松，脚内侧对着球的反弹路线，当球落地反弹刚离地时，用脚内侧挡压球的中上部。

（2）易犯错误与纠正方法（表8-13）

表8-13 脚内侧接反弹球易犯错误与纠正方法一览表

易犯错误	纠正方法
接球时机控制不好	用手接反弹球，体会接球的时机是在球离地面的瞬间
接球腿动作僵硬，直腿接球，难以控制	进行分解动作和无球模仿练习，提高动作的协调性，并强调接球腿迎球时放松然后顺势下压

（3）练习方法

① 把球放在地上，练习者做接反弹球的模仿练习。

② 自己向上抛球，待球落地时接反弹球。

③ 两人一球，相距15~20 m，一人踢起球，另一人做停反弹球练习。

④ 两人一球，一人从不同方向踢起球，另一人做停反弹球练习。

（三）运球技术

运球技术的重点与难点：提高学生熟练地控制球、支配球和保护球的能力，以及掌握在移动中控制身体重心和保持身体平衡的方法。

1．脚背外侧运球

（1）脚背外侧运球概述

① 特点：脚背外侧运球时，身体姿势与正常跑动时相同，因而可以发挥出较快的速度。另外，利用脚腕的动作可以很快改变脚背外侧面正对的方向，因此，在运球脚一侧改变方向时也多采用这种运球方法。这种方法能用身体将对手与球隔开，所以掩护时也常使用。

脚背外侧运球

② 动作要领：运球时身体保持正常跑动姿势，上体稍前倾，步幅不宜过大，运球腿提起，膝关节稍屈，髋关节前送，脚跟提起，脚尖稍内转，使脚背外侧正对球方向，在运球脚落地前用脚背外侧推拨球的后中部。

（2）易犯错误与纠正方法（表8-14）

表8-14 脚背外侧运球易犯错误与纠正方法一览表

易犯错误	纠正方法
运球脚膝、踝关节僵硬，直腿前摆，难以控制推拨力量	在练习中，确定支撑脚的位置和触球部位，进行走步式练习，体会动作要领及推拨的动作顺序
身体重心偏高或后坐，影响重心跟进	在练习中，强调低重心身体微前倾；也可变化运球的方向，练习重心的灵活跟进

（3）练习方法

① 首先在原地做模仿练习，找准触球部位，然后让练习者站成一排在慢速中用单脚推拨球前进。

② 练习者每人一球排成一路纵队，中间相隔2 m，排尾的同学蛇形将球运到排头同

学的前面 2 m 处，这样依次进行，注意在运球过程中一定不要一直低头看球，因为蛇形跑重心一直在移动，所以能够锻炼下肢和脚的灵活性。

③ 两人一球，一个练习者做运球进攻练习，另一个练习者消极防守。

2. 脚背正面运球

（1）脚背正面运球概述

① 特点：脚背正面运球时身体是正常跑动的姿势，所以运球速度较快，这种技术多用于前方一定距离无人阻拦的直线快速运球。

② 动作要领：运球时身体保持正常跑动姿势，上体稍前倾，步幅适中，运球腿提起，膝关节微屈，脚跟提起，脚尖向下，在运球脚落地前脚背正面部位触球后中部将球推送前进。

脚背正面运球

（2）易犯错误与纠正方法（表 8-15）

表 8-15　脚背正面运球易犯错误与纠正方法一览表

易犯错误	纠正方法
运球脚触球时送的不稳定，难以控制运球的力量和方向	可采取放慢运球速度的方法，固定触球脚的稳定性，反复练习，步幅可小些，固定脚踝，掌握好蹬、摆用力的方向
膝、踝关节僵硬，变推拨为捅击动作，控制不住球	在练习过程中语言提示膝、踝关节放松，脚背触球
支撑脚离球过远，推球后重心滞后，人球分离	放慢运球速度，要求按照蹬、摆、推拨的顺序做完一次，向前慢跑两步，再做一次，反复练习并体会

（3）练习方法

① 开始做原地模仿练习，找准触球部位，然后让练习者站成一排慢速用单脚推拨球前进，换另一只脚练习运球，依次进行。

② 三人一球，甲方两人，乙方一人，甲方站在前面的练习者将球运给乙方的练习者，然后站定，乙方的练习者再将球运回给甲方另一个练习者，依次进行。

③ 练习者排成一路纵队，由排头开始从起点线运球绕过对面的标志物，然后折回到起点将球传给下一个人。

3. 脚背内侧运球

（1）脚背内侧运球概述

① 特点：脚背内侧运球由于身体稍侧转，不能采用正常跑动姿势，因而不适用于高速运球。但因为运球时球多向异侧脚方向运动，所以有掩护作用。

② 动作要领：运球跑动身体稍前倾，步幅稍小，膝关节微屈外转，脚跟提起，脚尖外转，使脚背内侧正对运球方向，在运球脚落地前用脚背内侧推拨球，使球随身体前进。

脚背内侧运球

（2）易犯错误与纠正方法（表8-16）

表8-16 脚背内侧运球易犯错误与纠正方法一览表

易犯错误	纠正方法
身体重心过高或侧倾不够，影响运球方向的控制	采用固定球练习，确定支撑脚的位置，进行反复练习，体会重心前移的动作要领
触球时脚型不固定，影响控制效果	在练习中，可放慢运球速度，固定脚型，强调推拨的动作顺序，体会如何控制运球方向

（3）练习方法

① 在慢速中用单脚推拨球前进，初步掌握之后进行双脚交替推拨球前进练习。

② 练习者每人一球做"8"字运球。

③ 练习者分成两组比赛，每人一球排成两路纵队，每组两人中间相隔2 m，排尾的练习者蛇形将球运到排头练习者的前面2 m处，这样依次进行。

（四）头顶球技术

头顶球技术的重点与难点：正确判断来球方向、速度及路线，选择合适的顶球位置；指导学生合理地完成顶击发力动作，掌握身体的发力顺序，准确把握击球时机及击球部位。

1. 原地前额正面顶球

（1）原地前额正面顶球概述

① 特点：用额肌覆盖的额骨正面部分去击球，接触部位面积比较大，因为是正面迎球，所以出球方向比较好控制。头顶球技术是处理高空球的重要手段。

② 动作要领：根据球的运行路线及时移动到位，身体正对来球，两脚前后或左右开立，膝关节微屈，上体稍后仰，重心放在后脚上，两臂微屈自然张开，眼睛注视来球；在球运动到身体垂直部位前的刹那，后脚用力蹬地，身体重心由后脚移向前脚的同时，迅速向前摆体，收下颌，颈部紧张，用前额正面顶球的后中部，上体随球继续前摆。

原地前额正面顶球

（2）易犯错误与纠正方法（表8-17）

表8-17 原地前额正面顶球易犯错误与纠正方法一览表

易犯错误	纠正方法
击球刹那，闭眼缩颈，不是主动地用前额击球，而是被动地让球打到头部	采取自己持球，做主动击球练习，要求击球刹那不闭眼，找准前额的击球部位
击球时机把握不准，影响顶球的发力效果	自抛自顶，掌握击球时机，体会顶球发力的效果
上、下肢与身体配合不协调，发力动作出现脱节和停顿	进行徒手模仿练习，体会上、下肢与身体的配合发力

（3）练习方法

① 做顶球的模仿练习，注意体会全身是怎样协调用力的。

② 两人一组相对站立，一人举球至另一人面前与头同高，另一人做原地摆体用前额正面、前额侧面顶球，以体会顶球部位和顶球动作。顶球时要睁开双眼。

③ 自抛自顶，开始时抛的高度稍低一些，重点体会触球部位，注意不要闭眼，克服不敢主动顶球的心理障碍。

④ 两人一组相对站立，一人抛球，一人顶球，抛球人开始抛固定球，后来可以抛各个方向的球，让练习者注意脚下移动，感受跑到位后顶球的用力顺序。

（五）球感教学

球感是指学生身体的有效部位对球的感觉。这种感觉越灵敏、越细致，就越有利于学生对球的控制与驾驭，球感直接关系到学生技术动作的完成质量，因此，球感练习是足球技术教学的基础，是每个学习踢足球的人的必经之路。

颠球练习是我们最常用、最有效的球感练习手段之一，也是足球游戏娱乐的主要方法。颠球练习可以放在教学课的准备活动部分，也可以作为休息调整内容放在每个练习项目之间。最常用的颠球部位有头、双肩、胸部、大腿、脚背正面、脚内侧、脚外侧。

在练习颠球技术时，如有可能，尽量保证每个学生人手一球，教师的讲授位置和学生的队形要保证每一个人都能清楚地听到讲解和看到示范动作。教师首先应该讲明颠球的重要性与作用，对动作要领的表述简单明了、重点突出，在做示范时动作要轻松协调，必要时某些动作要领要通过改变示范动作的节奏或者球的速度、高低、旋转等来突出显示。

在学生具有一定的技术水平之后，教师要鼓励他们自己创造颠球的方法与花样，使他们在颠球练习中感到有趣，体会到快乐。

第三节 篮球运动的基本技能学习与分析

一、篮球运动简介

篮球运动既是一项综合性的游戏，又是一项现代竞技体育项目。它是将球投入对方篮筐以得分多少决定胜负的集体球类运动项目。篮球运动是 1891 年由美国马萨诸塞州斯普林菲尔德市基督教青年会训练学校体育教师詹姆斯·奈史密斯（James Naismith）博士发明的，篮球运动诞生后，传播得很快。1892 年传入加拿大和墨西哥，1893 年传入法国，1895 年传入中国，1901 年传入日本和波斯（今天的伊朗），1905 年传入俄国。1904 年美国青年会男子篮球队在第 3 届奥运会上进行了表演，此后篮球运动逐步在全世界开展起来。1932 年 6 月 18 日在瑞士日内瓦成立了国际篮球联合会（简称"国际篮联"）。1936 年，在第 11 届奥运会上，男子篮球被列为正式比赛项目。1950 年和 1953 年分别举行了第一届世界男篮和女篮锦标赛。自 1948 年起，在许多国家的少年儿童中开始出现小篮球活动，国际篮联非常重视，于 1968 年成立了"国际小篮球委员会"。

1976年第21届奥运会又增加了女子篮球比赛。自20世纪80年代以来，世界篮球竞技运动已经成为一种新兴的现代体育产业和为国际交流服务的工具。

篮球技术的教学内容，主要包括移动技术（指跑、跳、急停、转身、投篮等无球的动作方法）、控制支配球动作（指接球、传球、运球、投篮等有球的动作方法）、争夺球动作（指抢球、打球、断球、抢篮板球等动作方法），以及由这些动作相互结合构成的组合式技术动作教学。

二、篮球运动的基本技术学习与分析

（一）移动技术

移动技术的重点与难点：在移动技术环节上，强调脚的蹬地、碾地、抵地制动等脚部动作，以及腰胯的发力和身体重心的控制与转移；学生在掌握单个技术的基础上，能够综合运用各种移动技术。

1. 准备姿势

（1）准备姿势概述

准备姿势是指运动员在球场上保持一个稳定且便于移动的站立姿势。保持正确的基本姿势，能使身体各部位处于适宜的工作状态，以利于迅速、协调地完成各种攻守技术动作。

动作要领：两脚前后或左右开立，与肩同宽，两腿弯曲，大腿与小腿间的夹角为130°左右，上体前倾，膝关节内收，脚跟稍提起，脚尖稍微内扣，重心在两脚中间，两臂自然下垂。

准备姿势

（2）易犯错误与纠正方法（表8-18）

表8-18 准备姿势易犯错误与纠正方法一览表

易犯错误	纠正方法
两腿直立，重心太高	运用正误对比和分解示范的方法，让练习者对技术动作有一个正确的认识，然后采用半蹲等方法练习
全脚掌着地，上体过于前倾	加强腿部力量，结合基本姿势的特点，采用深蹲跳等方法练习

（3）练习方法

① 模仿练习。练习者在原地做基本姿势的模仿练习，注意降低重心。
② 原地准备姿势练习。听口令做基本姿势，教师给练习者纠正动作。
③ 练习者在原地做跳跃动作，听到教师口令后，练习者立即做出基本姿势。

2. 起动

（1）起动概述

起动是指队员在球场上由静止状态变为运动状态的一种动作，是获得位移速度的方法。进攻时突然快速地起动可以摆脱防守，防守时突然快速地起动可以抢占有利时机。

动作要领：从基本站立姿势开始，向前起动时以后脚的前脚掌用力蹬地，向侧起动时以异侧脚的前脚掌的内侧用力蹬地，同时身体迅速前倾或侧转，向跑的方向移动重心，手臂协调地摆动，充分利用蹬地的反作用力，迅速向跑的方向迈出。

(2) 易犯错误与纠正方法（表 8-19）

表 8-19　起动易犯错误与纠正方法一览表

易犯错误	纠正方法
起动时身体重心过高，不便于迅速蹬地，重心移动不及时	教练可采用正误对比和分解示范的方法，使队员对正确的技术有明确的概念
起动时后脚或异侧脚蹬地不充分，不能在短距离内发挥最大速度	原地做后蹬、侧蹬练习，做迅速向起动方向转移身体重心的练习

(3) 练习方法

① 原地慢速体会正面起动和侧面起动练习，注意跟进起动方向，确定蹬地脚及脚的蹬地部位，正确掌握重心移动与蹬地的配合。

② 正面起动练习和侧面起动练习，听到教师口令后，从基本姿势立即做起动动作，然后跑出 10 m 后减速，要求学生注意力集中、反应快。

③ 向上跳起落地后起动练习，要求跳跃落地后弯腿缓冲与蹬地要衔接好，变换重心快。

3. 跑

跑是为了完成攻守任务而争取时间的脚步动作，在比赛中经常运用的跑有变向跑和侧身跑。

(1) 变向跑

① 变向跑动作要领。

从右向左变向时，最后一步用右脚前脚掌内侧用力蹬地，同时脚尖稍内扣，迅速屈膝，腰部随之左转，上体向左前倾，移重心，左脚向左前方跨出，然后加速前进。变向时，一脚前脚掌内侧用力蹬地，另一脚迅速朝变向方向迈出第一步。

变向跑

② 易犯错误与纠正方法（表 8-20）。

表 8-20　变向跑易犯错误与纠正方法一览表

易犯错误	纠正方法
变向时，脚尖没有内扣，腰没有带动上体转向，上体没有前倾	多做正面示范、分解示范、正误对比示范，使运动员建立正确的动作概念
变向后没有加速动作	多做分解练习，用慢速度进行蹬地、转腰、跨步，跨步后加速；然后再把分解练习后的正确动作连起来

③ 练习方法。

a. 变向跑的模仿练习。学生围着篮球场边线模仿变向跑，要求练习时速度不要太快，体会蹬地、转体、跨步等动作。

b. 在球场上放置障碍物，学生在慢跑中遇到障碍物就进行变向跑。

c. 学生两人一组，一人为防守队员，另一人为进攻队员，进攻队员做变向跑来摆脱防守。

(2) 侧身跑

① 侧身跑动作要领。

在跑动时,头部和上体转向侧面或有球的一侧,脚尖朝着跑动方向。跑动时,既要保持奔跑速度,又要保持身体平衡,双手自然放在腰侧,密切注意观察场上情况。

② 易犯错误与纠正方法(表8-21)。

表8-21 侧身跑易犯错误与纠正方法一览表

易犯错误	纠正方法
跑动时头部和上体没有转向有球方向	两人一组,沿篮球场上的圆圈练习侧身跑,跑动时转头侧身看同学
跑动时脚尖没有转向跑动方向,形成交叉步跑	在练习过程中用语言提示学生跑动时的脚尖转向

③ 练习方法。

a. 学生沿三分线做侧身跑练习,要求跑动时注意观察场上情况。

b. 学生在端线两侧场内2 m,距边线1 m处,排两列纵队,右侧学生做外侧身跑接内侧身跑,跑到另一侧端线后排至左侧纵队队尾,左侧学生做外侧身跑接内侧身跑,跑到另一侧端线后排至右侧纵队队尾,依此交替练习。

4. 滑步

(1) 滑步概述

滑步是防守移动的一种主要方法,易于保持平衡,可向任何方向移动。

动作要领:两脚平行站立,两膝弯曲,上体略前倾,两臂侧伸。向左侧滑步时左脚向左迈出的同时,右脚蹬地滑动,向左脚靠近,两脚保持一定距离,左脚继续跨出。向后滑步时,一只脚向后撤步着地的同时,前脚紧随着向后滑动,保持前后开立姿势。向前滑步时,前脚向前迈出一步着地的同时,后脚紧随着向前滑动,保持前后开立姿势。

侧滑步

(2) 易犯错误与纠正方法(表8-22)

表8-22 滑步易犯错误与纠正方法一览表

易犯错误	纠正方法
蹬地与迈出脚没有同时进行,使滑步动作不协调	做慢速的模仿练习,让学生体会脚蹬地和迈出脚要同时进行
滑步时重心上下起伏	加强腿部力量,强调屈膝降低重心,以慢动作进行练习

(3) 练习方法

① 慢速滑步练习,根据教师的手势或口令慢速做侧滑步、前滑步、后滑步练习。体会蹬迈动作,重心下降,身体不要起伏。

② 快速滑步练习,学生沿着三分线做快速滑步练习。

③ 全场一对一练习,进攻的学生通过运球变化来摆脱防守,防守的学生通过滑步

保持一定防守距离来控制进攻的学生。

（二）传接球技术

传接球技术的重点与难点：掌握正确的持球手法，把握各种传接球技术身体的协调用力。

1. 双手胸前传接球

（1）双手胸前传接球概述

双手胸前传接球是篮球技术动作中最基本、最常用的技术之一，用这种方法传接球快速且有力，可在不同方向、不同距离中使用，但多见于中、短距离。这种方法还便于与投篮、突破等技术动作相结合使用。

动作要领：传球时，双手持球于胸腹之间，身体保持基本姿势站立。双脚蹬地，同时双手持球，手臂先做一个由下而后再向前的弧线转动，当球转动到胸前位置时，迅速向传球方向伸臂，同时拇指下压、手腕翻转，最后通过拇指、食指、中指用力拨球将球传出。出球后，手心和拇指向下，其余四指指向传球方向。身体重心随球前移，保持新的身体平衡。

接球时，眼睛注视来球，同时双臂主动伸出迎球，手指自然分开，两拇指成"八字"形，其他手指向上成"漏斗"形，当手指触球时，顺势收臂后引、屈肘，双手持球于胸前，保持基本姿势。

双手胸前传球（正面）

双手胸前传球（侧面）

（2）易犯错误与纠正方法（表8-23）

表8-23 双手胸前传接球易犯错误与纠正方法一览表

易犯错误	纠正方法
持球手法不正确，两手触球部位错误	双手持球向前跨步放球，然后跨另一只脚去持球回到基本姿势，反复练习
接球时手臂没有主动伸出迎球，接球后不主动向后引球来缓冲来球力量	教练用语言进行提示并反复强调"伸臂迎球—引球缓冲"
传球时发力顺序不正确，两肘关节在传球时不是向前伸直而是先向两侧抬肘然后伸臂	让练习者靠墙站立进行传球练习，限制其向两侧抬肘
在传球最后阶段，大拇指没有主动下压	通过要求增加传出球向后旋转的力度来实现

（3）练习方法

① 练习者排成两列横队成基本姿势站立，每人持一球，在教练的口令下向前跨步

放球然后回到基本姿势，跨另一只脚持球然后回到基本姿势。要求保持正确的持球手法，眼睛要平视。

②原地徒手模仿传球和接球的手法，练习者在教师的口令下，将接球技术分解成伸臂迎球、触球缓冲两个环节进行体会练习，将传球技术分解为伸臂、翻腕、拨球三个环节进行体会练习。

③原地两人相互传接球，练习者两人一球，相距5~10 m，面向对方站立，进行传接球练习。要求传出的球有力量，飞行轨迹是直线。

④移动中传接球练习，两人一球，在跑动中完成传接球练习，直至对面篮下，然后返回。要求传球快速、准确。

2. 单手肩上传球

（1）单手肩上传球概述

单手肩上传球是用于中远距离的传球方法，传球时用力大，球飞行速度快，常用于长传快攻。

单手肩上传球

动作要领：双手持球于胸前，两脚平行站立，右手传球时，左脚向传球方向跨出半步，右手靠左手拨送球的力量将球引至右肩上方，右肩关节引展，大、小臂自然弯曲，手腕稍后屈，持的后下方，左肩对着传球方向，重心落至右脚上。传球时，右脚蹬地发力同时转体带动上臂，以肘领先前臂，手腕前屈，食指、中指、无名指用力拨球将球传出。

（2）易犯错误与纠正方法（表8-24）

表8-24 单手肩上传球易犯错误与纠正方法一览表

易犯错误	纠正方法
持球时肘关节过低	多做徒手模仿练习，反复强调引球时肩关节拉开，肘关节高于肩关节
传球时没有积极向前挥臂，手腕、手指没有屈腕和拨球动作	选择相对较小的球作为练习用球，强调传球时屈腕拨球

（3）练习方法

①徒手模仿练习。队员成两列横队站立，徒手从预摆姿势开始，在教练的口令下将整体动作分解为引球、挥臂、屈腕、拨球四个环节完成，然后将四个环节连起来，形成完整的技术动作。

②队员成两列横队，两人一球，相距7~9 m，根据教练口令做上步引球、转体挥臂、屈腕拨球练习，此练习可先采用排球进行辅助练习。随着队员传球的动作越来越熟练，逐渐增加练习要求，如传球的准确性、速度、两人之间的距离等。

（三）运球技术

运球技术的重点与难点：掌握各种形式运球的身体基本姿势，以及按压球时手臂、肘、手腕及手指的动作和身体的协调配合，掌握各种形式运球手触球部位及用力的大小和方向，以及在各种运球方式下怎样用身体保护球。

1. 原地运球

(1) 原地运球概述

原地运球是行进间运球的基础，按运球的方法分为高运球与低运球。

① 行进间高运球是在没有防守干扰的情况下，为了加快向前场推进速度和在进攻中调整进攻速度常采用的一种运球方法，其特点是按拍球力量大，便于控制。

动作要领：运球时两腿微屈，上体稍前倾，眼睛平视，以肘关节为轴，前臂自然伸屈，运球时用手掌的边缘触球，用手腕的力量按拍球的后上方，球的落地控制在运球手臂的同侧脚的侧前方，球的反弹高度在腰胸之间。

行进间高运球

② 行进间低运球是进攻队员在受到对手紧逼或抢阻时，为了保护球或摆脱防守常采用的一种运球方法。

动作要领：两腿迅速弯曲，重心下降，上体前倾，用手腕的力量短促地按拍球的后上方，球的落地在体侧，用上体和腿保护球，使球控制在膝关节的高度。

行进间低运球

(2) 易犯错误与纠正方法（表 8-25）

表 8-25 原地运球易犯错误与纠正方法一览表

易犯错误	纠正方法
运球时不屈膝而是弯腰	运球练习之前，先进行身体姿势的练习，要求学生屈膝、直腰、抬头
运球时低头看球	在练习中加入一些辅助熟悉球性的练习
高运球时没有从肩部发力，低运球时手指、手腕的动作僵硬不放松	进行徒手的运球动作练习，体会手臂的运球动作

(3) 练习方法

① 原地徒手模仿练习。体会发力顺序及手臂的运球动作。

② 原地高、低运球练习。学生每人一球，做高、低运球练习，注意运球时的身体姿势。

③ 原地做体前换手变向、向左右拨球的运球练习。要求不同的运球动作触球部位要正确，手腕动作幅度大。

2. 运球急停急起

(1) 运球急停急起概述

运球急停急起是指在运球推进时，利用速度变化摆脱防守的一种运球方法。

动作要领：在快速运球突然急停时，采用两步急停，使重心降低，手按拍球的前上方，使球停止向前运行。运球急起时，两脚用力后蹬，上体急剧前倾，迅速启动，同时按拍球的后上方，人、球同步快速

运球急停急起

前进。

（2）易犯错误与纠正方法（表8-26）

表8-26　运球急停急起易犯错误与纠正方法一览表

易犯错误	纠正方法
急停时球离身体太远	强调急停时用身体和腿保护球，球一定要靠近身体
急起时拍球的位置不正确，影响动作的速度	加强运球基本功练习，体会不同动作的手触球部位和运球方法
急停时运球身体不协调，导致急停不稳	强调学生注意急停时保持正确的身体姿势和运球的位置，多加练习

（3）练习方法

① 慢速运球急停急起练习。在篮球场两底线之间进行，运球5 m急停一次，连续做，要求运球急停时两脚前后分开，身体重心下降，保持身体平衡，运球时球靠近身体。

② 听口令做运球急停急起练习。学生向前运球，在听到教师的哨音时运球急停，当教师再次吹哨时，学生运球急起，反复练习。

③ 一对一运球急停急起练习。全场一对一，进攻者通过急停急起来摆脱防守者。

3. 行进间体前变向换手运球

（1）行进间体前变向换手运球概述

行进间体前变向换手运球是运用突然换手运球向左或向右改变运球方向来摆脱防守的一种运球方法。

动作要领：以右手运球为例，运球者从对手右侧突破时，先向对手左侧做变向运球假动作，当对手向左侧移动堵截运球时，运球者突然按拍球的右后上方，使球经体前右侧反弹至左侧前方，同时右脚向左前方跨出，上体向左转，侧肩挡住对手，同时换左手按拍球后上方，左脚跨出并用力蹬地加速，从对手的右侧突破。

行进间体前换手变向运球

（2）易犯错误与纠正方法（表8-27）

表8-27　行进间体前变向换手运球易犯错误与纠正方法一览表

易犯错误	纠正方法
在过人时假动作没有吸引到对方，换手变向运球时的距离过远或太近，导致不能摆脱防守	练习时强调体前换手变向过人的距离并加强重心移动时运球的稳定
换手运球时按拍球的部位不正确	加强运球基本功练习，反复练习推、拉变向的运球
换手后没有及时跨步侧身保护球	在原地做换手运球的练习，反复体会跨步动作，找准变向运球后球与身体间的距离

(3) 练习方法

① 单个障碍物体前换手变向运球练习。学生从中线处向罚球线运球，在罚球线障碍物处做换手变向过人动作。

② 多个障碍物连续体前换手变向运球练习。全场设几个障碍物，让学生连续做换手变向运球练习。

③ 在消极防守下做体前换手变向运球练习。半场运球一攻一防，防守的学生可以跟着运球方向做滑步动作，不抢球，要求运球学生观察防守学生的位置，注意变向时机。

④ 在积极防守下做体前换手变向运球练习。全场一对一，进攻学生尽力摆脱防守学生。要求变向要突然，变向后立即加速运球。

4. 运球转身

(1) 运球转身概述

当对手逼近不能用体前变向运球突破时，可用运球转身摆脱防守。

动作要领：以右手运球为例，变向时，以左脚在前为轴，左右转身的同时，右手将球拉至身体的后侧方，并按拍球落在身体的外侧方，然后换左手运球，加速前进。

运球转身

(2) 易犯错误与纠正方法（表8-28）

表8-28 运球转身易犯错误与纠正方法一览表

易犯错误	纠正方法
转身时身体重心不稳上下起伏或后仰	加强脚的基本功练习，反复练习转身动作
运球时不能一次性把球带到身体的后侧方然后换手运球	可先从半转身运球开始，逐渐完成转身带球的完整动作

(3) 练习方法

① 在障碍物前做徒手的后转身练习。在场内设置障碍物，学生到障碍物处做后转身动作，要求后转身的脚步动作和转身的角度要正确，转身时身体重心平稳。

② 运球转身练习。学生从中线向罚球线运球，在障碍物处，做运球转身动作，要求转身时最后一次按拍球的落点不要离身体太远，蹬、转要积极主动，转身后要换手同时保护好球。

③ 全场一对一练习。一人防守，另一人做运球转身练习，运球的学生摆脱防守后，等防守的学生回到防守位置后，再进行练习。

（四）投篮技术

投篮技术的重点与难点：掌握投篮的用力协调性和出手动作，调整出手角度，提高投篮命中率。

1. 原地单手肩上投篮

(1) 原地单手肩上投篮概述

原地单手肩上投篮，出手点高，便于结合和转换其他进攻技术动作，在不同的距离和位置都可以使用，在比赛中运用广泛。

动作要领：以右手投篮为例，右脚在前，左脚稍后，两膝微屈，重心落在两前脚掌上；右手五指自然分开，翻腕持球的后部稍下部位，左手扶在球的侧上方，举球于同侧头或肩的前上方，目视篮筐，大臂与肩关节平行，大、小臂约成90°角，肘关节内收。投篮时，下肢蹬地发力，身体随之向前上方伸展，同时抬肘向投篮方向伸臂，用手腕前屈和手指拨球的动作，将球柔和地从食指、中指指端投出。

原地单手肩上投篮（正面）

原地单手肩上投篮（侧面）

（2）易犯错误与纠正方法（表8-29）

表8-29 原地单手肩上投篮易犯错误与纠正方法一览表

易犯错误	纠正方法
持球时肘关节外展，出球时成推球动作	强调大、小臂约成90°角，肘关节内收，小臂与地面垂直，教师可站在学生持球臂一侧，帮助调整肘关节位置
投球的弧度低	强调投篮时要抬肘向上伸臂，练习时可在投篮者前1 m处站人，伸直手臂，迫使投篮者手臂向前上方伸展
投篮手法错误，手腕向里撇，无名指和小指拨球	反复做徒手投篮模仿练习，体会手腕前扣、食指和中指拨球动作

（3）练习方法

① 持球基本姿势练习。学生成体操队形，人手一球，按教师的口令，做持球姿势练习。

② 投篮手法练习。两人一球，相距5 m相对站立，在教师的口令下做原地投篮练习，要求先做好持球基本姿势，在将球投出的过程中蹬地、提腰、伸臂、压腕及拨球五个环节应协调连贯。

③ 近距离投篮练习。学生站在罚球线前半米处依次进行投篮，投完后拿球排到队尾。

④ 罚球练习。学生站在罚球线后依次进行投篮练习。

⑤ 相同距离的五点投篮练习。将学生分为五组分别站在五个投篮点上，每人依次在各点上投一次篮，要求在没有正对篮筐时也要保持技术动作的正确和规范。

2. 行进间单手肩上低手投篮

（1）行进间单手肩上低手投篮概述

行进间单手肩上低手投篮是指在快速跑动中超越对手在篮下快速投篮的方法，具有动作速度快、出手平稳的优点，多用于快攻和强行突破。

行进间单手肩上低手投篮

动作要领：以右手投篮为例，右脚跨出一大步的同时接球，接着左脚跨出一小步并用力蹬地起跳，右腿屈膝上抬，身体重心前移，双手向前上方举球。当身体接近最高点时，左手离球，右手外旋，掌心向上托球，并充分向篮筐上方伸展，接着屈腕，食指、中指用力拨球，通过指端将球投出。

（2）易犯错误与纠正方法（表8-30）

表8-30　行进间单手肩上低手投篮易犯错误与纠正方法一览表

易犯错误	纠正方法
投篮出手时翻腕、捻球	强调出手时应始终保持掌心向上，用屈腕和手指上挑的力量投篮，并在原地做举手托球、挑球的练习
投篮时大臂由下向上撩球	做起跳举球将球挑起的模仿练习

（3）练习方法

① 单手持球反复"挑球"练习。学生每人一球反复做将球上举—提肘—手指向上挑球的练习。要求掌心向上托球，手臂充分伸展，球离手时用手指拨球使球前旋出手。

② 完整练习。一名学生距离篮 5 m 处持球，练习的学生跑动接球，然后做接球投篮练习。

③ 半场运球行进间单手低手投篮练习。学生每人一球，运球到篮下做单手低手投篮练习。

3. 原地起跳单手肩上投篮

（1）原地起跳单手肩上投篮概述

原地起跳单手肩上投篮出球点高，不易防守，可与传球、运球突破等动作结合，可在原地、行进间急停或背对篮筐接球后转身等情况下运用。

原地起跳单手肩上投篮

动作要领：以右手投篮为例，两手持球于胸前，两脚左右或前后开立。两膝微屈，重心落在两脚之间，起跳时迅速屈膝，脚掌用力蹬地向上起跳，同时双手举球到右肩上方，右手持球，左手扶球的左侧方，当身体接近最高点时，左手离球，右手向前上方伸展，手腕前屈，食指、中指拨球，通过指端将球投出，落地时屈膝缓冲。

（2）易犯错误与纠正方法（表8-31）

表8-31　原地起跳单手肩上投篮易犯错误与纠正方法一览表

易犯错误	纠正方法
投篮出手时机不正确，影响整体动作的协调	根据教师的口令"跳—投"做原地跳起单手肩上投篮的徒手模仿练习
球飞行弧度过低	原因是抬肘不够且伸臂方向不正确，原地做持球抬肘伸臂的模仿练习，要求向上伸臂
投篮时手腕旋转，并用无名指和小指拨球	要求学生举球时手腕后屈，投篮时腕前屈、食指和中指拨球将球投出

(3) 练习方法

① 徒手模仿练习。学生做双手持球的基本姿势，按教师发出的"跳—投"口令做起跳、举球于肩上、腾空、投篮、落地的模仿动作练习。体会蹬地、展体、举臂的发力顺序。

② 两人一球对投练习。学生分成两排相对站立，相距5 m，做起跳、举球、腾空、投篮、落地的动作，相对的两人互相对投。要求腾空时保持腰背部肌肉紧张，上体保持正直或略后仰。

③ 罚球线后跳投练习。学生每人一球，在罚球线后依次进行投篮。

④ 运球急停跳起单手肩上投篮练习。学生向前运球到距篮5 m处跳起投篮。要求急停接球和起跳的动作衔接要快。

第四节　排球运动的基本技能学习与分析

一、排球运动简介

1895年，美国马萨诸塞州基督教青年会干事威廉姆·G. 摩根（William G. Morgan）创造了一种较为和缓、活动量适当的适合大多数人的运动——排球运动。之后，排球运动通过教会和军队逐渐传播到世界各地。1905年，排球运动传入中国。排球运动一开始仅被作为一种娱乐活动，直到1964年才被列入奥运会项目。

二、排球运动的基本技术学习与分析

排球技术是指在排球规则允许的条件下，运动员采用的各种合理的击球动作和其他配合动作的总称。全面、熟练、准确、实用是我国排球技术的指导思想，同时也是掌握排球技术应遵循的基本原则。排球技术分为有球技术（发球、垫球、传球、扣球、拦网等）和无球技术（准备姿势、移动）。无论进行哪类技术动作的教学都必须经过讲解、示范、组织练习、纠正错误动作这几个步骤。

（一）准备姿势

准备姿势是排球基本技术内容之一，称为无球技术。准备姿势是为了更好地移动和完成各种击球技术而采取的身体姿势，合理的准备姿势就是把身体的重心调整到相对稳定的状态，为快速起动、迅速移动和击球创造更好的条件。排球运动中准备姿势的重心大多是靠前的，而每一项技术动作都有其专用的准备姿势。根据身体重心的高低可以把准备姿势分为三类：稍蹲准备姿势、半蹲准备姿势、深蹲准备姿势。

1. 稍蹲准备姿势

两脚左右开立与肩同宽，一只脚在前，两脚尖稍内扣，主要是为了增加身体的稳定性；两膝微屈，身体重心位于两脚之间，并稍靠近前脚，后脚跟稍提起，上体稍前倾，两臂放松，自然弯曲置于腹前，两眼注视球并兼顾场上情况，两脚保持微动状态。

稍蹲准备姿势

稍蹲准备姿势是为了能在场上快速灵活地进行各种距离的移动，因此，应特别注意身体的重心要稍高、膝要微屈、两眼要灵活观察来球及场上情况，能做到及时快速移动。

2. 半蹲准备姿势

两脚开立，间距略比肩宽，两膝弯曲，膝盖的垂直线落在脚尖前面，脚跟自然提起，身体前倾，重心靠前，位置大约在两脚中点的垂直线上，两臂放松，自然弯曲置于腹前，两眼平视，精力集中，注意来球，两脚始终保持微动。

半蹲准备姿势

半蹲准备姿势主要应用于向前和向斜前方快速起动、移步或做倒地动作，位移较少，爆发力要求较多，因此，重心应比稍蹲准备姿势低，精力要高度集中，肌肉要适当放松。

3. 深蹲准备姿势

身体重心比稍蹲、半蹲准备姿势更低、更靠前，两脚左右、前后开立更大，膝部弯曲程度大于半蹲准备姿势，身体重心更靠前，肩部超过膝部，膝部超过脚尖，两臂置于胸腹之间。

深蹲准备姿势

深蹲准备姿势在防守时运用较多，但由于场上防守位置不同，身体姿势略有差异，主要是保持身体重心稳定，能在防守范围内快速反应接对方进攻球、场上小球等。因此，应把重心降低，屈膝较深，同时保持一定的稳定性和灵活性。

（二）移动步法

从开始起动到制动的这一过程叫作移动。移动的目的是及时接近球，将球与人的位置调整到最佳距离，以便更好地接球和击球，同时移动也可以为自己更快地占据最佳位置争取空间和时间。运动员在场上的移动直接关系到场上其他队员的位置变换和战术配合，因此，运动员应根据实际灵活、快速移动。移动的主要步法有并步、交叉步、跨步和跑步。

1. 并步

（1）技术动作

并步主要用于短距离移动。其特点是转身变换方向快，容易保持身体平衡，便于制动和向各个方向移动，是在比赛中运用较多的一种步法。

动作要领：开始前做稍蹲准备姿势，并步时，前脚朝来球方向跨出一步，后脚迅速跟上并做好击球前准备姿势。

（2）学习的重点与难点

① 重点是在并步移动中移步速度要快、转身要灵活、重心要保持稳定状态、对来球方向判断要准确。

② 难点是在追求速度的同时稳定重心，并步时灵活地掌握自己的身体姿势。

（3）易犯错误与纠正方法（表8-32）

表8-32 并步易犯错误与纠正方法一览表

易犯错误	纠正方法
重心不稳	强调跨步而不是跳步，开始练习时不能单纯追求快速，而要兼顾稳定性
对来球位置判断不准确	重复固定点练习，加强有球练习，增加对来球的空间感

（4）练习方法

① 重复练习法。把并步动作分解为准备、移动、准备三个部分，练习时在教师口令下做分解动作，重复进行以强化动作结构。

② 米字练习法。学生以站立点为中心，向前、后、左、右、左前、右前、左后、右后八个方向依次或无序并步移动，此处可有人辅助，在旁边喊方向，听到口令后再移动。

③ 有球练习。在初步掌握排球基本技能后，可以在两人打防练习中强化巩固并步动作，在可控的范围内把球打到对方身体的一侧，类似米字练习法。

2. 交叉步

（1）技术动作

交叉步一般用于来球距离身体2~3 m处的移动。它只适合侧方向移动，特点是步子大、速度快、制动好，便于观察及对准球。

动作要领：稍蹲准备姿势，向左侧交叉步移动时上体稍向左转，右脚从左脚前向左交叉迈出一步，然后左脚再向左侧跨出一大步，同时重心移至左脚，身体面对来球方向，转成准备姿势击球。

交叉步移动

（2）学习的重点与难点

① 重点是交叉后接跨步步子要大、速度要快，跨步后转身脚尖稍内扣以达到制动和稳定的效果，同时应注意交叉步在起动时除身体向移动方向转动和倾斜外，脚尖也要跟着转动，以便起动脚交叉和支撑腿用力。

② 难点是在移动时的身体稳定性及移动停止后的制动。

（3）易犯错误与纠正方法（表8-33）

表8-33 交叉步易犯错误与纠正方法一览表

易犯错误	纠正方法
重心不稳	起动脚交叉之后，制动脚跨步时控制身体重心不要起伏过大，维持一只脚落地状态，不要成跳步
支撑脚没有变化方向	有意识地控制膝盖外翻，带动支撑脚变化方向
制动时不够稳定	制动时重心要及时降低，脚尖要在跨步结束时直接内扣，身体的方向在跨步进行时就要转换

（4）练习方法

① 分解法。把交叉步分解成准备、屈膝、交叉、跨步、制动五个部分，进行组合

练习;初步熟悉动作结构之后重复练习。

② 游戏训练法。在排球场地 3 m 线与端线之间的中线处站成一排,听教师喊开始后,向左右两侧以交叉步形式触摸 3 m 线和端线,在规定的时间内来回次数最多者和完成质量最高者获胜。

③ 有球练习。两人对练,一人先给另一人抛球,抛球高度适中,距离接球队员身体 2~3 m,速度根据接球队员调整,让接球队员在可控范围内来回移动进行交叉步练习,熟练之后可加快练习频率。

3. 跨步

(1) 技术动作

在短距离移动中,跨步的速度最快,其中又以向前和向斜前方跨步最为方便,使用频率最高,这是因为跨步的跨距大,便于降低重心进行低点击球。

动作要领:跨步时,一条腿用力蹬地,身体前倾,另一条腿向来球方向跨出一大步,身体重心移至跨出的脚上,重心放低,两臂做好迎球动作。

跨步移动

(2) 学习的重点和难点

① 重点是蹬地猛、跨步大、体前倾、重心低。

② 难点是跨步时身体重心的移动要由后面快速落到前脚以保持身体稳定,同时注意做好跨步结束时的迎球动作。

(3) 易犯错误与纠正方法

跨步动作由于蹬地力量大、跨步步幅大,容易造成身体重心的晃动,影响身体稳定性,从而对接球时手臂动作造成一定影响,因此,在蹬地跨步时上身和手臂要与下肢协调配合,重心跟着跨步的腿走。

(4) 练习方法

① 重复练习法。把跨步动作分解为准备、移动、准备三个部分,练习时在教师口令下做分解动作,重复进行以强化动作结构。

② 游戏练习法。可以把鸭步走分解改成跨步走,身体重心保持在一定范围内,沿场地边线和端线进行跨步追逐,身体重心起伏过大即为犯规,结合网鱼游戏进行。该练习法可练习跨步重心的控制能力及身体稳定性,同时锻炼身体的柔韧性和力量。

③ 有球练习。学生做准备姿势,教师向学生做左前方和右前方轮流抛球,学生根据教师抛的球来回跨步迎球,接球后回到原位或者移动进行皆可。

4. 跑步

(1) 技术动作

在球离身体较远时采用跑步动作,一般多用于救远场球和高球,多结合其他三种步法运用。优点是速度快,可以随时改变方向;缺点是重心高,制动比较困难。

动作要领:跑步时一脚蹬地起动,另一脚迅速跟上,交替进行,步频要快,步幅由小到大,两臂配合移动,不要过早做击球动作的准备。球在侧向或后方时要边观察球边跑。

(2) 学习的重点与难点

① 重点是起跑时步频要快，步幅应由小到大，转身跑步时要注意观察球以便随时改变方向，在接近球时，又常用跨步、倒地和各种跳跃动作来制动以完成击球动作。

② 难点是跑步时手臂迎球的时机，以及在接近球时与其他步法的配合。

(3) 易犯错误与纠正方法（表8-34）

表8-34　跑步易犯错误与纠正方法一览表

易犯错误	纠正方法
起动时步幅、步频混乱	开始练习时可以画点练习，养成由小步到大步的技术本能
跑步接制动动作不灵活	多进行有球练习，有意识地进行接跨步、跳跃或倒地动作练习

(4) 练习方法

① 单人练习。教师在球场中线中间位置向半场内任意位置抛球，穿插抛高球或矮球，学生在场上来回跑步迎球。高球锻炼学生跑步接交叉步或并步动作的能力，矮球提高学生跑步接跨步或倒地等动作制动的能力，同时这种练习也可以锻炼学生在场上随时变向的能力。

② 三人练习。教师在球场中线中间位置向3 m线与边线交叉点X和Y位置抛球，三名学生A、B和C面对教师在离端线约1 m位置站定，在离球场端线和两边边线位置约1.5 m位置放置两个障碍物，教师先往左边X位置抛球，学生A绕过左边障碍物跨步或倒地接球，教师再向右边Y位置抛球，学生B绕过障碍物接球，接球后原路返回，教师两边循环抛球，三名学生配合接球。

(三) 发球技术（以右手击球为例）

学生在发球区用一只手将自己抛起的球向对方场区直接击出的技术动作称为发球。发球是比赛的开始，也是一项重要的进攻性技术。准确且有攻击性的发球，不仅可以直接得分或破坏对方的进攻战术，还可以为自己的防守减轻压力，为防反击创造有利条件。同时，不同的发球效果对比赛的气氛有很大影响，良好的发球可以鼓舞士气和打击对手的心理，攻击性不强的发球或者发球失误则会失去发球权，给对手以组织进攻的机会。因此，在保证发球稳定性的前提下，应强调发球的攻击性和目的性。排球的发球技术大致可分为下手发球、上手发球、勾手发球和跳发球四种。而在实际教学中又以正面上手发球、正面下手发球为主要内容。

1. 正面上手发球

(1) 正面上手发球概述

正面上手发球是指发球队员面对球网站立，利用收腹转体动作带动手臂加速挥动，在头的右前上方用全手掌击球网的发球方法。正面上手发球准确性高，易于控制球的落点，击球点较高，可以充分利用胸腹和手臂的力量，具有较大的攻击性和准确性。

动作要领：面对球网，左手托球于体前，左脚在前呈自然站立，这样便于隐蔽和身体的自然右转。发球开始，左手将球抛起到身体的右前上方离手约1 m的高度，距离身体约30 cm，抛球时手腕不要屈，避免球体旋转和不稳；同时右臂抬起，屈肘后引，手肘高度与肩持平，前臂注意上抬，手肘角度不宜过小，充分拉长胸腹和肩关节肌肉，上体向右侧转动，挺胸收腹，手掌自然张开；接下来挥臂击球，右腿蹬地，使力量由腿部传递到腰部带动上体向左转动，同时紧胸收腹，以胸腹力量带动肩部转动，肩带动上臂，上臂带动前臂，前臂带动手腕，将手臂像鞭子一样快速挥动；在手臂甩出后伸直的最高点击球，击球时用全掌击球的中下部，手指张开包裹球，手腕迅速推压球使球呈前旋飞行，手腕的推压动作应根据击球点的不同调整，击球点高，动作稍大，击球点，低动作稍小。

正面上手发球

（2）学习的重点与难点

① 重点。

a. 准备姿势：准备姿势的站立应根据每个人不同特点调整开立大小，左脚在前以便于引臂和上体右转。

b. 抛球与引臂：抛球应平稳，以手臂上抬、手掌平托上送的动作抛到合适的高度；引臂时，应注意前臂与上臂的夹角不要过大或者过小，维持在90°左右。

c. 挥臂击球：击球时，发力是从两脚开始的，而左脚主要维持身体平衡，右脚主要发力，注重力是按"脚→腰→胸→肩→肘→腕→掌→球"这样的顺序传递的，同时手腕的推压要根据击球点调整。

② 难点。

a. 抛球位置：每个人击球的位置都是不同的，通过多次抛球练习找到各自的抛球点，这是发球学习的基础。

b. 引臂：引臂时手肘的抬起高度、手肘的弯曲程度都直接影响击球的质量。

c. 击球点：挥臂的时机和速度与球的高度的契合需要经过长时间的锻炼才能实现，过高或过低的击球将使发球的进攻效果等于或小于零。

（3）易犯错误与纠正方法（表8-35）

表8-35 正面上手发球易犯错误与纠正方法一览表

易犯错误	纠正方法
抛球不稳	手臂、手腕抛球时有一定紧张度，不要屈臂翻手腕，身体也不能过早右转
手臂后引不正确	可以先建立空间模型结构，找到合适的引臂姿势，然后加入各种练习中，多次训练养成习惯
手腕推压动作过大或过小	协调所有动作在最佳击球点击球，如果击球位置不正，则根据实际加大或减小手腕推压动作

（4）练习方法

① 模仿练习。在正式击球前，进行模仿发球练习，模仿练习可集体进行。模仿练习可以进行分解练习，把完整动作分为准备姿势、抛球与引臂、挥臂击球三个部分。先在教师口令下做分解练习，要求动作到位，抛球、引臂和挥臂动作流畅，熟练后再进行完整动作模仿练习。

② 原地击球练习。教师站在练习者前侧，将排球举至身体右前上方固定，让练习

者用完整动作击打。

③ 多人对练。掌握一定正面上手发球技术后，可将练习者分成两组在排球场对练，相互靠近的学生互相指导动作，这个练习要求学生体会发球动作，力量适中，加强对发球动作的空间架构。

2. 正面下手发球

（1）正面下手发球概述

正面下手发球攻击性不强，动作简单易学，适合初学者或水平不高的女生运用。正面下手发球一般是发球选手站在发球线外，面对球网，两脚开立与肩同宽，左手托球于体前腹部，右手手臂由后下方向前摆动，在接近球时左手将球轻微抛起，右手击球过网的发球方法。

正面下手发球

动作要领：发球线外面对球网站立，左脚稍在前，两脚开立，约与肩同宽，同时身体重心落在两脚之间，两膝微屈，上体微向右前倾，左手托球于腹前；发球开始后，右臂伸直，以肩为轴向后引动，身体随手臂引动向右侧稍转动，然后右脚蹬地，手臂由后向前摆动，带动身体重心往前移动，身体同时转正，左手将球抛起约一球高度，右手以全掌、虎口或掌根在腹前击打球的后中下部；击球后，身体重心前移进入场地比赛。

（2）学习的重点与难点

① 重点。

a. 抛球：抛球的位置是在腹前，抛球高度约为一球高度。主要是防止右臂摆动回来时击球点把握不准和手触球时不能连贯发力。

b. 身体的转动：抛球引臂时，上体要跟随右臂的后摆有轻微右转，在右臂回摆时转动回来。这样可以把蹬地转腰的力量传递到手臂上，增大击球的力度。

c. 击球：击球时注意击球点的把握，击球点不能超过肩的高度；击打球的后中下部，角度的不同将导致球飞行路线的不同。

② 难点。

a. 抛球：在正面下手发球技术动作中，对抛球位置的把握是最基础也是最难的部分，由于选择这种发球方法的人群缺少对排球的球感，因此，在抛球时需要特别注意抛球高度和挥臂击球的契合性。

b. 击球手法：初学者对击球手法的选择是比较困难的，全掌去球对球的方向控制比较好，但经常会因发力不够而不能过网，而虎口和掌根击球虽然容易发力，但对球的方向的控制力稍差。

（3）易犯错误与纠正方法（表 8-36）

表 8-36　正面下手发球易犯错误与纠正方法一览表

易犯错误	纠正方法
抛球与引臂不协调	每个人应根据自身的特点，原地练习抛球动作，把球的高度固定后调整挥臂的速度和范围

续表

易犯错误	纠正方法
击球点的位置不正确	有意识地控制手臂摆动的速度，在抛球不稳定的时候可以先慢后快或者直接加速挥臂
击球线路不明确	在练习中固定练习区域，多次重复练习寻找落点，巩固发球路线及落点的空间架构

（4）练习方法

正面下手发球和正面上手发球的练习方法可以融汇运用，主要是为了练习发球的手感、抛球与摆臂的连贯性和发球时对球运动路线的掌控力。

（四）垫球技术

垫球技术作为排球的基础技术之一，是比赛中最重要的防守技术，尤其是自20世纪90年代以来，新规则中允许排球运动员在比赛中用身体的任何部位击球，这对于排球垫球技术的发展既是挑战，也是契机。身体任何部位都可以击球，不仅增大了垫球技术的实用性，也使垫球技术的应变性得到加强，垫球技术种类越来越多；但同时也容易造成防守时垫球动作选择的混乱，不能在对来球进行判断后及时地选择垫球动作，从而造成接球失误。在垫球技术中最常用的是前臂双手垫球。双手垫球的手型有叠掌式、抱拳式和互靠式三种。而叠掌式是一般初学者较为适用的手型。

叠掌式　　　　　　抱拳式　　　　　　互靠式

垫球技术在比赛中主要用于接发球、接扣球、接拦回球及对小球的防守，是防守和组织进攻的关键环节。良好的接发球是组织一攻的基础，接扣球的好坏则直接关系到比赛中队伍的士气。另外，垫球技术也可以弥补二传传球的不足，辅助进攻。尤其是自由人诞生后，对垫球技术的运用更是达到了一个新的高度。在比赛中运用最多的是正面双手垫球，而手、臂、头、肩等部分及身体其他任何部位的垫球还是比较少的。因此，我们在此只对垫球中常用的正面双手垫球、体侧双手垫球技术动作做详细介绍。

1. 正面双手垫球

（1）正面双手垫球概述

正面双手垫球是指运动员用前臂在身体正前方将球垫起的动作方法。这种垫球方法是最常用也是最基础的垫球技术，它适合于接发球、扣球和拦回球，也可以弥补上手传球的不足，用垫二传形式组织进攻。

动作要领：正面双手垫球根据来球力量的大小不同，动作方法也是有区别的。首先，垫轻球。提前做好准备姿势，面对来球，成半蹲或稍蹲姿势，迎球时，掌根互靠，一只手叠放在另一只手掌中，手指重叠，大拇指紧贴平行向前，手腕微向下压，同时两前臂外翻成一个平面；当球飞到腹前约一臂距离时，两臂夹紧向球飞行的前下方斜插，同时配合蹬地、跟腰、提肩、顶肘、压腕、抬臂等全身协调连贯性的动作，将来球垫起，然后身体重心跟随击球动作向前上方移动；击球瞬间，两臂要保持稳定，不能散开，身体随击球方向协调地将手臂继续抬送球。击球动作结束后，立即进入准备姿势继续比赛。

正面双手垫球

垫球部位

其次，垫中等力量球。垫中等力量球与垫轻球的动作相差不大，主要注意的是垫轻球时手臂有一个抬送的动作，而中等力量球则主要是靠来球自身的反弹力将球垫起，不用额外附加手臂力量。

最后，垫大力球。垫大力球则要采用半蹲或深蹲姿势，手臂防守置于身前。由于来球力量过大，速度过快，反弹力容易使球的方向改变或者回球过大，因此，在接大力球时，要在保持手臂和手型的同时，放松前臂的肌肉，同时含胸收腹帮助手臂适当回缩，而且要根据来球的情况对手型和手臂的方向和动作做出应时的改变。

（2）学习的重点和难点

① 重点。

a. 准备姿势：准备姿势要根据来球力量的大小适当选择，而且准备时重心应在保证可以快速起动的前提下适当降低，这样有利于迎球动作的选择。

b. 手臂和手型：垫轻球和中等力量球时，手臂要夹紧，为了更好地注意回球的方向和力量，手型要保持固定，手腕微向下压。垫大力球时，前臂和手要保持适当的放松，这是为了缓冲来球的力量并及时对球的方向做出调整。

c. 击球点：不论是哪一种来球，尽量都用前臂击球，击球位置在腹前高度，必要时可以采用高位垫球，即垫球时挺腰提膝，或者跳起用前臂垫球。

② 难点。

a. 手臂和手型的保持：迎击球时很多时候容易叠掌和夹臂不牢，或者在垫球瞬间手臂和手型散开，这将导致球的力量分散，球的路线改变。

b. 垫大力球时的缓冲：大力球的垫击需要含胸收腹以带动手臂的回缩，手臂和手型保持放松的状态。

（3）易犯错误与纠正方法（表8-37）

表8-37 正面双手垫球易犯错误与纠正方法一览表

易犯错误	纠正方法
击球时手型或者前臂松散	多次进行重复练习，稳定工作结构
击球瞬间手臂散开	击球后身体重心向前上方随球的方向移动，手臂也跟着移动
击球时手臂弯曲	判断来球位置，提前移动、跳起或前扑垫球

（4）练习方法

① 重复练习。抛垫或对墙垫球，抛垫是由一位学生抛固定几个位置的球，让练习者跑动垫球，可以训练练习者对球的判断能力和巩固垫球技术的动作结构；对墙垫球则是在墙上划定练习范围，限定垫进范围内球的数量，这可以训练练习者对来球击球力量的把握。

② 游戏法。五人一组，五人中分两人和三人两组相对站立，由三人组第一个练习者先抛球给两人组，然后跑到两人组的最后，同时两人组第一个练习者将球垫向开始的三人组，垫完球后跑到对面一组的最后，循环进行，练习一段时间后可以规定垫球数量，垫到一定数量后算完成。

③ 模拟训练法。由教练打或吊球，练习者防守，教练或大力扣打，或轻吊，练习者进行接防。

2. 体侧双手垫球

（1）体侧双手垫球概述

在身体一侧用双手垫球的动作方法称为体侧双手垫球。体侧双手垫球主要运用于队员移动不及时或者来不及移动时，其特点是控制球的范围大，准确性不如正面双手垫球高，但反应快。

动作要领：做好准备姿势，右侧垫球时，左脚前脚掌内侧蹬地，右脚向右侧跨出一步，重心移至右脚，两膝弯曲，同时手臂向右侧伸出，做出迎球动作，迎球动作与正面双手垫球相仿，但右臂比左臂稍高，左肩向前下方稍倾；击球时运用向左转体和收腹的力量，根据来球的情况进行垫球，垫击球的中下部。

体侧双手垫球（左）　　　体侧双手垫球（右）

（2）学习的重点和难点

① 重点。

a. 击球点：在体侧前方击球，双臂要提前准备。

b. 手臂的摆放：双臂夹紧成一个倾斜的平面，一个肩高，一个肩低。

② 难点。击球时手臂的用力要协调，体侧双手垫球只能由肩和身体的转动来发力，因此，判断来球的力量和垫击球时用力的大小是比较难把握的。

(3) 易犯错误与纠正方法（表 8-38）

表 8-38 体侧双手垫球易犯错误与纠正方法一览表

易犯错误	纠正方法
跨步时重心不稳	在起动腿发力的时候，摆动腿根据来球的方向跨步，起动脚蹬地有力，摆动腿协调配合
击球瞬间手臂甩动，造成球的方向改变	击球后手臂顺着球的飞行方向继续抬送，肩部控制手臂的移动

(4) 练习方法

① 分解练习法。把体侧双手垫球技术动作分解成几个部分，对重难点部分进行集中练习，让练习者持球于体侧固定位置，对迎击球动作进行反复练习。

② 模拟训练法。由教练打或吊球，练习者防守，教练或大力扣打，或轻吊，练习者进行接防。

（五）传球技术

在一场完整的排球比赛中，最精彩的部分往往是扣球，而垫球作为比赛中最基础也是最根本的技术，承载了大部分防守的作用。二传手在现代比赛中被称为队伍的"核心"或"灵魂"人物，他具备在比赛中连接防守与进攻的二传技术。而二传技术中运用最多的是传球。传球是利用全身协调力量并通过手指和手腕的弹力，将球传至一定目标的击球动作。传球具有准确性高、变化多、易控等特点，因此，在比赛中，传球除了主要用于二传外，还用于处理球，如网前接高球、轻扣球、推攻球等。

传球按照传球的方向一般分为三类：正面传球、背向传球和侧向传球。在学习的初级阶段，正面传球是必须具备的基本传球技术。下面主要介绍正面传球技术。

(1) 正面传球概述

正面传球是传球中最基本的方法，是掌握和运用其他各种传球技术的基础。正面传球就是面对目标、正对来球双手将球传向目标的方法。正面传球具有易掌握传球方向、速度、弧度和落点，准确性高的特点。

动作要领：首先采用稍蹲准备姿势，观察来球，球过来时，身体提前做好迎球准备，上体稍挺起，头仰起看球，双手自然抬起，置于额头前上方，手肘弯曲；当球接近手掌时，开始蹬地、伸膝、展腰、伸臂，让力量从脚下传递至手掌；手触球时，十指微张使两手成半球状包裹住球，手腕稍后仰，以大拇指内侧，食指全部，中指的二、三指节触球的后下部，此时，拇指相对成近"一"字形，无名指和小指在两侧辅助，控制球的方向；在迎击球前，手腕和手指要有前屈迎球的动作，触球后，按照前面的发力顺序最后由手指和手腕的弹力将球击出；击球点应在额前上方约一球距离处。

正面传球

(2) 学习的重点和难点

① 重点。

a. 手指和手腕击球动作：触球前，手指和手腕应配合其他关节做一个轻微的前屈迎球动作，由手腕前屈带动手指前屈；传球时，手腕和手指应保持一定的紧张度，并且要根据来球的速度和传球的落点调整出球时的力度。

b. 击球点：初学者的击球点应保持在额前上方约一球距离处。稳定的击球点可以让传球者易于观察传球目标，也便于传球时协调全身的力量传球，易于发力，同时这样的高度可以让手肘有一定的弯曲度，便于传球时的继续发力和控制球的方向。

c. 发力：传球动作的发力从下肢开始，通过膝、腰、肩、臂传递到手腕和手指上，从下至上的发力要连贯协调，并且在协调用力的基础上提高手指和手腕控制球的能力。

② 难点。在传球动作中，较难掌握的部分主要是身体力的传递及手指和手腕的击球动作，在力由下至上的传递过程中容易出现意外，导致重心混乱，最后单纯以手臂和手指、手腕动作来传球；在击球动作中则容易出现击球点判断不准确，导致发不出力或持球的问题。

（3）易犯错误与纠正方法（表8-39）

表8-39　正面传球易犯错误与纠正方法一览表

易犯错误	纠正方法
传球时大拇指前伸，这样容易受伤而且传球也没有力量	多练习自传，大拇指有意识后翻
传球时经常出现拨球的状况	这是由于没有用到手指和手腕的弹力，可以通过自传练习或者传篮球等来找弹球的感觉

（4）练习方法

① 模拟练习法。在球场四号位置放置一个高架圆筐，练习者在3 m线外与3 m线垂直站成一排，两个练习者先站到网前传球位置等待，由3 m线外队员抛球，抛球后站到传球位置队员后面，传球队员尽量保持动作的同时把球传到筐内。

② 高远球练习。练习者两两配对，相隔2 m（水平渐高后可加长距离）相对站立，两两传球，练习对手指和手腕的调控及身体的协调发力。

（六）扣球技术（以右手扣球为例）

扣球是指队员在场上跳起，将本方场区内高于球网上沿的球有力地击入对方场区的一种击球方法。扣球技术在排球中的作用就像战场上的先锋军，它是排球技术中攻击性最强的一项技术，也是排球运动中最主要的得分手段，在比赛中占据十分重要的地位。扣球技术开始主要只有正面扣球和勾手扣球，扣球方法比较单调。20世纪70年代，扣球方法得到了迅速发展，先后出现了短平快、背平快、时间差等扣球方法，后来我国在此基础上又进行了创新，如前飞、背飞等。扣球技术发展到今天，已经有了明确的特点，表现为：打破了场上队员位置分工的限制；立体进攻成为主流；可以充分利用网长和纵深，运用更多的扣球技术；整合高度、速度、力量及各种起跳动作，使扣球技术向更全面的方向发展。

扣球技术按动作分类可划分为正面扣球和单脚起跳扣球两种，而正面扣球无论是对于初学者还是对于专业运动员来说都是必须掌握的。下面主要对正面扣球的基本知识、技术要点、易犯错误和改正方法及练习方法进行介绍。

(1) 正面扣球概述

正面扣球是扣球技术中最基本的一种方法，是组织进攻时各种战术配合的最终目的。正面扣球具有准确性高、易于观察场上情况的特点，而且正面扣球挥臂动作较为灵活，可以随时根据场上情况对球做出控制。下面以一步助跑起跳的右手扣球为例来分析正面扣球技术。

动作要领：扣球动作一般采用稍蹲姿势，两臂自然下垂；助跑开始时，左脚迈出一小步，右脚蹬地快速向前跨出一大步，左脚及时跟上，落在右脚之前，两脚间距约与肩同宽，注意两脚落地时脚尖稍向右转，在跨步时两臂同时从体前向后摆，经由体侧向上引摆；在跨步结束左脚并上踏地制动的同时，两臂继续积极摆动，双腿蹬地起跳；起跳后，两臂经由胸前展开，右臂以肩为轴向后引动，上体稍向右转，肘部弯曲，
高于肩，同时挺胸展腹，身体成反弓形；挥臂时，以腰腹部的转动收缩发力，依次传递带动肩、肘、手腕、手掌各个部位向前上方成鞭状挥动，击球点在手臂挥出伸直的最高点；击球时，五指微张，以指根部位为主，全掌包球；空中击球动作结束后，顺着扣球动作含胸收腹，屈膝落地，落地时注意左脚脚尖内扣以制动，为下面的比赛做准备。

(2) 学习的重点和难点

① 助跑。助跑可以选择恰当的起跳点接近球，也可以利用助跑的速度配合起跳，增加起跳的高度。在助跑时需要注意最后一个跨步必须要大，而且跨步的同时左脚的跟进要快，这样有利于把握重心及集中力量；助跑必须把握住时机，根据自己助跑的速度、来球的高度等判断，过早或过晚的助跑都会影响扣球的质量；助跑最后一步既是制动步，又是起跳步，可根据球速的变化选择由脚跟过渡到脚尖的落地方式，这种方式制动稳定，可以增加起跳高度，在选择制动方式时要因球而定。

② 起跳。起跳的步法通常有两种：跨步起跳和并步起跳。跨步起跳方式不利于快攻起跳；并步起跳方式制动性好，重心稳定，但对起跳高度有一定影响。起跳的位置一般选择在距离球一臂的位置，起跳后的挥臂动作要连贯，用力要协调，最后有一个甩动的动作。

③ 空中击球。空中击球由挥臂、击球和击球后的动作三部分构成，其中击球动作较为重要。击球动作要求击球的手要有力量和速度，这就必须要协调全身的力量。另外，引臂后的鞭打式甩臂也非常重要，它可以通过手腕最后的甩动和加速把全身的力量作用到球体上，因此，在鞭打动作中要注意用全掌包球，这样可以更好地传递力量。

(3) 易犯错误与纠正方法（表 8-40）

表 8-40　正面扣球易犯错误与纠正方法一览表

易犯错误	纠正方法
助跑起跳位置不合适	掌握先小步后大步的助跑方法，这样有利于在提前的移动中更好地判断来球的方位，找到合适的起跳点
空中击球动作甩臂不充分，不能运用全身的力量击球	甩臂不充分的原因是对球的高度判断不准，起跳时机的把握不好，因此，要多进行实战练习以提高扣球的感觉；在空中发力时要把起跳的用力、转体收腹及手臂的甩动协调起来
空中击球落地后的制动性不够	注意两点：一是助跑起跳时脚尖右移；二是落地时左脚脚尖内扣

（4）练习方法

① 分解练习法。将扣球的整体动作分解成助跑起跳、空中击球两部分，分别练习，以巩固基本的动作结构。

② 模拟练习法。在空中悬挂一个固定球，将扣球动作分解成准备姿势、助跑起跳、空中击球、落地准备四个步骤，按照口令进行模拟扣球练习。

第五节　乒乓球运动的基本技能学习与分析

一、乒乓球运动简介

乒乓球运动起源于19世纪末的英国，由网球运动派生而来。由于这种材质的球打起来会发出"乒乓"的声音，所以人们就将这项运动命名为"乒乓球"。从此，乒乓球运动凭借其独特的魅力开始风靡欧洲，最终走向世界。1926年，因为发现"乒乓"（Ping-Pong）一词是商业注册名称，而且原英国乒乓球协会也缺乏代表性，因此便解散了该组织，重新成立了"Table Tennis"（桌上网球）协会。"TABLE TENNIS"一词一直沿用至今，汉语的乒乓球是从声音得名的，但将其翻译成英文时，仍用"Table Tennis"。

1904年，中国上海一家文具店经理去日本采购物品，看到了乒乓球表演并购买了10套乒乓球器材带回国内，由此乒乓球运动逐渐在中国发展起来。1923年，全国乒乓球联合会在上海成立；1952年，中国加入国际乒乓球联合会；1959年，容国团在第25届世界乒乓球锦标赛上为中国获得了第一个乒乓球世界冠军；1961年，中国首次举办世界乒乓球锦标赛（第26届），我国运动员一举夺取了男子团体、男子单打和女子单打3项世界冠军，从此中国乒乓球运动走在世界前列。

1988年，乒乓球正式进入奥运会，更进一步推动了世界乒乓球运动的发展。在经历与欧洲的激烈竞争后，中国乒乓球队在各类世界大赛中占据明显优势。

二、乒乓球运动的基本技术学习与分析

乒乓球运动属于隔网对抗项目，技术和战术是该项目制胜的核心因素，而技术又是战术的基础，技术的优劣往往会决定战术的质量。

（一）握拍技术

握拍技术是乒乓球运动中最基本的技术，它与击球动作有着密切的关系，正确的握拍方法是提高技术的一个重要部分，也是提高击球质量的保证。乒乓球运动中一般有两种握拍方法：一是直拍握法，二是横拍握法。不同的握拍方法存在不同的优缺点，学习乒乓球时可根据自己的喜好和习惯选择合适的握拍方法。

1. 技术动作

（1）直拍握拍法：食指和拇指自然弯曲，食指的第二指关节和拇指的第一指关节分别压住球拍的两肩，食指与拇指间的距离要适中（一般为一指宽距离）。中指、无名

指和小指自然弯曲斜形重叠，中指的第一指关节侧面顶在球拍背面约 1/3 处。

直拍握拍法的优点：正反手可以都用球拍的同一面击球，也可以用不同的两面击球，出手快，手指与手腕灵活，易于调节拍形角度和拍面方向，在发球变化、接台内球和处理近身球方面相对有利。

直拍握拍法的缺点：防守时，左右照顾面积较小，反手不易发力，杀伤力小，回接左右两边来球时，需要转动拍面调整拍形，因此，会导致动作慢，来不及回球，回击弧圈球较为被动。

（2）横拍握拍法：虎口压住球拍右上肩，中指、无名指和小指自然地握住拍柄，拇指在球拍的正面轻贴于中指旁边，食指自然伸直斜贴在球拍的背面。深握时，虎口紧贴球拍；浅握时，虎口轻微贴拍。

横拍握拍法的优点：手指、手掌与球拍的接触面积稍大，因此，握拍相对稳定，左右的控球范围也较大，反手进攻易于发力，正反手的转换相对于直拍握法快一些，也适于拉弧圈球或由相持转入进攻。

横拍握拍法的缺点：手腕的灵活性相对要差一些，正手处理台内球和发球的变化不及直拍握法，中路球较弱。

直拍握拍法　　　　　横拍握拍法

2. 练习方法

（1）教师示范领做，使学生看清正、背面。
（2）学生握拍，按动作要领相互纠错，教师提示要点。
（3）原地向上托球，体会手腕和手指用力动作，熟悉球性。
（4）移动托球或两排相距 2 m 对托击球。

3. 易犯错误与纠正方法（表 8-41）

表 8-41　握拍易犯错误与纠正方法一览表

易犯错误	纠正方法
握拍过紧、过远或过深，手腕僵硬	根据动作要领，正确握拍，手指和手腕放松
直拍握法：中指、无名指和小指分得太开	练习时有意识地将手指自然弯曲且并拢
横拍握法：食指直放于球拍背面	练习时有意识地将食指斜放于球拍背面

（二）准备姿势

准备姿势是指运动员准备击球时身体各部位的姿势。运动员在每一次击球之前，均应当使身体保持合理正确的基本姿势，这有利于腿脚蹬地用力和腰、躯干各部位的协调配合与迅速起动。在实践中，由于击球者的身体条件和技术特点不同，准备姿势并没有一个统一的标准，但无论是何种姿势，都应包括以下三个方面：

（1）下肢：两脚开立略比肩宽，两脚尖自然朝前，两膝弯曲，身体重心位于两脚之间，稍保持在前脚掌上，以便快速起动。

（2）躯干：上体稍前倾，适度含胸收腹。背部既不能挺得过直，也不能完全松散，以免降低动作的灵活性，影响击球效果。

（3）上肢：两肩自然放松，基本保持同高，避免耸肩，两眼目视前方注意来球；持拍手与非持拍手自然弯曲放于身体两侧，球拍位于台面水平面之上。

（三）步法

步法是指乒乓球运动员为选择合适的击球位置所采用的脚步移动方法，它是乒乓球击球环节中的重要组成部分。从开始起动到制动的这一过程叫作步法移动，移动的目的是及时接近球，将球与人的位置调整到最佳距离，以便于更好地击球。运动员在场上的移动能力直接关系到每一板球的质量和战术的执行。乒乓球的步法主要有单步、并步、跳步、跨步、交叉步等。下面主要介绍并步和跨步。

1. 并步

（1）并步概述

并步在移动时没有腾空动作，重心起伏小，能保持身体的平衡和稳定。进攻型选手或削球型选手在左右移动时常采用此步法。

并步移动

动作要领：先以来球异侧方向的脚用力蹬地向另一只脚移半步或一小步，另一只脚在并步落地后即向同方向移动。

（2）学习的重点和难点

① 重点是在并步移动中移步速度要快，重心始终保持稳定状态，对来球方向判断要准确。

② 难点是在追求速度的时候对身体重心的控制。

（3）易犯错误与纠正方法（表8-42）

表8-42 并步易犯错误与纠正方法一览表

易犯错误	纠正方法
重心不稳	练习时不能单纯追求快速，要兼顾稳定性
两腿之间的距离控制不好	多做并步步法练习，教练需时常提醒此问题
膝关节过直	以准备姿势为起始状态开始练习，充分发挥腿部肌肉力量

（4）练习方法

① 重复练习法。把并步动作分解为准备、移动、准备三个部分，练习时在教师口令下做分解动作，重复进行以强化动作结构。

② 有球练习。在初步掌握乒乓球基本技能之后，两人进行对练。一人先站在固定位置将球打至另一人的正手位，再将球打至反手位，让接球员边击球边来回移动进行并步练习，可依次进行单个球练习。

2. 跨步

（1）跨步概述

跨步适用于离身体较远、速度较快、力量较大的来球。特点是动作简单，实用性较强，有利于应急、借力还击。

动作要领：来球方向异侧脚用力蹬地，另一只脚向来球方向侧跨一大步，蹬地脚也迅速跟着移动，球一离拍后应立即还原，保持准备姿势。

跨步移动

（3）学习的重点和难点

① 重点是跨步大小要根据来球情况而定，确保击球时手臂与身体的距离适中。

② 难点是跨步过程中身体重心的迅速转移。

（4）易犯错误与纠正方法

跨步动作由于速度快、步幅大，容易造成身体重心的晃动，影响身体的稳定性，从而对击球时的手臂动作造成一定影响。因此，在跨步时手臂和腰部要与下肢协调配合，重心跟着跨步的腿走。

（5）练习方法

① 重复练习法。把跨步动作分解为准备、移动、准备三个部分，练习时在教师口令下做分解动作，重复进行以强化动作结构。

② 米字练习法。学生以站立点为中心，向前、后、左、右、左前、右前、左后、右后八个方向依次或无序跨步移动，此处可有人辅助，在旁边喊方向，听到口令后再移动。

③ 有球练习。两人对练，一人将球快速发至另一人身体的一侧，接球员边击球边进行跨步练习，熟练之后可加快练习频率。

（四）发球技术（以右手击球为例）

发球技术主要由抛球和挥拍击球两个动作组成。抛球可分高抛球和低抛球两种方式。挥拍方向和击球部位是决定发球性质的关键，用力大小和第一落点的远近是发球变化的条件。发球，一是以快为目的。它的特点是出手动作快，落点刁钻。二是以旋转为目的。它的特点是以近乎相同的发球动作发出不同旋转的球，以达到迷惑对方的目的，如转或不转、上旋或下旋、侧上旋或侧下旋等。在实际教学中，以正反手发平击球和正反手发转与不转球为主。

1. 正手平击发球

（1）技术特点：速度一般，不带或稍带上旋，是最基本的发球技术，也是掌握其他复杂发球技术的基础。

（2）动作要领：两脚开立，左脚稍前，身体稍微右转，左手掌心托球放于身体右侧，右手持拍放于球的后方；左手将球垂直向上抛起，同时右臂稍向后引拍；当球被抛出时，持拍手由身体的右后方向前方挥拍；当球从最高点下落至接近球网的高度时，将拍形稍前倾，击球中上部；击球结束后，身体重心顺势回到两脚中间。

正手平击发球

2. 反手平击发球

（1）技术特点：与正手平击发球相同，通常在基本技术练习中使用。

（2）动作要领：在球台的左半台站立，两脚开立，右脚在前，身体稍微左转，左手掌心托球放于身体前方偏左侧，右手持拍放于球的后方；左手将球垂直向上抛起，同时右臂向身体左侧后方引拍；当球被抛出时，持拍手由身体的左侧后方向前方挥拍，拍形稍向前倾；当球从最高点下落至接近球网的高度时，击球的中上部，同时向右前方发力；击球结束后，身体重心顺势回到两脚中间。

反手平击发球

3. 学习的重点

（1）抛球要稳定，包括抛球的高度和抛球后球上升与回落的线路要稳定。

（2）触球点的高度要适当，当球回落至与网的高度接近时再触球。

（3）球在本方台面第一跳的着台点要适当，发长球时第一跳在球台的端线附近，发短球时则在台中位置。

（4）握拍时虎口不宜过死，以保证手腕和手指的灵活性。

（5）以前臂、手腕发力为主，但应注意腰部的协调配合，以提高发球的质量。

4. 练习方法

（1）徒手模仿抛球和引拍及挥拍击球的协调配合，体会前臂和手腕的发力动作。

（2）在台前用多球进行发球练习。

（3）先练习发斜线球，后练习发直线球；先练习发不定点球，后练习发定点球。

（4）练习同一手法发不同旋转和落点的球。

（5）两人台上练习，一人做各种发球练习，另一人做接发球练习。

5. 易犯错误与纠正方法（表8-43）

表8-43　发球技术易犯错误与纠正方法一览表

易犯错误	纠正方法
抛球高度不够	明确技术要领，反复练习
击球点过高或过低	强调动作要点，掌握正确击球点
拍面前倾过多或不够，击球力量过大或过小	用合适的拍面角度击球，反复练习控制好力量

（五）反手推挡球技术

推挡是我国直拍快攻打法的基本技术之一，特别是在左推右攻打法中占有极其重要的地位。由于推挡站位近、动作小、落点多变、速度快，并具有一定的力量，所以在比赛中能主动调动和压制对方，为正手进攻和侧身进攻创造有利时机。另外，在相持时还可以起到积极防守和从被动变主动的作用。推挡球技术是乒乓球入门技术，初学者应当熟练掌握这项技术。

1. 技术动作

手臂自然弯曲并外旋，拍面角度稍前倾，上臂和肘关节自然靠近身体，将球拍引至身体前方；当来球跳至上升期时，前臂和手腕迅速向前推出去，拍面稍前倾击球中上部；以前臂和手腕发力为主，并适当借力。

反手推挡球

2. 学习的重点

（1）在准备击球时一定要收腹加大引拍的距离，以利于向前推出发力。

（2）肘关节应始终保持自然贴近身体，以利于前臂向前发力。

（3）拇指放松，食指用力压拍，以有效地控制拍面的角度。

（4）手臂向前推时幅度不宜过大，以免影响还原速度。

（5）要协调利用腰部和腿部的力量，以更好地增加推挡的力量。

3. 练习方法

（1）徒手模仿推挡球动作，体会动作要点。

（2）反手在半台内做两人之间的推挡练习，不限落点，只要求动作正确。

（3）练习推挡球时，先慢速推，再快速推。

（4）一人加力推，另一人用正常力量挡，两人轮换练习。

（5）一人从推一点到推两点，另一人可练习左推右攻，两人轮换练习。

4. 易犯错误与纠正方法（表8-44）

表 8-44　反手推挡球技术易犯错误与纠正方法一览表

易犯错误	纠正方法
引拍不充分	多进行徒手练习，体会引拍及击球要领
手臂外旋不够	体会前臂和手腕外展的感觉，先徒手后进行有球练习
全身不能协调发力	体会腰、髋及下肢的协调发力，强调重心转换

（六）正手攻球技术（以右手握拍为例）

正手攻球技术是现代乒乓球运动中争取主动和获得胜利的进攻性技术，是最主要的得分手段。无论练习者采用哪一种打法或哪一种技术风格，最具威力和最被看重的依然是攻球技术。其特点是速度快、力量大，能体现积极主动进攻的指导思想。

1. 技术动作

两脚开立，双膝微屈，左脚稍前，含胸收腹，手臂自然弯曲并内旋使拍面稍前倾，前臂横摆引至身体右侧后方；右脚稍用力蹬地，腰向左转，上臂带动前臂快速向左前方挥动迎球；当来球跳至最高点时，拍面稍前倾击球中上部，触球瞬间前臂迅速收缩，向前为主、略带摩擦，手腕辅助发力，并可借助手腕调节拍面角度、改变击球部位来调整回球的落点。

正手攻球

2. 学习的重点和难点

（1）引拍时应以肘关节为轴，而不是将整个肘部甚至连同上臂向后拉，否则会造成肘高、肩高的"架肘"状，影响发力和命中率。

（2）若拍形后仰，击球时有翻腕动作，攻打来球时容易出界。

（3）击球时不能只有手臂动作而无腰、腿的配合，必须注意体会重心转换的感觉。

3. 练习方法

（1）徒手模仿正手攻球动作，体会挥臂、腰部扭转、重心转换等动作要领。

（2）攻板球练习。一人发平击球，一人将球攻回对方球台，反复进行一发一攻练习。

（3）固定路线进行一推一攻练习。先练习攻右斜线，再练习左、右直线，最后练习左斜线。

（4）两人正手对攻练习。

4. 易犯错误与纠正方法（表8-45）

表8-45 正手攻球技术易犯错误与纠正方法一览表

易犯错误	纠正方法
重心移动不及时	多进行徒手练习，体会动作的协调用力和左右转换，然后再用球练习
抬肘抬臂	体会正确站位，引拍时前臂移动在先，上臂不要后拉
手腕下垂，球拍与前臂垂直	强调手腕内旋拍柄向左，先做徒手模仿练习
落点不准，引拍动作不到位	先做接平击球的练习，再做连续攻球的练习

第六节 网球运动的基本技能学习与分析

一、网球运动简介

网球与高尔夫球、击剑、马术并称为世界四大贵族运动，号称"世界第二大球类"。它的起源可以追溯到12—13世纪的法国，当时在传教士中流行着一种用手掌击球的游戏。1358—1360年，这种古式网球从法国传入英国。15世纪，人们发明了穿弦的球拍。16世纪，古式室内网球成为法国的国球。17世纪初，用橡胶制成的网球出现，给网球带来一次革命。1837年，草地网球在英国问世，英国人沃尔特·C. 温菲尔德（Walter C. Wingfield）被誉为"近代网球之父"。1874年，网球传入美国，并很快传播开来。1875年，英国的板球俱乐部制定了网球比赛规则。1877年7月，全英板球俱乐部更名为全英板球和草地网球俱乐部，并第一次举办了全英草地网球男子单打锦标赛，即后来闻名于世的温布尔登网球锦标赛。1913年3月1日，国际网球联合会（International Tennis Federation，ITF）在法国巴黎成立。1972年，职业男子网球协会（Association of Tennis Professionals，ATP）成立。1973年，国际女子网球协会（Women's Tennis Association，WTA）成立。19世纪90年代中期至20世纪初期是竞技网球运动的推广时期，代表性事件是四大网球公开赛的创办及其成为现代奥运会的正式比赛项目。

二、网球的基本站位和常用步法

（一）网球的基本站位

（1）关闭式站位

这是传统网球最常见的一种站位方式。右脚向侧前方上步（右手选手在击反手时上右脚），双腿前后转移重心发力，左腿前蹬带动转体挥拍击球。这种站位方式的缺点是：当向侧面大角度移动时，相对步伐的要求更高，在一定程度上会限制选手的移动；当选手转体朝向侧面准备挥拍的时候，身体发力并不那么顺畅，会感觉用不上转体力量；击球后回位时，要多出一步回蹬步伐，回位速度较慢。在实战中，一般是在对方来球球速较慢、相持时回球角度小，自己提前到位站定的情况下，采用关闭式站位，这样回过去的球会比较稳定扎实，当然球速不会像开放式站位来得那么快。

（2）中间式站位

中间式站位要求前后脚连线垂直于球网，相比较而言，比关闭式站位击球更加舒展，特别是来球出浅，需要跨步击球时，身体回位时间也更短。

（3）半开放式站位

这是现代网球最常用的站位方式。半开放式站位要求非同侧腿向前跨一步，但是与另一条腿没有交叉，两腿之间连线与球网形成45°，通过加大侧身、屈膝蹬转腿部、扭腰获得转身击球的力量，抽出的球球速更快，身体的回位时间也更短。在快速对抗，进攻力越来越强的现代网球比赛中，半开放式站位能很好地应对高质量来球、深球、快速球等，比较浅的球也可以使用，并且利于打斜线，直线出手时的隐蔽性也很高。

（4）开放式站位

开放式站位双腿连线平行于球网，挥拍的同时转肩转髋，击出的球球速最快，通常是职业选手暴力正拍的出球方式，对于向侧面移动范围很大的球，在这种全开放式步伐下用双手反拍非常适合，向外侧平行方向出左腿，一边转身一边回击球，等球打完后，身体已经转向场地中央，可以就势移动回位。开放式反手还有一个非常突出的优势就是对应非常深的来球，只要移动到位并将重心压低，可以利用转身回击出相当高质量的球，打到自己想要的落点一般就能得分。

（二）网球的常用步法

（1）底线进攻型步法

底线进攻型打法可分为正、反拍两面进攻，以及以正拍为主的侧身进攻。这是两种最为常见的进攻方式，以底线进攻型打法为主要得分手段的球员，站位和基本击球区域多在底线及中场附近的范围，因此，左右移动和"V"字移动用得较多。对于来球角度不大的球，正、反拍击球时多采用"关闭式"步法进行回击；对于来球角度较大或在被动情况下的球，可采用"开放式"步法进行回击。

（2）网前进攻型步法

网前进攻型步法可分为发球上网和随球上网两种类型。男运动员使用这种打法较多。网前有中场截击、近网截击和高压球几种技术。擅长使用这类进攻打法为主要得分手段的球员，前后移动的步法用得较多，进攻范围在发球线附近和网前居多，网前的技术和预判都要非常优秀。在中场附近的球，根据来球的高低可用不同的步法，如来球平稳，或由底线主动向前移动至中场击球时，多采用"关闭式"步法击球；如来球高于肩部，则可以采用"开放式"步法击球。

三、网球运动的基本技术学习与分析

（一）网球握拍法

握拍是学习网球最基本的技术环节。握拍时手掌边缘要与拍柄的底部齐平，掌心和手指应与拍柄最大面积地贴合在一起，球拍是击球者手臂的延伸，不要仅用手指"捏"住拍柄；拇指绕过拍柄贴压于中指之上，不要留有空间，以免在击球时球拍脱手。食指略与中指分开，并自然与拍柄靠拢在一起，如果像拳头一样过紧地将球拍抓在手里，那么握拍的灵活性及随意性就要逊色许多，不利于对球拍的控制，手也容易感到疲劳。这个手型有点像开枪时扣扳机的样子，食指要与中指稍微分开一点。

握拍的基本方法主要有五种：东方式、大陆式、半西方式、西方式、双手反手握拍。这五种握拍方法都有各自的优缺点，每个人要根据自己的特点和习惯选择不同的握拍方法。需要注意的是，握拍方式不是固定不变的，球员可以根据自身的击球习惯、打球风格等决定自己的握拍方式。

（二）网球基本技术

1. 正手击球技术（以右手为例）

正手击球技术是最基本也是最主要的网球击球技术，是一项重要的进攻技术。在比赛中，正手击球技术强的球员，通常能够在场上占据主动地位，从而实现得分制胜。

（1）技术动作

① 准备姿势。身体正面对网，两眼向前注视对手动作及来球方向，背部挺直，上体略向前倾，双膝微屈，两足自然分立约与肩宽或宽于肩，重心落于前脚掌上，右手持拍于腹前，左手扶拍颈，两肘自然下垂略外张，拍头稍高于柄，双眼平视前方。此时，球员准备姿势的身高应比正常身高低约 30 cm，并且在整个移动过程中都要保持这个高度。球员必须在对手触球时进行分腿垫步，双脚高于地面 2.5~5 cm，重心落在前脚掌上，随时准备向来球方向移动。

② 后摆引拍。当判断来球需要用正手击球回击时，向右转髋同时转肩，使左肩对网，对准来球方向。如采用关闭式击球步法，左脚向前跨出，双膝弯曲，身体重心落在两脚之间。如采用开放式站位则以右脚为轴，上身整体向右侧转动，身体重心落在右脚上，左肩对网。伴随转体，右手快速平稳自然地向后沿水平的直线拉拍，肘部弯曲，自然下垂，手腕保持固定，引拍结束时使球拍指向后方，拍头稍高于手腕，拍柄底部指向来球。左臂随身体转动，使上体保持平衡，左手指向来球方向。

③ 挥拍击球。根据来球情况，适度屈膝关节，关闭式步法为：重心移至左脚，蹬左腿的同时转动身体，对准来球方向迅速向前挥拍，以肩关节为轴，大臂带动小臂沿来球轨迹前挥，击球时，腿、腰和手臂的力量三合为一，加快拍头的摆速，手腕固定不动，击球时拍面与地面垂直，击球的正后部，增加右肩的转动速度，身体重心前移，迎上击球前挥开始时，拍子低于球，挥拍轨迹由下而上。以身体正前方 12 点钟为基准，

击球点在身体右前方 2 点钟左右位置，击球时击球点与腹部高度相同，拍面垂直于地面。

④ 随挥跟进。击球后球拍由低到高的轨迹倾斜沿着球的飞行方向继续向前挥拍，借助击球后的惯性继续将球拍挥送至肩上，同时右小臂继续向内旋转，掌心向外，身体重心移落在左脚上，上身整体向左转动至面对球网，挥送至左肩后，左手上举扶住拍颈。

（2）练习方法

① 分解练习法。

将动作分解成准备、转肩引拍、挥拍击球、随挥跟进四个技术环节，先原地进行无球空拍的挥拍练习，挥拍速度由慢至快，然后进行正常速度的完整的挥拍动作练习。

② 模拟练习法。

a. 定点抛喂多球练习。教师站于学生正手斜前方 1 m 左右位置，原地水滴式喂球，学生原地击球。

b. 移动多球练习。教师站于学生正手斜前方位置进行左、中、右、前、后五点抛球，学生边移动边击球。

c. 隔网多球练习。教师站在球网另一侧发球线附近，用球拍送多球，要求学生在每次击球前进行分腿垫步，判定来球方向时提早转肩引拍。

正手完整动作挥拍　　　正手平击式（水滴式抛球）　　　正手徒手移动关闭步分解动作

正手移动开放步击球　　正手前进移动步法　　正手后退步法分解　　正手中场击球

（3）易犯错误与纠正方法（表 8-46）

表 8-46　正手击球技术易犯错误与纠正方法一览表

易犯错误	纠正方法
击球点不正确	徒手挥拍至击球点处停顿，学生提前做好引拍动作，教师在固定位置喂球
击球时手腕不固定	学生手握拍柄与拍颈处击球，体会手腕固定
击球时原地发力，重心没有随球跟进	站在学生身后向学生身前抛球，让学生体会击球后向前的感觉

2. 双手反手击球技术

（1）技术动作

① 准备姿势（与正手相同）。面对球网，注意在反手击球前需要先进行握拍方式的转换，右手为大陆式握拍，一旦判定来球为反手方向，右手马上转成反手握拍，左手顺着拍柄下滑至双手相接处，成双手反手握拍动作。

② 转肩引拍。关闭式站位：判断出对手来球方向是反手方向时，屈膝屈髋，以左脚为轴心，左脚尖向左旋转打开，同时上身整体向左侧转动，右脚向左脚前方跨步转身，右肩对向球网，重心落在两腿之间，双臂快速平稳地向左后侧沿水平直线拉拍，右肩前探，双臂保持略微弯曲，击球前拍头稍低于来球，手腕固定，球拍位置应在腰部的高度。

开放式站位：判断出对手来球方向是反手方向时，屈膝屈髋，重心落在左脚上，上身向左侧转动，使右肩对向球网，双臂快速平稳地向左后侧沿水平直线拉拍，两臂肘部保持略微弯曲，转体完成时，肩和球网的夹角在90°左右，持拍手放在腰部的高度。

③ 挥拍击球。蹬腿转髋，手臂保持略微弯曲，绷紧手腕，击球前，拍头低于握拍手，左臂伸直，右腕弯曲，球拍轨迹由下而上，向前挥击，重心前移，一般击球后仍保持头部、肩部的平衡，击球时，躯干和肩朝平行于球网的方向转动大概2/3的角度到达击球点。

④ 随挥跟进。击球后，由低到高的挥拍轨迹更倾斜，左臂向内旋转，将拍子挥至高于右肩，直至左肩碰到下巴，身体面向球网。

（2）练习方法

① 分解练习法。

将动作分解成准备、转肩引拍、挥拍击球、随挥跟进四个部分，先原地进行无球空拍的挥拍练习，挥拍的速度由慢至快，然后进行正常速度的、完整的挥拍动作练习。

② 模拟练习法。

a. 定点多球练习。教师站于学生反手斜前方1 m左右位置，原地水滴式抛球，学生原地击球。

b. 移动多球练习。教师站于学生反手斜前方位置进行不定点抛球，学生边移动边击球。

c. 隔网多球练习。教师站在球网另一侧发球线附近，用球拍送多球，要求学生在每次击球前进行分腿垫步，判定来球方向时提早转肩引拍。

（3）易犯错误与纠正方法（表8-47）

表8-47 双手反手击球技术易犯错误与纠正方法一览表

易犯错误	纠正方法
击球点不正确	挥拍至击球点处停顿
击球时手腕不固定	手握拍柄与拍颈，体会手腕固定
击球时重心前移	教师站在学生身后向学生身前抛球

| 反手完整动作挥拍 | 反手平击球（水滴式抛球） | 反手定点击球 |

反手徒步移动关闭步分解动作　　反手移动关闭步击球　　反手后退步法分解　　反手后退击球

3. 反手切削技术

反手切削的常用握拍方式是大陆式和东方式正手握拍，削球是场上一种常见的技术，分进攻型削球和防守型削球。削球的技术特点就是增加场上线路和节奏的变化，扩大击球范围。

（1）技术动作

① 准备引拍。看到对方来球后，身体向左侧转动，球拍向后向上移动，拍头高于手腕，右脚向左脚前方或斜前方上步，使右肩和右胯侧对球网，对准来球方向，右肩前探，重心落在后脚并将非持拍手置于拍颈以保持动作稳定，引拍结束时肘部弯曲，拍头在肩膀上方。

② 挥拍击球。挥拍开始时，重心前移，保持侧身，球拍高于肩和来球，拍面从上向下、从后向前做直线运动，非持拍手松开球拍，身体重心向前向下移动，击球时肘部伸直，绷紧手腕，拍面在触球时稍微打开（低点球10°左右，高点球5°左右），此时非持拍手后摆并协助身体保持平衡。

③ 随挥制动。击球后，肩膀仍保持直线运动，球拍和手臂通常应继续向前向下挥动，完成随挥时，右臂和球拍大概在肩部的高度。

（2）练习方法

① 分解练习法。

将动作分解成准备引拍、挥拍击球、随挥制动三个部分，先原地进行无球空拍的挥拍练习，挥拍的速度由慢至快，然后进行正常速度的、完整的挥拍动作练习。

② 模拟练习法。

a. 定点手抛多球练习。教师站于学生反手斜前方1 m左右位置，原地水滴式抛球。

b. 移动手抛多球练习。教师站于学生反手侧斜前方发球线位置，进行不定点手抛球练习。

c. 隔网多球练习。教师站在球网另一侧发球线附近，用球拍送多球，要求学生在每次击球前进行分腿垫步，判定来球方向时提早转肩引拍。

(3) 易犯错误与纠正方法（表8-48）

表 8-48　反手切削技术易犯错误与纠正方法一览表

易犯错误	纠正方式
手腕松，拍头过早下垂	手握拍颈，体会手腕固定
切削过薄	固定击球时，拍面和拍框下边缘敲打网带，并向前滑动 1 m 左右的距离，完成随挥
身体打开太多	教师站在学生身后，用球拍顶住学生持拍手侧的背部
击球时重心没有前移	教师给学生喂浅球，让其迎上击球

4. 正手截击技术

(1) 技术动作

① 准备姿势。右手采用偏大陆式握拍方式，虎口对准 8 号位，食指掌指关节在 2 号面，掌根部贴近拍柄底部。

正手截击

双脚左右开立略宽于肩，膝关节弯曲降低身体重心，目视前方，拍头立于脸前方，身体前探，保持身体的平衡，在对手击球前的一刹那，做分腿垫步，双脚蹬地，稍微跳离地面。注意与底线准备姿势相比，截击准备姿势重心更向前，背部挺直，站立的姿势应有利于快速起动，重心位于前脚掌上。

② 转肩引拍。判断来球方向，即转肩向右 45° 左右，使球拍做一个简短的直线后摆小幅度的引拍，注意球拍不得超过右肩，引拍时只需要向右转动右脚和肩部，同时保持住球拍在转动后仍然放在身体前方的位置上，拍头必须高于手腕，眼睛紧盯来球方向。

③ 挥拍击球。正手截击时，集中注意力，手腕绷紧，在身体前面击球，由于击球线路短，需要动作干脆，做非常短促的碰、推击球动作。击球时，球拍向下向前移动，双肩也向前转，肘部伸展，同时拍面稍微打开，在向前推击球的过程中使球产生下旋。在这一动作过程中，右脚朝来球方向跨步成半开放站立姿势，非持拍手指向来球方向，左脚向前移动，越过右脚，从而在身体向前移动的过程中产生力量，而不是仅仅依靠手臂。正手截击需要身体各个部分协调，击球时各个关节相对固定。

④ 随挥制动。球拍向前向下移动。身体各部分逐渐减速。随球动作幅度极小，在完成推动球的动作时，球员在随球动作的开始阶段使球拍保持几乎与网平行的位置，球员要有意识地对随挥动作进行制动。随挥结束时，拍头位置不能滑向身体左侧，拍头也不能下垂指向地面。

(2) 练习方法

① 分解练习法。将动作分解成准备、转肩引拍、挥拍击球、随挥制动四个部分，先原地进行无球空拍的挥拍练习，挥拍的速度由慢至快，然后进行正常速度的、完整的挥拍动作练习。

② 模拟练习法。

a. 抓球练习。教师隔网用手抛球，学生站在网前进行抓球练习。教师往学生的正手位置抛球，当球接近学生身侧时，学生在身前用右手抓球，抓球必须在身体前完成，不要把手臂过度打开，注意步伐的移动。

b. 近网手抛球截击练习。让学生握住球拍的拍颈位置，在身体右前侧45°的位置正手截击球。此方法的目的是固定学生的手腕，让学生找到击球的感觉和节奏。

c. 隔网多球练习。教师站在球网另一侧发球线附近，用球拍送多球，注意要求学生在每次击球前进行分腿垫步，判定来球方向时提早转肩引拍，进行正常的正手截击球练习。

5. 反手截击技术

（1）技术动作

① 准备姿势。同正手截击技术的准备姿势。

② 转肩引拍。判定对手来球方向后，重心移动至左脚，向左转体同时带动右臂约90°，并用左手扶拍颈处使球拍做一个简短的直线后摆引拍，拍头不得超过左肩，拍头向上高于手腕，眼睛紧盯来球方向。

反手截击

③ 前挥击球。击球时，右脚向左前方跨出，重心前移，要求手腕绷紧，手臂伸直，两手如同在拉一根橡皮筋，球拍向着击球方向做简短的撞击动作，右肩和前臂在身体左侧前向下切击，切击的同时左手松开拍颈，非持拍手自然伸向后方，朝切击的相反方向后拉，保持身体平衡。击球点位于身体左侧前方，击球时拍面角度根据具体情况进行调整。

④ 随挥制动。球拍触球后沿击球方向与运动轨迹送出 30 cm 左右，球拍向前向下，身体各部分逐渐减速，随球动作幅度减小。

（2）练习方法

① 分解练习法。

将动作分解成准备、转肩引拍、前挥击球、随挥制动四个部分，对重难点部分进行集中纠正练习。先原地进行无球空拍的挥拍练习，挥拍的速度由慢至快，然后进行正常速度的、完整的挥拍动作练习。

② 模拟练习法。

a. 颠球练习。采用大陆式握拍方式，手掌向下、手背朝上，找寻反手截击球的感觉。

b. 手握拍颈和拍柄的中间，在身体的右前侧挡来向身体的球。此方法的目的是固定学生的手腕，让学生找寻网前击球的感觉。

c. 隔网多球练习。教师站在球网另一侧发球线附近，用球拍送多球，注意要求学生在每次击球前进行分腿垫步，判定来球方向时提早转肩引拍，进行正常的反手截击球练习。

(3) 易犯错误与纠正方法（表 8-49）

表 8-49　反手截击技术易犯错误与纠正方法一览表

易犯错误	纠正方法
引拍过大	教师站在学生身后侧，用拍子挡住引拍线路，学生引拍时，不能碰到后侧的球拍
手腕不固定	手握在拍颈与拍柄之间的位置击球，控制手腕动作，固定手腕
击球后手腕下垂，低于拍头	学生站在贴近网处，击球后球拍停留在网带上，体会制动的感觉

6. 发球

发球是网球运动中唯一由自己掌握、不受对方水平高低影响的重要技术，也是评价运动员水平高低的主要标志之一。发球方式分为三种：平击发球、侧旋发球和上旋发球。这里以平击发球为例。

(1) 技术动作

① 准备姿势。关闭式站位，左肩对着球网，站立在底线后，身体与球网垂直，两脚自然分开站立，约与肩同宽，右脚比左脚略靠后半个脚掌的位置，前脚脚尖与底线夹角为 30°~40°。左脚指向右网柱，右脚与底线平行，左手持球轻托拍颈位置，拍头指向发球区域。在 1 区的站位角度大于在 2 区的站位角度，球拍与球置于身体前适宜距离，两臂保持放松。

② 抛球引拍。持球手拇指、食指和中指轻托住球，掌心向上，身体侧对球网，左手臂在身前上举抛球，手臂伸直，抛球约在 1 点钟位置，球送至肩部后再离开手掌抛向空中。抛球高度约在身体直立时，右臂举起球拍至最高点之上，再高于拍头 30 cm 处。球拍在身体前与前脚成一条直线，同时右手臂贴紧身体向下向后引拍，像钟摆一样将球拍摆至体后上举，肩膀充分展开。拍头指向天空，以肩关节为旋转中心点，抛球的同时身体重心下降，球抛出手后，左臂继续向上向前移动，背部伸展呈背弓，躯干向后转体，两肩倾斜，左肩位置高于右肩。应该注意，对于上步发球技术来说，后脚在屈膝前即刻滑动至紧跟前脚的位置。

③ 挥拍击球。在屈膝背弓动作的基础上，屈膝、腿部蹬地，自下而上依次蹬直踝关节，身体向前顶胯转腰，抛球手下落，身体开始向触球方向转动。击球时，身体重心向前转移，充分蹬地，脚下腾空（初学者可先不离地），须尽全力伸展身体，在最高点位置击球。

④ 随挥动作。在最高点击球之后，球员顺着身体及挥拍的惯性做收腹扣胸转肩的动作，拍面从正对击球位置大概转 90°，使右肩对向球网，右臂继续旋内，身体向球场内倾斜，保持连续完整的向上前方伸展的随挥动作，最终球拍挥至身体的左侧，重心落于左脚，右腿后抬，使身体保持平衡，身体对向发球区域。

(2) 练习方法

① 分解练习法。

a. 徒手挥拍。将动作分解成准备、抛球引拍、挥拍击球、随挥跟进四个部分，对重难点部分进行集中纠正练习。先原地进行无球空拍的挥拍练习，挥拍的速度由慢至快，然后进行正常速度的、完整的挥拍动作练习。

b. 抛球练习。准备姿势站好后，在左脚前方场地内放一把球拍，球拍对着脚尖，拍头指向右网柱，尽量每次抛出的球下落在拍面上。

② 模拟练习法。

要求尽量把球发进对角线的发球区内，充分感受屈腕动作，然后退到底线附近，要求动作连贯、协调。

平击发球

（3）易犯错误与纠正方法（表8-50）

表8-50 发球易犯错误与纠正方法一览表

易犯错误	纠正方法
抛球不稳定	选择靠墙位置，贴墙站立，左手顺墙壁面平行向上抛球
击球点位置过低	增加抛球高度，右臂伸直，举起球拍，将球按在墙上
脚误	在左脚前放置障碍物
挠背动作不明显	拍柄底部朝向天空
眼睛没有盯球	抬头看球拍与球接触点，直至送到对方场地。整个过程都要紧盯球，不能低头

7. 接发球

接发球根据具体的战术情况分为进攻型和防守型。在大多数情况下，防守型接发球多用于回击速度快和落点好的第一发球，或者落地位置佳的第二发球。在这种情况下，应该尽可能地把球回进对方球场。进攻型接发球主要用于回击对手的第二发球，特别是用于回击缺乏力量和角度的发球。

（1）技术动作

① 准备姿势。接发球准备动作要点与底线技术基本相同，注意屈膝，以便更大幅度地伸展。微微晃动身体，降低身体重心，脚下不停地轻轻弹动，也可以轻微晃动身体，使自己处于备战状态，随时向来球方向启动。身体应朝着发球员方向。

② 挥拍击球。分腿垫步在接发球中的作用尤为显著。在对方球员准备击球刹那，做分腿垫步，然后紧盯来球飞行轨迹，通过预判来球的落点迅速移动，利用身体和来球的合力，双肩和身体重心同时移动，不要有过于琐碎的步法，接发球时的动作与正常底线击球动作相比更为短小，没有明显的向后引拍，特别是对于快速的来球，回球时多采用迎击阻挡式动作，前挥的幅度缩短，不做过大的挥动，降低重心，头部保持直立，身体保持平衡，向前迎击来球后，迅速复位准备进入相持阶段。

（2）练习方法

① 根据学生接发球练习的需要，教师可站在发球区域附近位置进行指导，接发球时，应注意发球的落点、力量、旋转等，力求进行针对性强的训练。

② 结合实战，两人一组，一方练习发球技术，另一方练习接发球技术。

③ 在接发球过程中，要求接发球学生把球回击到指定区域。

（3）易犯错误与纠正方法（表8-51）

表 8-51　接发球易犯错误与纠正方法一览表

易犯错误	纠正方法
引拍过大	在引拍线路上设置障碍物，使学生不能进行正常大幅度拉拍
迎球的时机掌握不好	教师近网发球，学生在球触拍的刹那向前迎击

8. 高压球

（1）技术动作

① 准备姿势。一般采用大陆式握拍方式。来球时，右腿后撤一大步，半开放站位，使身体与球网垂直或全身侧转，引拍上身后倾，身体全部重心移至后腿，与此同时，右手臂直接抬起引拍屈肘，使肘部约与肩同高，拍面置于球员头部后上方，非持拍手向上伸展指向来球，保持身体的平衡。

② 挥拍击球。非持拍手指向来球，利用侧滑步和交叉步进行调整，减速和小碎步调整后，右腿后撤形成最后一步，以双脚为支撑向击球点方向蹬地转体，收腹部与发球挠背动作相仿，随着髋、躯干、肩向前移动，在向上挥拍的过程中两腿换位以保持平衡，球拍对准击球方向，击球位置越靠前越具有攻击性。

③ 随挥。击球后，球拍随挥向前向下挥动，击完球后球拍随挥至身体左侧。

（2）练习方法

① 手抛多球练习。教师手抛高球给学生打高压球，学生从引拍姿势开始完成击球动作，然后教师退至底线用球拍送高球给学生，学生从准备姿势开始移动，调整好脚步后完成击球动作。

② 抓球练习。教师从底线送一个高球，学生侧身做发球姿势，球拍在右肩上，拍头置于头后部，左手指向来球然后调整步伐并移动到位后用左手抓球。

高压球

③ 隔网多球练习。首先，学生站在发球线和球网之间的发球中线附近做好准备，教师在球网的另一侧底线后面用球拍挑高球，学生进行有方向、有角度的击高压球练习。

（3）易犯错误与纠正方法（表8-52）

表 8-52　高压球易犯错误与纠正方法一览表

易犯错误	纠正方法
非持拍手不指球	教师送球，学生用非持拍手抓球
击球点位置过低	右臂伸直，举起球拍，将球按在墙上
引拍动作过大	直接引拍后，教师送球

四、提高阶段技术内容介绍

（一）挑高球

挑高球可以改变比赛节奏，打乱对方节奏。其挥拍线路与底线略有不同，稍向前上方，力量适中，尽量把球打深，可以带攻击性地强烈上旋。

（二）反弹球

一般当对方的球击到自己脚下，来不及后退，或上前凌空，或截击时，可以利用反弹球过渡。击球时，身体略前倾，降低重心，屈膝弯腰，引拍小，控制手腕，将刚跳起的球推向对方场地。

（三）放小球

这是一种常用于战术性变化的技术，偶尔可以使用。

第七节　羽毛球运动的基本技能学习与分析

一、羽毛球运动简介

（一）羽毛球运动的起源与演变

羽毛球运动的雏形出现在 19 世纪中叶，当时印度浦那城里有一种类似羽毛球的游戏开展得十分普遍，它是用圆形硬纸板或以绒线编织成球形插上羽毛，练习者手持木拍，在空中轮流将球击出。这项活动在英国驻印度军队里开展得尤其活跃，据考证，类似羽毛球活动的板羽球游戏在中国古代就有了。现代羽毛球运动起源于 1873 年。那年，英国伯明顿镇的鲍费特公爵，在他的庄园组织了一次游艺活动，由于天公不作美，户外活动只能改在室内进行。应邀来宾中有好几位是英国驻印度退役军人，他们建议进行浦那游戏。当时室内场地呈葫芦状，他们在场地中间拉了一根绳子代替网，每局比赛只能有两人参加，有一定的分数限制，大家打得非常热闹。于是，羽毛球作为一种高雅的娱乐性活动迅速传遍英国。此项运动的诞生地——伯明顿也被作为羽毛球的英文名字而流传于世界。

为了推动世界羽毛球运动的发展，1934 年，英格兰、法国、爱尔兰、苏格兰、荷兰、加拿大、丹麦、新西兰、威尔士等国家和地区的 9 个羽毛球协会共同协商成立了国际羽毛球联合会（简称"国际羽联"），总部设在伦敦，第一任主席是乔治·汤姆斯（George Thomas）。

国际羽联的成立对羽毛球技术、战术的发展起了促进作用。除了传统的全英羽毛球锦标赛照常举行外，1948 年增设了汤姆斯杯赛（世界男子羽毛球团体锦标赛），1956 年增设了尤伯杯赛（世界女子羽毛球团体锦标赛），并相继举办了世界羽毛球锦标赛、世界杯羽毛球赛等赛事，使世界羽毛球运动又向前迈进了一大步。

二、羽毛球运动的基本技术学习与分析

羽毛球基本技术由准备姿势、握拍技术、发球技术、击球技术、步法技术等几大部分组成。

（一）准备姿势

（1）两脚自然开立，距离与肩同宽，与持拍手同侧的脚前移半步，两脚后跟自然提起，以前脚掌触地，两膝弯曲，身体重心微降。

（2）持拍手稍屈肘展腕，拍头上仰置于胸前。

（二）握拍技术

握拍是选手击球前要做的最基本准备，是学习羽毛球各项基本技术的起点。在身体右侧正手位置和后场头顶用正拍面击球时用正手握拍；在身体左侧反手位置和身体右前下方用反拍面击球时用反手握拍。

1. 正手握拍的方法（以右手为例）

① 左手握拍中杠，使拍框与地面垂直。此时从左至右可看见拍柄上依次有 4 条棱线。

② 张开右手，使虎口对准拍柄上的第二条棱线，用近似握手的方法握住拍柄，从正面看，手与拍柄的结合部位呈"V"形；从侧面看，五指与拍柄呈斜形。

③ 无名指和小指紧握球拍，拇指、食指和中指自然放松，贴在拍柄两侧的宽面上。拍柄端靠近手掌的小鱼际肌，拍柄与掌心间留有空隙，准备发力击球。

2. 反手握拍的方法

① 在正手握拍的基础上，将拍柄稍向外旋，拇指稍向上提，拇指内侧顶贴在拍柄第一棱线旁的宽面上，也可将拇指放在第一、第二楞线之间的小窄面上，食指稍向下靠，下三指放松。

② 反手握拍击球时，靠食指以后的三指紧握拍柄，同时拇指前顶发力击球。

（三）前场击球技术

1. 正手发高远球

（1）正手发高远球概述

正手发高远球是用正手握拍，以正拍面将球击得又高又远，球飞行到对方的端线上空后突然改变方向，垂直下落至端线（底线）附近的一种发球技术。由于球处于对方端线，可有效地调动对方并削弱其进攻的威力，同时也增大对方接下一拍球的难度。在女子单打中，这种发球方式被普遍采用。

动作要领：① 发球准备姿势站立，持球手松手放球，持拍手上臂外旋带动前臂充分伸腕，自下而上沿半弧形做回环引拍动作。

② 随引拍动作转体，重心向左脚移动。当拍挥至身体右侧前下方，转体至接近于面向球网时，准备击球。发高远球最佳击球点在身体右侧、左脚尖的前下方。

③ 在球拍面与球接触的瞬间，上臂和前臂迅速内旋带动手腕快速向前上方，屈指展腕闪动发力，用正拍面将球击出。

④ 击球后，身体重心完全移到左脚上，持拍手随击球后的惯性动作自然向头部左

前上方挥动，手腕呈展腕状态。

（2）练习的重点和难点

① 重点：正手发高远球技术动作如何加快手腕及小臂的摆速与发力。

② 难点：准确的击球时机与空间感觉。

（3）易犯错误与纠正方法（表 8-53）

表 8-53 正手发高远球易犯错误与纠正方法一览表

易犯错误	纠正方法
准备姿势不正确	准备姿势是左脚在前，脚尖指向球网，右脚在后，脚尖指向前方，两脚间距约与肩同宽，重心在右脚上，左肩斜对球网方向
放球和挥拍配合不好，动作不协调	反复做挥拍和放球的练习，放球时保持球托底部向下，挥拍击球时用眼睛的余光看球，等动作熟悉后，靠感觉去击球
击球瞬间的拍面没有正对出球方向	学生分清手臂的内旋和外旋，强调发球时所握的拍面必须对着出球方向，并根据自己发出球的落点，调整击球时的拍面方向

（4）练习方法

① 原地挥拍练习。在无球的情况下，原地连续进行徒手挥拍练习，以熟练和巩固打高球的正确挥拍动作。

② 自抛击球练习。左手拿球做好准备动作，把球垂直抛出后利用正确的挥拍动作击球。

③ 多球练习。教师在场地对面发正手高球至学生的区域，学生进行连续的击球练习。

2. 反手发网前球

（1）反手发网前球概述

大多数双打项目的高水平运动员越来越关注使用反手发网前球。与正手发网前球相比，反手发网前球的优势在于几乎没有引拍阶段，在发球过程中可以观察对手，有更好的切球可能性。

动作要领：① 双脚自然前后开立，右脚在前，脚尖对网，左脚在后，脚尖触地，重心在右脚上，为争取更高的击球点，右脚可适当提踵。左手拇指、食指和中指拿住球体的羽毛部分，自然斜倾置于反拍面前。持拍手反手握拍自然屈肘放至体前，拍头向下，准备发球。

② 左手放球的同时，持拍手以肘为轴前臂内旋，带动手腕展腕由后向前做回环弧形引拍，准备击球。

③ 击球时，手腕由外展至内收捻动发力，靠手腕和手指控制力量，以斜拍面向前轻轻推送切击球托，将球发出。反手发网前球的关键是击球拍面角度与力量的控制。

④ 以收腕制动动作结束发力。

（2）学习的重点和难点

① 重点：击球时机的把握和手指的捻动发力。

② 难点：球飞行的弧线和球落点的控制。

(3) 易犯错误与纠正方法（表 8-54）

表 8-54　反手发网前球易犯错误与纠正方法一览表

易犯错误	纠正方法
握拍错误	拇指前顶发力练习
持球手持球过紧或球头方向不当，拍头未指向下方，没有展腕动作	抬肘练习：练习者可以先以正拍面将球抬起，然后迅速抬肘，向地面方向做出发力前的展腕动作
用屈腕代替展腕动作，持球手抛球，缺少拇指前顶发力动作，发力过程不连贯	多球练习

(4) 练习方法

① 在训练场地，学生可以做吊线发球练习。

② 对墙发球练习和两人一组对发练习。即教师与学生以对角的形式站在各自的发球区内，进行反手发网前球的练习。

3. 搓球

搓球是一种在网前技术基础上发展起来的富有进攻性的放网技术。与放网前球一样，搓球也是利用羽毛球特有的飞行特点攻击对手的击球手段。它是在击球的瞬间或推或拉球拍，使球产生旋转，这样过网的球飞行就会不规则，从而使网前吊球具有更强的攻击力。

正手搓球

(1) 正手搓球

① 动作要领：侧身对右边球网，正手握拍，将球拍举高。两臂抬起，同时身体转向侧面，注意伸出左手以获得身体平衡。当球拍举至最高点时，前臂向外旋，手腕由后转伸至稍内收闪动，握拍手的食指和拇指夹住球拍，中指、无名指和小指轻握拍柄，使球拍在手腕和手指的挥摆用力下搓击来球的右下底部。注意拍面不是像直线那样切过去，而是要稍微带一点倾斜度，这样才能使球旋转起来，翻滚过网。

② 学习的重点和难点。

a. 重点：来球判断与摩擦。

b. 难点：正手搓球时翻腕摩擦。

③ 易犯错误与纠正方法（表 8-55）。

表 8-55　正手搓球易犯错误与纠正方法一览表

易犯错误	纠正方法
搓球、放网击球时，靠手臂发力击球，造成控球不精确	体会用手腕、手指发力击球的动作
搓球时，拍面触球角度过正，造成球旋转不够，降低了对方的回球难度	搓球时，注意正手要切削球的右侧部位
握拍时，手心没有空出，击球时没有捻拍动作，造成控球不准确，影响球的旋转度	握拍时手部放松，使拍柄离掌心间隙大一些

④ 练习方法。

a. 自抛搓球练习。用左手将球垂直抛起，用正手搓球技术做搓球练习。

b. 对搓练习。双方在网前进行连续正手搓球的对击练习。

（2）反手搓球

① 动作要领：反手握拍，将飞至左前场区的球用斜拍面切削球托，使球向上旋转漂浮过网。反手网前搓球的准备动作、引拍动作和击球后的随势动作与反手网前放网技术相同，只是在击球时必须用斜拍面切削球托的左侧。

反手搓球

② 学习的重点和难点。

a. 重点：上体、手臂、步伐一致性。

b. 难点：网前找球的力量控制。

③ 易犯错误与纠正方法（表8-56）。

表8-56 反手搓球易犯错误与纠正方法一览表

易犯错误	纠正方法
搓球、放网击球时，靠手臂发力击球，造成控球不精确	体会用手腕、手指发力击球的动作
搓球时，拍面触球角度过正，造成球旋转不够，降低了对方的回球难度	搓球时，注意反手要切削球的左侧部位
握拍时，手心没有空出，击球时没有捻拍动作，造成控球不准确，影响球的旋转度	握拍时手部放松，使拍柄离掌心间隙大一些

④ 练习方法

a. 自抛搓球练习。用左手将球垂直抛起，用反手搓球技术做搓球练习。

b. 对搓练习。双方在网前进行连续反手搓球的对击练习。

4. 推球

推球是将对方击至前场位置较高的来球，以速度快、飞行弧度较平的线路回击到对方底线附近的一种球。这种击球技巧的击球点高，动作小，发力距离短，速度快，且落点变化多，是从前场攻击对方后场底线的一种具有威力的进攻技术。

正手推球

（1）正手推球

① 动作要领：准备姿势站好，正手握拍，球拍上举，两脚与肩同宽，两膝微屈，重心落于两脚，右脚向前45°方向跨一步，左手向后打开，右手向右前上方举拍。以肘关节为轴，前臂前伸并内旋带动手腕由伸腕向前快速发力，在击球瞬间充分运用食指拨力击球。

② 学习的重点和难点。

a. 重点：以肘关节为轴，前臂内旋发力。

b. 难点：判断来球，争抢高点击球。在击球瞬间用食指拨力击球。

③ 易犯错误与纠正方法（表8-57）。

表 8-57　正手推球易犯错误与纠正方法一览表

易犯错误	纠正方法
握拍太紧，完全用手腕发力，导致动作过大	握拍时手部放松，利用前臂的内旋或外旋带动手腕与手指发力击球
推球时，击球点太低，造成推球的弧线太高，或下网	推球时尽量抢高点击球
推球时，球拍后摆过大，如同挑球、抛球动作，影响出拍速度	推球引拍时，手腕后伸，手臂不要后摆
击球时，直臂发力，动作僵硬，发力不充分，球无法飞到后场	击球时，屈肘靠前臂内、外旋转来带动手腕、手指协调发力

④ 练习方法。

a. 多球练习。教师连续向学生扔出羽毛球，学生可做定点和移动中的正手推球练习。

b. 推吊练习。教师将球吊至网前，学生正手将球推至后场，反复练习。

（2）反手推球

① 动作要领：反手握拍，用反拍面将飞往网前左场区的球平压推至对方后场区。反手网前推球的准备动作、引拍动作和击球后的随势动作均与反手网前放网技术相同。击球时，以肘为轴，前臂由内旋至外旋，带动手腕由展腕至收腕，向前挥动；击球瞬间，拇指充分前顶，其余的手指握紧拍柄屈指发力，将球推过网。

反手推球

② 学习的重点和难点

a. 重点：判断来球，争抢高点击球。

b. 难点：击球瞬间闪腕，中指、无名指和小指捻动，拇指顶压发力击球。

③ 易犯错误与纠正方法（表 8-58）。

表 8-58　反手推球易犯错误与纠正方法一览表

易犯错误	纠正方法
握拍太紧，完全用手腕发力，导致动作过大	握拍时手部放松，利用前臂的内旋或外旋带动手腕与手指发力击球
推球时，击球点太低，造成推球的弧线太高，或下网	推球时尽量抢高点击球
推球时，球拍后摆过大，如同挑球、抛球动作，影响出拍速度	推球引拍时，手腕后伸，手臂不要后摆
击球时，直臂发力，动作僵硬，发力不充分，球无法飞到后场	击球时，屈肘靠前臂内、外旋转来带动手腕、手指协调发力

④ 练习方法。

a. 多球练习。教师连续向学生扔出羽毛球，学生可做定点和移动中的反手推球练习。

b. 推吊练习。教师将球吊至网前，学生反手将球推至后场，反复练习。

5. 勾球

网前勾球是指把对方击来的网前球，用屈腕的动作将其回击到对方斜对角的网前区域内的击球技术。网前勾球球速快、球路斜飞，与搓球、推球结合，能达到声东击西、调动对方的效果。这样，对方防守就容易出现漏洞，就为己方创造了进攻或得分的机会。

正手勾球

(1) 正手勾球

① 动作要领：击球前，将握拍方式调整为正手放松握拍，以肩肘为轴，前臂略外旋，带动手腕扩展，在身体的右前方做适当的小弧回环引拍，左手与右手反方向呈天然后置平举姿势，以保持身体平衡，预备击球。击球时，前臂内旋，带动肘部稍有回拉，手腕展腕、食指拨转拍柄发力切击球托的右后侧部位，将球勾向对角线网前。假如球离球网较近，击球点又高，可以尝试用斜拍面，向前下方击球，这样球的威胁更大；反之，击球点较低的话，则需要加一点力量以保证球安全过网。

② 学习的重点和难点。

a. 重点：掌握正确的勾球技术。

b. 难点：正确的用力顺序及击球点的把握。

③ 易犯错误与纠正方法（表8-59）。

表8-59　正手勾球易犯错误与纠正方法一览表

易犯错误	纠正方法
手臂前伸引拍动作僵直，导致动作僵硬，无法控制勾球的角度和力量	引拍时，手臂的肌肉要放松，略屈肘
勾球时过于强调手指和手腕的动作，忽视了手臂带动回收的作用，很容易造成失误	勾球时，要利用肘部回收带动手腕和手指发力击球
引拍时，前臂和手腕没有外旋与内旋动作，易被对方识破动作的意图，达不到网前动作一致性、动作的突变性等目的	正手勾球引拍时，前臂和手腕要有外旋

④ 练习方法。

a. 多球练习。教师连续向学生扔出羽毛球，学生可做定点和移动中的正手勾对角球练习。

b. 对勾练习。双方在网前进行对角正手勾球对练。

(2) 反手勾球

① 动作要领：运用反手上网步法向来球方向移动。击球前的动作与正手勾对角球相同。前臂随步法移动过程调整为反手握拍，前臂上举，手腕前屈，手背约与球网同高，拍面低于网顶，用反手拍面迎球。

反手勾球

② 学习的重点和难点

a. 重点：手臂微屈，肘关节略下沉，击打球的左侧后部，尽量在球的最高点击球。

b. 难点：手臂击球时外旋，并击打球的左侧后部。

③ 易犯错误与纠正方法（表 8-60）。

表 8-60　反手勾球易犯错误与纠正方法一览表

易犯错误	纠正方法
手臂前伸引拍动作僵直，导致动作僵硬，无法控制勾球的角度和力量	引拍时，手臂的肌肉要放松，略屈肘
勾球时过于强调手指和手腕的动作，忽视了手臂带动回收的作用，很容易造成失误	勾球时，要利用肘部回收带动手腕和手指发力击球
引拍时，前臂和手腕没有外旋与内旋动作，易被对方识破动作的意图，达不到网前动作一致性、动作的突变性等目的	反手勾球引拍时，前臂和手腕要有内旋

④ 练习方法。

a. 多球练习。教师连续向学生扔出羽毛球，学生可做定点和移动中的反手勾对角球练习。

b. 对勾练习。双方在网前进行对角反手勾球对练。

（四）中场击球技术

1. 正手平抽球

（1）正手平抽球概述

抽球是一种中场球的主动进攻技术，是把位于身体左右两侧、高度在肩以下腰以上部位的球用抽击的动作，使之过网后向下飞行，以便压住对方。

动作要领：

① 准备动作要领：凑向网前，右腿在前，左腿在后，上肢直立。

② 引拍动作要领：右脚稍向右侧迈出一小步，上体稍向右侧倾斜，右臂向右侧上摆，球拍随着上举，左脚跟提起。前臂稍后摆且带有外旋，手腕从稍外展至后伸，将球拍引至后下方，以延长向前挥拍的工作距离。

③ 挥拍击球动作要领：前臂急速向右侧前方挥动，由外旋转为内旋，手臂由后伸至伸直闪腕，手指握紧拍柄，发力挥拍击球。

④ 随前动作要领：击球后，球拍顺势向左侧摆，左脚向左前方跟进一步，准备迎击第二个来球。

（2）练习的重点和难点

① 重点：击球完成后球拍的位置大约与引拍动作中球拍位置同高。

② 难点：手臂伸展瞬间，击球点位于体侧靠近身体的位置。

（3）易犯错误与纠正方法（表8-61）

表8-61 正手平抽球易犯错误与纠正方法一览表

易犯错误	纠正方法
球向底线的飞行轨迹上升较多	及时向来球方向跑动，注意击球点高于髋
飞行轨迹太短，击球点始终在身体和球网之间	注意更长的回环运动
平抽球下网	击球点太低或者击球点在身体后面

（4）练习方法

① 在喂球后，用正手直线平抽球将球击打到底线。

② 用正手击打直线平抽球。

③ 搭档始终采用斜线回球；用正手直线平抽球将球击打到底线。

2. 反手平抽球

（1）反手平抽球概述

① 准备动作要领：凑向网前，右腿在前，左腿在后，上肢直立。

② 引拍动作要领：左脚向左前跨一步，身体稍向左转，前臂往身前收，肘部稍上抬，前臂内旋，手腕外展，将球拍引向左侧。

③ 挥拍击球动作要领：击球瞬间，前臂往前挥拍的同时外旋，手腕由外展到伸直至内收闪腕。此时，手指突然握紧拍柄，拇指前顶，使球拍迎击球托的后底部。

④ 随前动作要领：击球后，球拍顺势反盖过去挥向右侧还原至胸前。

（3）易犯错误与纠正方法（表8-62）

表8-62 反手平抽球易犯错误与纠正方法一览表

易犯错误	纠正方法
球向底线的飞行轨迹上升较多	及时向来球方向跑动，注意击球点高于髋
飞行轨迹太短，击球点始终在身体和球网之间	注意更长的回环运动
平抽球下网	击球点太低或者击球点在身体后面

（4）练习方法

① 在喂球后，用反手直线平抽球将球击打到底线。

② 用反手成对地击打直线平抽球。

③ 搭档始终采用斜线回球；用反手直线平抽球将球击打到底线。

（五）后场正手高手位击球技术

后场高手位击球，即主动状态下击球，击球点在肩部、头部的上方，可依战术需要击出高远球、吊球、杀球等。运用后场正手后退步法向来球方向移动，同时持拍手臂屈肘举于体侧，左手自然上举保持平衡，侧身对网，重心在右脚上，呈击球前的准备姿势。当球下落到一定的高度时，持拍手肘部上抬，手臂外旋，充分后仰，以肩为轴做回环引拍动作，手腕充分伸展，形成击球前较长的力臂，左手随转体动作伸向右侧，协调右手发力，准备击球。

1. 后场正手击高远球

（1）后场正手击高远球概述

击球点选择在右肩前上方，前臂急速内旋带动手腕加速向前上方挥动，回收手腕，屈指发力，用正拍面以与地面近120°的夹角，在空中最高点将球向前上方击出。

正手击高远球

（2）学习的重点和难点

① 重点：正手击高远球的发力，击球时的顶肘挥拍动作。

② 难点：蹬地转身挥拍击球的动作协调。

（3）易犯错误与纠正方法（表8-63）

表8-63　后场正手击高远球易犯错误与纠正方法一览表

易犯错误	纠正方法
打不到球或击球不准	手臂的内旋和拍面的控制
远度和高度不够	充分利用身体的力量，击球点稍靠后

（4）练习方法

① 在无球情况下，首先进行原地练习，然后在移动中练习。

② 在有球情况下，首先进行原地练习，然后在移动中练习。

2. 后场正手吊球

（1）后场正手吊球概述

把对方击来的后场高球，以向下的弧线回击到对方网前区，这种吊球可以调动对方的位置，以利我方组织进攻。准备、引拍、击球、随前动作的要领与击高远球的动作要领基本一致，击球点在右肩的前上方较高远球稍前一点的位置，击球时手腕由伸腕到屈收带动手指捻动发力，使球拍向内、向外旋转，手腕、手指控制力量，以斜拍面切击球托后部的右侧或左侧。

正手吊球

（2）学习的重点和难点

① 重点：掌握吊球时挥臂击球动作的一致性。

② 难点：击球点位置及手臂没有内旋发力。

（3）易犯错误与纠正方法（表8-64）

表8-64　后场正手吊球易犯错误与纠正方法一览表

易犯错误	纠正方法
击球点位置不对，降低了吊球的杀伤性	把击球点调整至右前上方，比高球略前一点
击球拍面角度不适当，球过网落点离网太远或太高	以一定的倾斜拍面，手腕向前下方下压，击球托右侧或左侧部位

（4）练习方法

① 击打吊线球练习。原地击打用线吊在高处的球。

② 挑吊球练习。学生在后场连续不断地将教师从网前挑过来的球用正手吊球技术回击到对方网前。

3. 后场正手头顶杀球

（1）后场正手头顶杀球概述

准备、引拍动作要领：右臂迎球上举，右肩和髋转动，随后右脚后撤，脚尖朝向边线。拍头与头同高，肘关节向外展，眼睛注视来球。击球点选在右肩前上方较击高远球、吊球更前一点的位置。击球前，为获得较大的力臂距离，可充分调动下肢、腹部和上肢的力量，使身体后仰几乎呈"弓形"，准备发力击球。击球瞬间，前臂带动手腕由伸到屈快速闪动，以正拍面向前下方全力发力压击球。

（2）学习的重点和难点

① 重点：找准击球点，体会转体和手臂鞭打的动作。

② 难点：击球瞬间手腕、手指的发力及动作的协调一致。

杀球　　　　　　　正手接杀球　　　　　　反手接杀球

（3）易犯错误与纠正方法（表8-65）

表8-65　后场正手头顶杀球易犯错误与纠正方法一览表

易犯错误	纠正方法
杀球没力	将击球点移至稍靠前的位置，加强身体、肩、肘、腕关节及手指的参与
杀球下网	击球点太低，身体在球的后面离球太远

（4）练习方法

① 击打吊线球练习。

② 原地定点定位击球练习。

③ 原地直线高球练习。

（六）后场反手高手位击球技术

在左后场区以反拍面击球称为后场反手击球，这种击球技术依据战术的不同需要可击出直线反手高球、反手吊球等。反拍面击球的技术动作较难，击球威力不如正拍面大，落点也不易控制，初学者处理左后场区的球时应尽可能地争取用头顶正拍面击球，只有在极被动、迫不得已的情况下才用反手击球过渡。但是，如果反手技术掌握得好，同样能化险为夷、变被动为主动。

运用后场反手后退步法迅速向来球方向移动，身体稍向左转，背向球网，含胸收腹，反手握拍屈肘举于身体右侧与肩同高的位置，同时内旋回环引拍，手腕稍有外展，双眼注视来球，准备击球。

1. 后场反手高远球

(1) 后场反手高远球概述

上臂和前臂急速外旋带动手腕加速，近似画一条弧线由左下方经胸前向右前上方挥动，击球点选在右肩上方。击球时，手腕由伸展至屈收快速闪动，屈指发力，利用拇指的顶力、其余四指配合紧握球拍，用反拍面将球向后场击出。在完成击球动作的同时，右脚着地，身体重心也落在右脚上。

反手击高远球

(2) 学习的重点和难点

① 重点：击球瞬间手指手腕对拍面的控制。

② 难点：步法与手法的有效配合和动作的一致性。

(3) 易犯错误与纠正方法（表 8-66）

表 8-66　后场反手高远球易犯错误与纠正方法一览表

易犯错误	纠正方法
步法移动不到位，击球点控制不好	提高预判能力，多做步法练习
握拍太紧	强调掌心要空，多做握紧和放松球拍动作

(4) 练习方法

① 击打吊线球练习。

② 多球练习。

③ 原地直线高球练习。

2. 后场反手吊球

(1) 后场反手吊球概述

击球瞬间拍面与地面的夹角保持在 90°左右，以稍向前推的动作击球，避免击球不过网。吊直线球时前臂外旋带动手腕，手指捻动发力，斜拍面沿从左向右的轨迹向前下方切击球托的后中部。吊斜线球时用斜拍面向斜下方切击球托的左侧部位。

反手吊球

(2) 学习的重点和难点

① 重点：身体要背对球网。

② 难点：身体协调用力和动作的一致性。

(3) 易犯错误与纠正方法（表 8-67）

表 8-67　后场反手吊球易犯错误与纠正方法一览表

易犯错误	纠正方法
球下网或离网太高	注意前臂稍前推，调整击球时拍面的角度
甩大臂	强调前臂外旋带动手腕和手指发力

(4) 练习方法

① 击打吊线球练习。

② 原地定点吊直线球练习。
③ 原地定点吊斜线球练习。

第八节　体操运动的基本技能学习与分析

一、体操运动简介

体操一词源于古希腊语 Gymnasitike（意为裸体，古希腊人崇尚裸体运动）。古希腊人将走、跑、跳、攀登、爬越、舞蹈、军事游戏等锻炼内容统称为体操，体操是当时所有运动的总称，这一概念沿用了很长时间。19 世纪，欧美各国相继涌现了一些新的运动项目。从 19 世纪末到 20 世纪初，随着体育运动的发展，体育一词逐步取代原来体操的概念成为身体运动的总称，体操也开始在内容、方法上区别于其他的身体运动形式，逐渐从体育中分离出来，成为独立的体育运动项目。1881 年，国际体操联合会成立。竞技体操源于生活，高于生活，是竞技文化的一种表现形式。竞技体操动作惊险，能带来极强的感官刺激，竞技体操是大众欣赏竞技体育表演的一个重要选择。而体操课程教材的技术类体操内容是指教材化的技巧、支撑跳跃、双杠、单杠项目，内容能充分激发学生兴趣，拓宽学生视野，满足学生不同的需求。

（一）体操动作的主要技术

运动技术是指符合人体运动科学原理，能充分发挥身体潜在能力，合理有效地完成动作的方法。体操动作的技术比较复杂，因此，在体操技能学习时需要对运动技术有较深入的了解，不但要知道动作怎么做，还应该知道为什么要这样做。在体操教学中，常见的基本技术有平衡与慢用力技术、滚翻技术、摆动技术、起跳与推手技术、落地技术。

在技巧和器械体操中都有平衡与慢用力动作，它们的共同特点是静止或慢用力时，人体的重心投影要落在支撑面上，否则动作就会因身体失去平衡而失败。滚翻动作与球在地面上的滚动原理基本相似，但人体在垫子上滚动比球的滚动要复杂得多，人体滚动时身体应尽量收紧，要求身体的各部分依次接触地面，尽量减少滚动时受到的阻力。摆动动作是器械体操的主要动作，是身体绕着器械轴做转动，在人体下摆时，重力矩起促进摆动的作用，而在人体上摆时，重力矩则起阻碍摆动的作用。起跳与推手技术是支撑跳跃和技巧两个项目的关键技术。起跳以下肢蹬地，推手以上肢推地或器械，目的都是使身体根据动作的要求腾空而起，尽管两者在形式上有所不同，但它们都遵循一些共同的规律。人体从空中落下，从脚接触垫子起，经过缓冲到身体站稳起立止，为落地阶段。站稳和减缓冲击力，避免受伤是落地的主要任务。

（二）体操技能学习的特点

体操内容丰富、形式多样，有徒手的和在器械上完成的各种类型的练习，不同类型的练习之间差异较大，在练习中人体常处于非常规状态，具有一定的难度和惊险性，体操的这些特征决定了体操技能学习具有鲜明的特点。

体操技能学习过程中需广泛运用保护与帮助的措施。体操技能的形成需要反复练习，然而许多体操动作具有一定的难度，不可能一看即会，初学时必须在他人的帮助下才能完成，这是许多体操动作学习的必经之路。只有在保护与帮助下，练习者亲自体验动作，收集到动作完成过程中时空变化的真实信息，才能逐步形成运动知觉，最终建立起正确的动作概念。保护与帮助还是体操教学中预防运动损伤的有效措施，可以说没有保护与帮助，许多体操动作就不可能学会。因此，保护与帮助是体操技能学习过程中一种特殊的、重要的教学方法。

体操技能学习过程中需采用多种教学方法和手段。体操技术动作内容丰富，种类繁多，有简有繁、有易有难，从辩证的角度来看，每一个体操技术动作均有一套相对独特的教学方法，即使同类的体操技术动作，其教学方法也有同有异。因此，在体操教学中经常要运用多种教学方法和手段，开通多种信息传递途径向学生传递多方向的动作信息，让学生尽快整合这些信息，建立起完整的动作概念。

二、体操运动的基本技术学习与分析

在学校体操教学中，体操可分为基础类体操、实用类体操和技术类体操，其中，技术类体操内容难度最大，具有艺术性、复杂性、非常规性、非周期性等特点。由此，体操技术动作教学形成了区别于其他项目的教学特点和教学方法。技术类体操主要包括教材化的技巧、支撑跳跃、双杠、单杠项目，下面逐一进行介绍。

（一）技巧

技巧，俗称"翻跟头"，也叫"垫上运动"，是体操教学中的重要内容。技巧内容丰富，动作形式多样，它主要包括各种滚翻、手翻、空翻、倒立、平衡等动作，是广大学生非常喜爱又易于开展的运动项目。从技术结构分析，技巧动作大体上可分为静止用力性动作和动力性动作两大类。例如，各种平衡、慢起倒立等属于静止用力性动作，各种滚翻、手翻、空翻等属于动力性动作。

1. 前滚翻

（1）动作要领：由蹲撑开始，身体前移，两腿蹬直离地，同时屈臂，低头含胸经后脑、背、腰、臀部依次向前滚动，当腿至前上方约45°（腿与地面夹角）时，迅速屈膝抱腿，同时上体紧靠大腿蹲立。

（2）动作规格：滚动圆滑，有直腿过程。

（3）教学方法及其要求。

① 原地滚动。要求：向后滚动时积极倒上体，向前滚动时上体积极前跟，团身紧，滚动幅度大。

② 原地滚动抱腿成蹲立。要求：仰卧屈体滚动，当前滚至腿与地面夹角约45°时迅速抱腿团身起成蹲立（可利用高低位做，即滚动于垫子上，蹲立于地上）。

前滚翻

③ 利用斜面，由高往低做前滚翻。要求：在约20°的斜面上练习，做滚翻时腰部肌肉保持适度紧张。

④ 在帮助下完成动作。

（4）保护与帮助：保护帮助者单膝跪立在练习者侧前方，用手顺势推其背，帮助完成蹲立。

（5）易犯错误与纠正方法。

① 滚动不圆滑。

纠正方法：强调低头，以后脑着地，腰部适度紧张，采用教法①④纠正。

② 滚动速度小，团身不紧。

纠正方法：强调先蹬地后屈臂，采用教法②③纠正；明确抱腿团身时机，采用教法②纠正。

③ 方向不正。

纠正方法：强调同时屈两臂；低头要正。

④ 收腿蹲立时，脚掌打地。

纠正方法：强调主动先收大腿自然收小腿，采用教法②纠正。

2. 鱼跃前滚翻

（1）动作要领：由半蹲两臂后举开始，两臂向前摆起同时两脚蹬离地，并积极向后上方摆起，使身体向前上方跃起，空中保持含胸、紧腰、梗头。当两手撑地后顺势屈臂低头做前滚翻。

（2）动作规格：腾空时臀部应达腰水平高度，髋关节弯曲角度大于90°且腿在水平角度以上，滚动圆滑。

（3）教学方法及其要求。

① 练习手撑远处前滚翻。可在练习者前面画一线，使其明确手撑的位置。

② 脚蹬在跳箱盖上，手撑低处做前滚翻。要求：蹬摆腿积极有力，髋关节大于90°，屈臂缓冲做前滚翻。

③ 半蹲在跳箱盖上做鱼跃前滚翻。可在前面铺软海绵垫，做稍有腾空到较高腾空的鱼跃前滚翻。

鱼跃前滚翻

④（在帮助下）做越过障碍物的鱼跃前滚翻。设置障碍物应靠近练习者。

⑤ 在帮助下完成或可加1—3步助跑。

（4）保护与帮助：保护帮助者站在练习者侧前方，当练习者蹬地上摆时顺势托其大腿帮助完成前滚翻。

（5）易犯错误与纠正方法。

① 没有腾空过程。

纠正方法：强调两臂前摆做稍有领臂制动动作和身体前倾将失去重心时用力蹬地跃起，采用教法④纠正。

② 空中髋关节弯曲小于90°或腿低于臀部水平位。

纠正方法：强调腿蹬离地后积极向后上摆起同时主动伸髋，采用教法②纠正。

③ 滚翻时砸胸。

纠正方法：强调跃起时紧腰、先屈臂后低头，当腿至前上方（与地面夹角）45°时再收腹抱腿。

3. 后滚翻

（1）动作要领：由蹲撑开始，身体稍前移，接着直臂顶肩推手，低头拱背团身后滚，迅速屈臂抬肘翻腕置于肩后（掌心向后），当后滚至肩部，手触及地时，两手用力推起翻转，抬头成蹲撑。

（2）动作规格：团身紧，滚动圆滑。

（3）教学方法及其要求。

① 原地团身前后滚动，同时两手置于肩上做后撑地动作。要求：滚动幅度大，前滚时积极跟上体，后滚时积极倒上体，两手置肩上不仅要抬肘，而且要内夹肘，手掌尽量向后做撑地动作。

② 利用高低做团身滚动推手翻转成蹲撑。要求：做团身滚动在高处，翻转落至低处成蹲撑，其高低相差约 10 cm。在教法①基础上做这一练习。

后滚翻

③ 利用斜面做由高往低的后滚翻。要求：在约 20°的斜面上练习，始终保持收腹团身（可在帮助下完成）。

④ 在帮助下完成动作。

（4）保护与帮助：保护帮助者单腿跪立在练习者侧后方，当练习者后滚至头部时，一手托肩，一手推背，助其翻转。

（5）易犯错误与纠正方法。

① 后倒速度小。

纠正方法：强调手撑地的位置，应撑于约自己膝盖跪地处；身体重心先前移再顶肩推手，上体将过垂直位时（快失去重心时）积极向后倒体。

② 团身不紧。

纠正方法：强调低头、紧腰、用力收腹，膝盖尽量靠近胸部。采用教法②纠正。

③ 翻转时推手无力或推手时身体展开。

纠正方法：强调抬肘、内夹肘、翻腕，或练习者背靠墙站立，两手置肩上手掌撑墙；推手时低头收腹，膝盖紧靠胸部，大小腿折紧。采用教法④纠正。

4. 直腿后滚翻

（1）动作要领：由站立姿势开始，上体前屈后倒，直臂两手于膝盖外侧撑地（手指朝前），当大腿着地时上体积极向后倒，两手经撑地后迅速举臂置肩上，接着举腿翻臀，屈体后滚，当滚至肩部，手触及地时，迅速用力推撑起，两脚落地成直立姿势。

（2）动作规格：折体紧，滚动圆滑。

（3）教学方法及其要求。

① 练习直腿坐后滚翻直腿起。要求：折体紧，推手迅速，脚落地离手近。

② 站于低处，后放一软海绵垫，做直腿后滚翻，脚落于低处。要求：手撑地和倒体时机准确、推手有力。

③ 在帮助下完成。

直腿后滚翻

（4）保护与帮助：保护帮助者开腿跪立于练习者侧后方，一手扶其肩，另一手压其大腿，助其翻转。

（5）易犯错误与纠正方法。

① 后倒时臀部砸垫子。

纠正方法：强调直腿、上体前屈折紧，并保持至手撑地后，上体才开始抬起向后倒体。采用教法②纠正。

② 滚动速度慢或推手无力。

纠正方法：强调上体将过垂直位时迅速向后倒接着快速举腿，或可由帮助者拨其肩帮助迅速倒体；强调抬肘、夹肘翻腕，手触地后迅速用力推地。采用教法①纠正。

5. 肩肘倒立

（1）动作要领：由直腿坐开始，两臂侧上举，上体前屈，接着向后倒体、收腹举腿翻臀，两臂至体侧压地。当举腿至脚尖于头上方时，积极向上伸髋展体，同时两肘内夹两手撑于腰背两侧成肩肘倒立。

（2）动作规格：身体充分伸直并与地面垂直，静止 2 s。

（3）教学方法及其要求

① 由直腿坐开始，上体后倒举腿翻臀伸髋，同时两手体侧压垫子，并稍停。要求：掌握举腿伸髋的时机和方向。

② 由仰卧屈体两肘内夹，两手撑住腰背部后，再做伸髋展体动作。要求：肘关节起到支撑作用。

肩肘倒立

③ 在帮助下完成动作。

（4）保护与帮助：保护帮助者站在练习者侧面，待练习者举腿伸髋时，扶住其小腿顺势帮助向上提拉；或者保护帮助者站在练习者前面，两手握其小腿帮助向上提拉，并用膝部顶其腰背部帮助完成动作。

（5）易犯错误与纠正方法。

① 举腿翻臀伸髋时向后失去重心。

纠正方法：强调举腿脚尖至眼睛垂直线时即向上伸髋，采用教法③纠正。

② 肩肘倒立时屈髋。

纠正方法：强调两手尽量向上部位撑并内夹肘，可在站立位做手撑腰背的动作，或采用教法② 纠正。

（二）支撑跳跃

支撑跳跃动作由助跑、上板、踏跳、第一腾空、推手、第二腾空、落地七个技术环节组成。其中，第二腾空动作的高、飘、远、美和落地的稳定性是评定整个动作质量的主要环节。下面介绍两种典型的支撑跳跃动作。

1. 斜进直角腾越

（1）动作要领：（以右向助跑为例）由助跑开始，跑至最后一步时左脚上板，挺胸立腰上体稍后仰，同时右手直臂撑箱，接着右腿直腿向右前上方摆起，左脚蹬板向右腿并拢，同时左手直臂于体后撑箱，当腿摆至将近极点时积极制动腿压大腿展体，同时两臂用力顶肩撑箱并右手推离、侧举，挺身落下。

（2）动作规格：腾起时髋部在肘关节水平高度以上，经过撑、摆，身体在空中形成直角支撑，展体挺身充分。

(3) 教学方法及其要求。

① 练习助跑单脚上板右手撑箱起跳动作。要求：左脚上板起跳，右手撑箱，右腿向前上摆起的动作协调有力，上体姿势准确。

② 斜向助跑2—3步，以跳箱远侧的脚起跳，远侧腿上摆，两手依次撑箱，两脚在空中并拢，经直角支撑，依次推手越箱落垫站立。要求：摆蹬协调有力，并腿快，有展体挺身动作。

斜进直角腾越

③ 在帮助下完成动作。

(4) 保护与帮助：保护帮助者站在箱前右侧，右手握练习者上臂，左手托其腰部帮助摆越完成动作。

(5) 易犯错误与纠正方法。

① 撑箱时屈臂或摆腿很低。

纠正方法：强调上板撑箱时上体应立直并后倒，直臂撑箱，摆腿快速有力。采用教法①③纠正。

② 空中展体不充分或屈腿。

纠正方法：强调腿制动时展体的时机及动作，并积极压大腿展体，可采用由站立始一腿直腿前踢至90°并快速还原练习。采用教法②③纠正。

2. 山羊分腿腾越

(1) 动作要领：由助跑开始，速度逐渐加快，上体抬起，快速直腿绷脚上板，以前脚掌踏跳，同时梗头含胸紧腰，上体稍前倾，两臂直臂前伸撑马，身体向前上方腾起。当手掌将触及马面前半部时，快速拉开肩角顶肩推手，使身体向前上方腾起，同时两腿侧分制动，上体急振抬起，两臂侧上举，展体挺身至落地。

(2) 动作规格：在肩垂直位前推手，推手时脚尖不过两支撑点延长线，腾起明显，挺身充分。

(3) 教学方法及其要求。

① 靠墙放一助跳板，助跑上板踏跳推墙练习。要求：由一步单跳双落上板起跳过渡到多步助跑上板起跳推墙练习，上板起跳动作和上体姿势要准确。

② 原地跳起空中分腿挺身。要求：将至最高点时做挺身分腿动作，挺身应充分。

③ 助跑跳起撑山羊分腿回落下。要求：助跑3—5步，撑山羊时要用力向前下方顶肩撑住而不离开，空中紧腰含胸，稍屈髋分腿，回落时要有控制地落回跳板上，前面可站一人推其两肩或握其上臂进行保护。

④ 在帮助下完成动作。可先不强调第二腾空，只要能过山羊，然后再逐步提高要求。

(4) 保护与帮助：保护帮助者站在山羊前一侧，一手前伸握练习者上臂提拉，另一手顺势推其腰部帮助越过山羊至落地；保护帮助者也可站在正前方前后开立，两手前伸握练习者上臂顺势直臂提拉帮助越过山羊。如其前冲速度过大可两手直臂顶其肩顺势后退。

(5) 易犯错误与纠正方法。

① 勾脚屈腿上板起跳。

纠正方法：强调单跳双落时绷脚尖伸直腿上板起跳，采用教法①纠正。

② 冲肩提臀无展体。

山羊分腿腾越

纠正方法：强调助跑至后几步时上体应积极抬起为上板做好准备，并紧腰上体稍前倾踏跳，两臂积极前伸去撑山羊，两腿向两边侧分并制动，推手挺身快。采用教法③④纠正。

（三）双杠

双杠属于器械体操项目，是体操教学中的一项重要内容。它动作变化多样，可在一杠或两杠上做各种摆动、摆越、滚翻、转体、屈伸等动作，是广大学生十分喜爱的运动项目。从技术结构分析，双杠动作大致可分为静止用力动作和摆动动作两大类。例如，支撑、慢起肩倒立、手倒立等属于静止用力动作，支撑摆动、悬垂摆动、滚翻、转体、屈伸上、后摆下、空翻等属于摆动作。

1. 滚杠

（1）动作要领：（以滚右杠为例）由分腿坐开始，直体前倒，左手在肩垂直处撑杠，顺势屈臂支撑，接着右手从杠下虎口向内，掌心向上靠近左大腿处握杠，同时上体前俯，头至杠下，左腿举起带动髋部向右杠翻滚，以臀的上部压杠经分腿仰卧，接着右腿举起，跨越两杠，向下压杠转体，带动上体抬起，同时左肘落下，右肘翻起经屈臂支撑，再用力将臂撑直，上体立起成分腿坐。

（2）动作规格：身体直，滚动圆滑，分腿大。

（3）教学方法及其要求。

① 在垫子上由分腿俯撑举左腿翻转，经仰撑再举右腿，转体 360°还原成分腿俯撑。要求：在翻转时身体始终保持直体分腿，并以脚带动髋翻转上体，两手依次推撑地。

② 两手握好杠后，在帮助下完成动作。要求：准确掌握两手握杠的方法和位置，然后在帮助下完成动作。

滚杠

③ 在帮助下完成完整动作。

（4）保护与帮助：保护帮助者站在练习者的左杠侧，一手扶其左肘，另一手托其右肩帮助完成；保护帮助者站在练习者的右杠侧，两手扶其大腿帮助翻转；可同时由两人一起进行帮助。

（5）易犯错误与纠正方法。

① 翻转时身体滑落杠。

纠正方法：强调左臂屈臂立肘撑杠随身体滚翻超过 180°以后，被动翻于杠下，而右肘随之翻起屈臂撑杠，身体伸直紧腰。采用教法②纠正。

② 滚动不圆滑。

纠正方法：强调紧腰、滚翻时以腿带动髋翻转上体。采用教法①③纠正。

2. 支撑后摆下

（1）动作要领：（以向右侧下为例）由支撑摆动，当腿后摆将至极点时左手迅速推杠换握右杠（在右手前），接着右手推杠侧举，身体保持抬头紧腰挺身至落地。

（2）动作规格：当手换握成单臂支撑时，身体达肩水平高度，空中挺身充分。

（3）教学方法及其要求。

① 由俯撑依次推手向侧方移动。要求：一手推离靠近另一手旁，另一手迅速推离至侧举成单臂俯撑，稍停再继续做，要移动快，身体仍保持直体。

② 在杠端做两手同时推手的后摆下。要求：可在下杠一侧站一人，给予保护与帮助，并要求当后摆将至极点时，两臂直臂用力向下杠侧推杠下，身体保持直体抬头挺身落下。

支撑后摆下

③（在帮助下）做幅度由小到大的后摆下。要求：做小幅度后摆下，以掌握空中换握杠的动作和时机，保持身体的基本姿势，在此基础上增大幅度，提高质量。

（4）保护与帮助：保护帮助者站在练习者下杠一侧，一手握其上臂，另一手从杠中托其腹部帮助出杠；保护帮助者站在下杠的另一侧，左手握练习者上臂，当其换握杠时顺势推其臂去换握右杠，右手顺势推其髋部帮助出杠。

（5）易犯错误与纠正方法。

① 难以摆越杠。

纠正方法：练习支撑摆动，后摆必须达到杠水平高度以上；强调两臂用力向侧撑顶和直体紧腰。采用教法①②纠正。

② 换握杠过迟。

纠正方法：强调后摆出杠后就迅速换握杠，必须在后摆至极点前完成。采用教法①③纠正。

③ 空中低头收腹屈髋。

纠正方法：强调换握杠时要充分抬头紧腰，背肌充分用力紧张，靠手感去换握杠，眼睛应始终朝前看。采用教法①③纠正。

3. 分腿坐前滚翻成分腿坐

（1）动作要领：由分腿坐开始，两手靠近大腿屈臂撑杠并夹肘向后下方用力撑杠，同时上体前倒收腹提臀使身体前翻，当肩触及杠时两肘外张、肩臂撑杠、并腿前滚，在臀部过肩垂直位后，两手迅速向前换握杠并向下压杠，当臀部接近杠水平时分腿并主动下压大腿，上体顺势抬起成分腿坐。

（2）动作规格：滚动圆滑，臀部不低于杠，有并腿过程。

（3）教学方法及其要求。

① 在杠面上铺一块海绵垫，在帮助下慢做。要求：仰卧屈体时身体折紧并腿，并两肘外分以臂肩撑压杠后，控制好身体重心，及时换握杠成分腿坐，待正确掌握后便可撤去海绵垫。

② 在帮助下做完整动作。

（4）保护与帮助：保护帮助者站在杠侧，一手托练习者大腿，另一手托其肩，并随其前滚而换手至托其背、腰帮助完成；可两人分别站于两侧一起进行帮助。

分腿坐前滚翻成分腿坐

(5) 易犯错误与纠正方法。

① 因只倒上体提臀不足而难以前滚。

纠正方法：强调两肘内夹屈臂用力向后下方撑杠，低头倒体的同时提臀拱背前翻。采用教法①纠正。

② 臀部下落。

纠正方法：强调当前翻至身体重心过垂直位后迅速换握杠，并向下压杠。采用教法②纠正。

③ 将成分腿坐时上体抬起困难或不能抬起。

纠正方法：将成分腿坐时，应先主动展髋压大腿，然后跟上体成分腿坐。保护帮助者可一手托其背，另一手压其大腿帮助展髋压杠。采用教法②纠正。

4. 分腿坐慢起肩倒立

(1) 动作要领：由分腿坐开始，两手靠近大腿处撑杠，屈臂夹肘用力向后下方推撑，同时上体前倒收腹提臀，当肩触及杠时两肘外分以肩臂撑压杠抬头挺胸，两腿离杠后尽量侧分、翻臀、举腿、并腿展体紧腰夹臀成肩倒立姿势，用两手推拉杠控制好身体重心，保持身体平衡。

(2) 动作规格：举腿匀速，身体充分伸展垂直于地面，并静止 2 s。

(3) 教学方法及其要求。

① 在垫子上练习头手倒立。要求：先翻臀后举腿并腿，控制好身体重心，保持倒立平衡。

② 杠上放一块海绵垫，练习者在帮助下完成动作。要求：将海绵垫放于练习者肩撑杠的前面，以确保练习者的安全。

分腿坐慢起肩倒立

(4) 保护与帮助：保护帮助者站在杠侧，一手杠下托练习者肩，另一手托其大腿帮助完成，可两人一起进行帮助。

(5) 易犯错误与纠正方法。

① 提臀困难。

纠正方法：强调两肘内夹用力推撑杠，上体前倒同时提臀。采用教法②纠正。

② 重心控制不好或前翻。

纠正方法：强调体重大部分压于肩上，少部分压于手上，当身体前倒时两手应用力拉杠使身体重心后移，当身体后倒时两手应用力推杠使身体重心前移。采用教法②纠正。

5. 支撑前摆下

(1) 动作要领：（以向右侧下为例）支撑前摆身体过垂直面后，两腿加速向前上方摆起并主动屈髋，身体开始外移，当腿将至最高点时，迅速制动腿并积极向前下方压大腿展髋，同时两臂用力顶肩推杠，左手换握右杠，右臂侧举，挺身落下。

(2) 动作规格：空中展体时，髋部高于杠，挺身充分。

支撑前摆下

(3) 教学方法及其要求。

① 由直立一腿迅速前踢并还原。要求：一腿快速前踢约 90° 并迅速压大腿还原，直

腿绷脚尖，上体始终保持不动，可一手扶器械进行练习，需多次重复练习，两腿交换练习，以体会掌握踢腿压大腿展髋动作。

② 利用低杠，做跳起支撑前摆下。要求：在跳起支撑顺势前摆时，迅速踢腿压大腿展髋挺身落下。

③ 由支撑摆动，前摆踢腿主动收腹屈髋举腿练习。要求：前摆踢腿时主动挺胸、立腰、屈髋举腿（接近90°），以体会和掌握展体挺身前的动作姿势。

④ 在帮助下完成动作。

（4）保护与帮助：保护帮助者站在练习者下杠一侧，一手扶练习者上臂，另一手托其腰部帮助完成出杠动作。

（5）易犯错误与纠正方法。

① 只摆腿，身体重心不移动或移动不够。

纠正方法：强调前摆收腹屈髋举腿至最高点（极点）之前两臂就要用力向侧撑顶。采用教法④纠正。

② 空中没有展体挺身或展体挺身过迟。

纠正方法：强调当前摆收腹屈髋举腿时应挺胸、立腰以保持紧腰状态，并在将至极点时两腿积极制动向前下方压大腿展髋挺身下。采用教法①②纠正。

（四）单杠

单杠是器械体操项目之一，动作繁多，技术多样，可通过对单杠正握、反握、换握、正反握、交叉握、翻握等，做各种摆动、摆越、回环、转体、屈伸、腾越、上法和下法动作。从体操教学内容分析，单杠动作可分为静止用力动作和摆动动作。例如，各种悬垂、支撑、骑撑、悬垂慢翻上、支撑前翻下等属于静止用力动作，而各种摆动、回环、屈伸上、后摆下等属于摆动动作。

1. 支撑后回环

（1）动作要领：由支撑开始，两腿先前摆，接着两腿向后上方积极后摆，直臂顶肩撑杠。回摆时上体稍前移，直臂直体下落，当腹部接近杠时上体迅速后倒，同时直臂拉压杠，保持直体回环，当回环至杠水平位时，积极制动腿，同时抬头、挺胸、抬上体，挺身翻腕成支撑。

支撑后回环

（2）动作规格：后摆达肩水平位，直体回环，成支撑时腿不低于杠下45°。

（3）教学方法及其要求。

① 支撑后摆还原成支撑。要求：腿摆起下落时身体紧张、挺腹，直体落下压杠，压杠时不屈髋。保护帮助者可待练习者回落时两手托其大腿以缓冲下落。

② 由支撑开始，在他人帮助下做倒肩倒上体动作。

③ 在帮助下完成动作。

（4）保护与帮助：保护帮助者站在杠前一侧，一手从杠下翻腕握练习者手腕处，另一手压其腰部帮助贴紧杠，当回环至接近杠水平位时，一手托练习者大腿，另一手托其肩或上臂，帮助制动成支撑。

（5）易犯错误与纠正方法。

① 向后倒体时身体离杠。

纠正方法：强调后摆下落时肩要前移，使身体重心回落至杠上，在腹部触及杠时主动做倒肩倒体动作，身体保持伸直紧腰夹臀。采用教法①③纠正。

② 回环时屈髋或速度小。

纠正方法：强调挺腹紧腰直体，当腹部触杠时稍稍制动腿紧腰直体积极倒上体。采用教法①③纠正。

2. 支撑后摆下

（1）动作要领：由支撑开始，两腿稍前摆，同时上体稍前倾并低头含胸沉肩拱背，当腿后摆过垂直位后加速用力向后上方摆起，同时直臂顶肩至垂直位，当后摆将至极点时积极制动腿紧腰，同时用力顶肩推离杠，两臂侧上举，空中展体挺身至落地。

（2）动作规格：后摆在肩水平以上，空中展体挺身充分。

（3）教学方法及其要求。

① 支撑后摆握杠落下。要求：手不松杠，腿前摆时，上体相应前倾，低头含胸沉肩拱背，并在上体姿势不变的情况下体会后摆用力时机及方向，后摆至极点时肩在杠上垂直位。

② 在较低的支撑后摆下动作中做好推手动作。要求：着重体会和掌握推手动作的用力时机和方向，身体保持伸直。

支撑后摆下

③ 在帮助下完成动作。

（4）保护与帮助：保护帮助者站在杠后一侧，一手握练习者上臂，另一手托其大腿帮助后摆，当其落地时给予扶持。

（5）易犯错误与纠正方法。

① 后摆用力过早，撇肩多或后摆时抬头挺胸做成两头翘动作。

纠正方法：强调前摆时的上体姿势，后摆甩腿用力时眼睛仍看杠下，两臂直臂顶肩至垂直位，用力向下推离杠。采用教法①③纠正。

② 顶肩推杠迟。

纠正方法：强调将至极点时制动腿推杠。采用教法②纠正。

③ 空中屈髋。

纠正方法：强调推手时紧腰直体，推手后抬头展髋挺身，头应向前看。采用教法②③纠正。

④ 屈臂推杠。

纠正方法：强调前摆时沉肩，直臂顶肩推杠。采用地上俯撑顶肩推手击掌练习和教法②纠正。

第九节　健美操运动的基本技能学习与分析

一、健美操运动简介

健美操（Aerobics）是在音乐伴奏下，以身体练习为基本手段、以有氧运动为基础，达到增进健康、塑造形体和放松心情目的的一项体育运动。它体现了人体在力量、柔韧、协调、节奏感、审美、表现力等诸多方面的综合能力。

健美操是在音乐伴奏下集健身、娱乐于一体运动，同时也吸收了很多其他项目的健身特性，普及性、趣味性极强。健美操不仅突出动作"健"和"力"的特点，而且更强调"美"。在长期的实践过程中，健美操已从单纯的健身运动逐步发展成为独立的体育竞赛项目，在运动形式、运动技术特征、竞赛组织等方面有其鲜明的特点。

在教学过程中，科学的教学方法及先进教学手段的灵活运用有利于学生综合能力的培养及教学目标的达成。健美操教学生动直观，教师与学生相互配合，教师教、学生学，学生通过自身体验更好地感受动作并结合教师建议进行规范，使整个教学课堂充实高效。

随着教育事业的发展，各种教学方法层出不穷，每种教学方法在课堂教学运用中具有不同的特点，所得到的教学效果也不尽相同。有关健美操的理论研究日趋丰富，但仍存在很多不足，主要体现在我国健美操的理论研究滞后于项目技术的发展速度、我国对健美操课程实践教学领域的研究仍有待加强。为贯彻落实学生的多方面发展，使体育教学体系更加完善，就需要不断地去探索新理念下更为合适的健美操教学方法。

二、健美操运动的基本技术学习与分析

健美操基本动作是健美操运动的基础，是最小的健美操运动元素，所有健美操的组合都是在基本动作的基础上发展和变化起来的。健美操基本动作主要由下肢动作、头颈动作、躯干动作和上肢动作组成。通过对基本动作的学习，练习者能够掌握健美操的基础技术。下肢动作即基本步法，是健美操最为基础的组成部分，是健美操学习的基本内容。根据动作形式，基本步法一般分为无冲击步法、低冲击步法和高冲击步法。上肢动作是从健身器械练习、体操、艺术体操、舞蹈中借鉴及演变而来的，但与体操及艺术体操的基本动作存在根本的不同，上肢动作包括手臂和手型。躯干动作是一些常见的身体的肩、胸等部位的动作，在健美操中它可以作为动作的组成部分，也可以作为修饰性动作。

（一）下肢动作

1. 无冲击步法

（1）弹动

① 技术要领：双脚并拢，全脚掌着地，膝关节并拢，膝关节节律性屈伸。

② 教学要求：保持标准的上体姿势；配合音乐节奏节律性屈伸；保持身体重心垂直上下起伏；膝关节克服身体重力屈伸，并通过脚掌传递地面反作用力。

弹动

③ 动作难点：保持身体张弛有度；身体重心适度起伏；动作节奏的掌握。

④ 易犯错误：动作僵硬；身体摇晃，重心不稳，起伏较大；动作节律性较差。

⑤ 纠正方法：放慢节奏体会膝关节屈伸，然后加快节奏练习。

（2）半蹲

① 技术要领：两腿左右分开站立，与肩同宽或比肩稍宽，脚尖稍外开，膝关节屈伸。

② 教学要求：保持标准的上体姿势；保持身体重心在两腿之间垂直上下起伏；屈膝时，脚尖稍外开，膝关节朝着脚尖的方向，同时膝关节不能超过脚尖。

③ 动作难点：控制膝关节屈伸幅度；身体重心垂直上下起伏；保持标准的上体姿势。

④ 易犯错误：腰背松懈，塌腰驼背；过度屈膝，膝关节超过脚尖；两脚距离过宽或过窄；脚尖内扣。

⑤ 纠正方法：放慢节奏体会膝关节屈伸，然后加快节奏练习；双手或单手扶杆半蹲，体会重心垂直上下起伏，避免身体摇晃，重心不稳。

半蹲

（3）弓步

① 技术要领：两腿前后开立，两脚距离比肩稍宽，脚尖朝前，前腿屈膝，后腿伸直。

② 教学要求：保持标准的上体姿势；保持身体重心在两腿之间；屈膝腿膝关节朝着脚尖的方向，同时膝关节不能超过脚尖；两脚全脚掌着地。

③ 动作难点：控制膝关节屈膝幅度；后腿（伸直腿）保持膝关节伸直状态；后脚脚跟着地。

④ 易犯错误：腰背松懈，塌腰驼背；上体过度前倾或后仰；过度屈膝，膝关节超过脚尖；两脚距离过宽或过窄；前后弓步时，后脚脚尖外开。

⑤ 纠正方法：双手或单手扶杆弓步，体会重心正确位置，避免身体过度前倾或后仰。

弓步

（4）提踵

① 技术要领：挺胸收腹立腰，臀部收紧，双腿夹紧，双脚并拢，双脚脚跟同时抬起。

② 教学要求：保持标准的上体姿势；膝关节伸直；脚跟尽量抬高；脚跟夹紧。

③ 动作难点：保持标准的上体姿势；臀部和腿部适度紧张；脚跟尽量抬高，保持较高的重心位置。

④ 易犯错误：身体松懈，重心不稳；脚跟抬起高度不够；脚跟分开。

⑤ 纠正方法：双手或单手扶杆提踵，体会重心垂直上下起伏，避免身体摇晃，重心不稳；进行单脚提踵练习。

提踵

2. 低冲击步法

（1）踏步

① 技术要领：两腿依次屈膝抬起，依次落地。

② 教学要求：膝关节向正前上方抬起；下落时，膝、踝、脚掌有

踏步

弹性地缓冲；保持上体正直；手臂配合摆动。

③ 动作难点：下落时，膝、踝、脚掌有弹性地缓冲。

④ 易犯错误：下落时，膝、踝、脚掌无弹性缓冲，蹬地力量过大。

⑤ 纠正方法：减小提膝幅度，体会正确的提膝方向与提膝节奏，然后恢复正常幅度；放慢节奏体会膝、踝、脚掌有弹性地缓冲，然后加快节奏练习。

(2) 一字步

① 技术要领：以左脚开始为例，左脚向正前方迈一步，右脚并左脚，左脚向后一步，右脚并左脚。

② 教学要求：迈步时，身体重心快速向前或向后移动；落地时，脚掌、踝、膝有弹性地缓冲；向前走时，脚跟先着地，过渡到全脚掌，向后走时，脚尖先着地，过渡到全脚掌；保持上体正直；手臂配合摆动。

一字步

③ 动作难点：落地时，脚掌、踝、膝有弹性地缓冲。

④ 易犯错误：向前或向后走时，脚跟、脚尖落地顺序错误。

⑤ 纠正方法：放慢节奏体会脚掌、踝、膝有弹性地缓冲，然后加快节奏练习；进行向前一字步、向后一字步、转体一字步练习。

(3) V字步

① 技术要领：以左脚开始为例，左脚向左前方迈步，右脚向右前方迈步，成半蹲，左右脚依次还原。

② 教学要求：迈步时，身体重心快速向前移动至两腿之间；向前迈步时，脚跟先着地，过渡到全脚掌，向后迈步时，脚尖先着地，过渡到全脚掌；落地时，脚掌、踝、膝有弹性地缓冲；成半蹲时，脚尖稍外开；保持上体正直；手臂配合摆动。

V字步

③ 动作难点：向前或向后迈步时，脚跟、脚尖落地顺序。

④ 易犯错误：身体重心左右摇摆幅度过大；成半蹲时，两脚之间距离过宽或过窄，脚尖方向超前或内扣；向前或向后迈步时，脚跟、脚尖落地顺序错误。

⑤ 纠正方法：放慢节奏体会脚掌、踝、膝有弹性地缓冲，然后加快节奏练习；进行向前V字步、向后V字步、转体V字步练习。

(4) 脚尖前点地

① 技术要领：点地时，主力腿稍屈，另一条腿膝关节伸直，同时踝关节伸直，脚尖向前点地。

② 教学要求：两腿有弹性地屈伸；身体重心保持在主力腿上；点地时，踝关节伸直，绷直脚面；保持上体正直。

脚尖前点地

③ 动作难点：两脚交替点地时，膝、踝关节交替屈伸。

④ 易犯错误：点地时，踝关节伸直幅度不够，脚面未绷直；动作僵硬，膝、踝关节弹性不够；点地脚落地时，用力过度。

⑤ 纠正方法：双手或单手扶杆交替点地练习，体会身体重心在左右腿之间交换；进行向左前、右前点地练习。

(5) 并步

① 技术要领：以左脚开始为例，左脚向左侧迈步，同时重心左移，两膝稍屈，右脚并向左脚。

② 教学要求：迈步时，前脚掌先着地，再过渡到全脚掌；落地时，膝、踝关节积极缓冲；身体重心在两脚之间略有起伏地平稳过渡；保持上体正直。

并步

③ 动作难点：落地时，膝、踝关节积极缓冲屈伸。

④ 易犯错误：迈步时，全脚掌同时着地；落地时，膝、踝关节缓冲屈伸不够；落地时，用力蹬踏地面。

⑤ 纠正方法：进行左右并步、连续并步、转体45°并步、转体90°并步、转体180°并步练习。

(6) 侧交叉步

① 技术要领：以左脚开始为例，左脚向左侧迈一步，身体重心移至左腿，右腿向左交叉于左脚之后，左脚再向左侧迈一步，身体重心继续左移，最后右脚并向左脚。

② 教学要求：迈第一步时，脚跟先着地，再过渡到全脚掌；后交叉时，脚尖着地，脚跟离地，膝关节稍屈；身体重心快速移动；上体保持正直。

侧交叉步

③ 动作难点：后交叉时，脚尖着地，脚跟离地，保持身体平衡。

④ 易犯错误：迈第一步时，脚尖先着地；后交叉时，脚跟着地。

⑤ 纠正方法：放慢节奏体会重心移动、迈步顺序与幅度，然后加快节奏练习；进行左右侧交叉步、连续侧交叉步、转体侧交叉步练习。

(7) 后屈腿

① 技术要领：支撑腿全脚掌着地，膝关节伸直站立，另一条腿小腿后屈。

② 教学要求：支撑腿全脚掌着地，膝关节伸直站立；小腿后屈并有控制地制动；保持上体正直。

后屈腿

③ 动作难点：身体重心流畅地切换。

④ 易犯错误：小腿后屈无控制。

⑤ 纠正方法：循环进行左右脚交替后屈腿练习；放慢节奏体会小腿位置，然后加快节奏练习。

3. 高冲击步法

(1) 并腿纵跳

① 技术要领：双腿并拢，双脚同时蹬地起跳，空中身体伸展，双脚落地，同时屈膝缓冲。

② 教学要求：双腿并拢起跳；空中身体伸展，收腹、挺胸、立腰，双腿并拢；双脚同时落地，由前脚掌过渡到全脚掌，同时屈膝缓冲；上体保持正直。

③ 动作难点：空中身体伸展，收腹、挺胸、立腰，双腿并拢。

④ 易犯错误：双腿未同时起跳，未并拢；空中身体松懈，双腿未并拢；双脚未同时落地，膝关节、踝关节未缓冲。

⑤ 纠正方法：将并腿纵跳分解为提踵、半蹲两个动作进行练习，然后进行完整练习；进行原地并腿纵跳、向前并腿纵跳、左右并腿纵跳、转体并腿纵跳练习。

并腿纵跳

（2）开合跳

① 技术要领：并腿向上跳起，分腿落地，再分腿向上跳起，并腿落地。

② 教学要求：并腿向上跳起时，踝关节用力蹬起，身体伸展，挺胸、收腹、立腰；分腿落地时，前脚掌先着地，再过渡到全脚掌，屈膝缓冲，脚尖外开，膝关节弯曲，但不超过脚尖；并腿落地时，前脚掌先着地，再过渡到全脚掌，同时屈膝缓冲；上体保持正直。

开合跳

③ 动作难点：双脚落地时，前脚掌先着地，再过渡到全脚掌，同时屈膝缓冲。

④ 易犯错误：双腿未同时起跳；空中身体松懈；双脚未同时落地，膝关节、踝关节未缓冲；分腿或并腿落地时，过度屈膝，膝关节超过脚尖；分腿落地时，膝关节、脚尖内扣。

⑤ 纠正方法：将开合跳分解为并腿纵腿跳、分腿半蹲跳两个动作练习，然后进行完整练习；进行原地开合跳、转体开合跳练习。

（3）弓步跳

① 技术要领：并腿向上跳起，两腿前后分开落地，前腿屈膝，后腿伸直。

② 教学要求：落地时，膝关节、踝关节积极缓冲；两腿前后分开落地，两脚脚尖朝前，前腿沿脚尖方向屈膝，膝关节不超过脚尖，后腿伸直，脚跟着地；上体保持正直。

弓步跳

③ 动作难点：两腿前后分开落地，两脚脚尖朝前，前腿沿脚尖方向屈膝，膝关节不超过脚尖，后腿伸直，脚跟着地。

④ 易犯错误：落地时，膝关节、踝关节未缓冲；两腿前后分开落地，两脚脚尖未朝前，膝关节超过脚尖，后腿未伸直，脚跟离地。

⑤ 纠正方法：双手或单手扶杆弓步跳；原地弓步练习，体会动作要领，然后加大难度，进行完整动作练习。

（4）吸腿跳

① 技术要领：单脚起跳，另一腿屈膝抬起。

② 教学要求：单脚起跳，髋、膝、踝伸直；另一条腿大腿抬至与地面平行；小腿自然下垂，绷脚尖；大腿抬至与地面平行后积极制动；双脚落地，膝关节、踝关节缓冲；上体保持正直。

吸腿跳

③ 动作难点：空中保持挺胸、收腹、立腰姿态；大腿抬至与地面平行后积极制动。

④ 易犯错误：大腿抬起高度过高或过低；双脚落地，膝关节、踝关节未缓冲。

⑤ 纠正方法：吸腿练习，体会动作要领，然后加大难度，进行完整动作练习。

（5）弹踢腿跳

① 技术要领：单脚起跳，另一条腿小腿屈膝后撩，然后小腿前踢伸直。

② 教学要求：单脚起跳，另一条腿小腿屈膝后撩时，膝关节紧贴支撑腿膝关节；大腿带动小腿前踢至膝关节伸直时，有控制地制动；双脚落地，膝关节、踝关节缓冲；保持上体正直。

弹踢腿跳

③ 动作难点：大腿带动小腿前踢至膝关节伸直时，有控制地制动。

④ 易犯错误：另一条腿小腿屈膝后撩时，膝关节未紧贴支撑腿膝关节；大腿带动小腿前踢至膝关节伸直时未制动；双脚落地，膝关节、踝关节未缓冲。

⑤ 纠正方法：原地弹踢腿练习，体会动作要领，然后加大难度，进行完整动作练习；进行向前弹踢腿跳、向侧弹踢腿跳练习。

（6）后踢腿跑

① 技术要领：单脚起跳，另一条腿后屈腿，然后两腿交替。

② 教学要求：另一条腿小腿后屈时，膝关节紧贴支撑腿膝关节；小腿后屈小于90°时，有控制地制动；支撑腿落地时，膝关节、踝关节积极缓冲；保持上体正直。

后踢腿跑

③ 动作难点：另一条腿小腿后屈时，膝关节始终紧贴支撑腿膝关节。

④ 易犯错误：另一条腿小腿后屈时，膝关节未紧贴支撑腿膝关节；小腿后屈无控制；支撑腿落地时，膝关节、踝关节未缓冲。

⑤ 纠正方法：将后踢腿跑分解为单个后踢腿跳，然后进行完整练习；进行原地后踢腿跑、转体后踢腿跑练习。

（7）侧并小跳（小马跳）

① 技术要领：以左脚开始为例，右脚蹬地跳起，同时左脚向左侧迈步落地，随之右脚并向左脚，脚尖点地。

② 教学要求：跳点地时，两腿靠拢；支撑腿前脚掌着地，点地腿膝关节稍屈，脚尖点地；支撑腿、点地腿膝关节、踝关节弹动缓冲；身体重心迅速移动；保持上体正直。

侧并小跳

③ 动作难点：支撑腿、点地腿膝关节、踝关节弹动缓冲。

④ 易犯错误：跳点地时，两腿未靠拢；支撑腿、点地腿膝关节、踝关节无弹动缓冲。

⑤ 纠正方法：双手或单手扶杆侧并小跳练习；进行原地小马跳、向前小马跳、向侧小马跳、向后小马跳、转体小马跳练习。

（二）头颈动作

1. 屈

① 技术要领：头部向前、后、左、右四个方向分别做颈部关节弯曲的运动。

② 教学要求：身体保持正直；颈部放松；肩膀下沉；动作稍缓；一侧颈部肌肉充

分伸展。

③ 动作难点：颈部放松，肩膀下沉。

④ 易犯错误：耸肩；动作过快，过度用力。

⑤ 纠正方法：放慢节奏体会颈部屈伸，然后加快节奏练习；进行前、后、左、右四个方向循环屈伸练习。

屈

2. 转

① 技术要领：头部保持正直，头部带动颈部沿身体垂直轴向左、右转动。

② 教学要求：身体保持正直；微含下颚；颈部放松；肩膀下沉；动作稍缓；头部转至90°后制动。

③ 动作难点：颈部放松，肩膀下沉。

④ 易犯错误：抬头；耸肩；动作过快。

⑤ 纠正方法：放慢节奏体会颈部转动，然后加快节奏练习；进行左、右两个方向循环转动练习。

转

3. 绕环

① 技术要领：头部由向前屈开始，绕身体垂直轴，经左侧屈、后屈、右侧屈，绕环1周，或反方向绕环1周。

② 教学要求：身体保持正直；颈部放松；肩膀下沉；动作稍缓。

③ 动作难点：颈部放松，肩膀下沉。

④ 易犯错误：耸肩；动作过快。

⑤ 纠正方法：放慢节奏体会颈部绕环，然后加快节奏练习；从左至右绕环，然后从右至左绕环循环练习。

绕环

（三）躯干动作

1. 提肩与沉肩

① 技术要领：提肩为单肩或双肩用力上提；沉肩为提肩后有控制地放下。

② 教学要求：上提时，颈部紧张收紧；下沉时，颈部放松伸长；最大幅度上提、下沉；身体保持正直。

③ 动作难点：最大幅度上提、下沉。

④ 易犯错误：上提、下沉幅度过小，不到位；双肩上提、下沉速度不一致，动作不协调。

⑤ 纠正方法：放慢节奏体会提肩、沉肩动作，然后加快节奏练习；单肩或双肩连续练习；左右肩交替练习。

提肩与沉肩

2. 含胸与挺胸

① 技术要领：含胸为两肩内合，胸廓内收；挺胸为两肩向后合，肩胛骨内收。

② 教学要求：含胸时，肩胛骨分离，背部扩张，稍低头；挺胸时，肩胛骨靠拢，胸部扩张，抬头；最大幅度含胸、挺胸。

含胸与挺胸

③ 动作难点：最大幅度含胸、挺胸。

④ 易犯错误：含胸、挺胸幅度过小，动作不到位；含胸时抬头，挺胸时低头。

⑤ 纠正方法：放慢节奏体会含胸、挺胸动作，然后加快节奏练习；连续进行含胸、挺胸练习。

（四）上肢动作

1. 手臂动作

（1）举

① 技术要领：以肩关节为轴，手臂的活动范围不超过180°，并停止在某一位置。动作包括前举、上举、侧上举、侧举、侧下举等。

② 教学要求：颈部放松；肩膀下沉；路线清晰，动作到位，有控制；肘关节伸直；腕关节伸直，手掌成为手臂的延伸；手臂尽量往远伸；上体保持正直。

举

③ 动作难点：路线清晰，动作到位，有控制。

④ 易犯错误：动作不到位，无控制；耸肩；肘关节弯曲。

⑤ 纠正方法：进行各种形式的手臂、肩部力量练习，加快动作速度，提高动作控制能力；进行各种形式的肩部柔韧性练习，增加肩关节柔韧性与灵活性，增大动作幅度；多次快速重复练习，熟悉动作路线和动作位置，达到动作自动化。

（2）屈与伸

① 技术要领：肘关节由伸直到弯曲为屈；肘关节由弯曲到伸直为伸。动作包括胸前屈、胸前平屈、肩侧屈等。

② 教学要求：颈部放松；肩膀下沉；路线清晰，动作到位，有控制；肘关节有弹性地屈伸，屈时有控制地制动，伸时保持肘关节略小于180°；腕关节稍屈；上体保持正直。

屈与伸

③ 动作难点：路线清晰，动作到位，有控制。

④ 易犯错误：动作不到位，无控制；耸肩；屈伸过猛，屈时无制动，伸时保持肘关节完全伸直。

⑤ 纠正方法：循环进行各种屈、伸练习；面对镜子观察、纠正动作路线、幅度、高度、位置。

（3）绕与绕环

① 技术要领：两臂或单臂以肩为轴做弧线运动。动作包括两臂或单臂向内、外、前、后绕或绕环。

② 教学要求：颈部放松；肩膀下沉；路线清晰，动作到位，有控制；肘关节伸直；腕关节伸直，手掌成为手臂的延伸；手臂尽量往远伸；上体保持正直。

绕与绕环

③ 动作难点：路线清晰，动作到位，有控制。

④ 易犯错误：动作不到位，无控制；耸肩。

⑤ 纠正方法：面对镜子观察、纠正动作路线、幅度、高度、位置。

2. 手型

（1）掌

① 技术要领：并指掌为大拇指指关节弯曲内扣，贴紧食指，其余4指并拢伸直；分指掌为5指用力分开，并伸直；花掌为5指分开，大拇指用力下压，小指、无名指向上翘起；立掌为腕关节伸，5指自然弯曲。

② 教学要求：并指掌为大拇指指关节弯曲内扣，紧贴食指，其余4指并拢伸直，手腕伸直，使手掌成为手臂的延伸；分指掌为5指在同一个平面内分开伸直，手腕伸直，使手掌成为手臂的延伸；花掌为小指带动其余4指依次向上分开、翘起，手腕伸直；立掌为腕关节用力伸，5指放松弯曲。

③ 动作难点：腕关节保持适度紧张；与上下肢动作协调配合。

④ 易犯错误：并指掌、分指掌、花掌腕关节弯曲，手掌与手臂未成一条直线；并指掌大拇指翘起；分指掌5指未完全分开；花掌小指、无名指翘起幅度不够；立掌5指过度用力弯曲。

⑤ 纠正方法：保持某一手型数秒，甚至数分钟，增强正确动作位置感觉；多次快速重复练习，达到动作自动化；面对镜子纠正手型。

掌

（2）拳

① 技术要领：实心拳为4指卷曲握紧，拇指握住4指；空心拳为4指弯曲，拇指握住4指，拳心有空隙。

② 教学要求：实心拳为5指用力握实，拇指在上；空心拳为4指并拢弯曲，拇指握住4指，拳心有空隙。

③ 动作难点：与上下肢动作协调配合。

④ 易犯错误：实心拳未握实；空心拳握实；4指压住拇指。

⑤ 纠正方法：保持某一手型数秒，甚至数分钟，增强正确动作位置感觉；面对镜子纠正手型。

拳

参考文献

[1] 李鸿江．田径 [M]．3 版．北京：高等教育出版社，2014．

[2] 文超．田径运动高级教程 [M]．3 版．北京：人民体育出版社，2013．

[3] 王家宏．球类运动：篮球 [M]．3 版．北京：高等教育出版社，2016．

[4] 李承维．篮球运动教学与训练 [M]．武汉：华中科技大学出版社，2012．

[5] 谢铁兔．篮球技术教学训练步骤与方法 [M]．北京：北京体育大学出版社，2003．

[6] 吴从斌．篮球两周通图解篮球技术 [M]．北京：人民体育出版社，2011．

[7] 黄汉升．球类运动：排球 [M]．北京：高等教育出版社，2005．

[8] 孙平．现代排球技战术教学法 [M]．北京：北京体育大学出版社，2008．

[9] 宋元平，马建桥．排球运动技能学习分析 [M]．北京：北京体育大学出版社，2010．

[10] 何永超．足球 [M]．北京：人民体育出版社，2008．

[11] 周毅.足球[M].广州:中山大学出版社,2003.

[12] 王崇喜.球类运动:足球[M].北京:高等教育出版社,2005.

[13] 张博.乒乓球步法的技巧[M].北京:人民体育出版社,2002.

[14] 苏丕仁.乒乓球运动教程[M].北京:高等教育出版社,2006.

[15] 冯爱华,何秋华,李永平.乒乓球运动[M].北京:高等教育出版社,2010.

[16] 刘建和.乒乓球教学与训练[M].北京:人民体育出版社,2004.

[17] 唐建军.乒乓球运动教程[M].北京:北京体育大学出版社,2005.

[18] 刘青.网球运动教程[M].北京:人民体育出版社,2012.

[19] 董杰.网球教程[M].2版.北京:高等教育出版社,2015.

[20] 周文胜.网球基础与实战技巧[M].成都:成都时代出版社,2007.

[21] 邰崇禧,汪康乐,施志社.中学体育教材教法[M].苏州:苏州大学出版社,1998.

[22] 张涵劲.体操[M]北京:高等教育出版社,2015.

[23] 杨萍.健美操与科学健身[M].北京:人民体育出版社,2021.

[24] 马鸿韬.健美操运动教程[M].北京:北京体育大学出版社,2012.

[25] 陈垦,何秋华.羽毛球运动[M].北京:高等教育出版社,2005.

[26] 肖杰.羽毛球运动理论与实践[M].北京:人民体育出版社,2011.

第九章 其 他

【本章提要】 通过本章阅读，能使读者了解到不同运动项目基础运动技能发展水平与评价标准案例、运动技能学例题汇、体育教师教学技能比赛说课（教案）内容及相关要求等知识。

第一节 不同运动项目基础运动技能发展水平与评价标准案例

"基础运动技能"（Basic motor skill）是在人的遗传获得的运动基因基础（所谓的本能）上，经过后天的教育，建立了时空、时序等方面协同发展的一系列的条件反射，所形成的人们赖以生存、生活、工作、学习和体育专门、专项运动技能发展的一种基础性运动能力。

教育部颁布的《义务教育体育与健康课程标准》，提出了运动参与、运动技能、身体健康、心理健康与社会适应四个方面的学习目标，并强调运动技能学习领域以身体活动为主的基本特征，学习和掌握运动技能是实现其他领域学习目标的基础。在实践中，人们评定运动技术的标准是完成动作的实效性和经济性。实效性是指完成动作时，能充分发挥人体的运动能力，从而获得最佳的运动效果；经济性则是指在运动过程中要尽量克服多余动作，在预备动作和次要动作阶段还要尽量避免消耗过多的体力，尽量在技术的主要阶段发挥最大能力从而表现出更高的运动效能，获取更好的运动成绩。

一、技能发展过程评价

（一）技能发展过程评价的重要意义

技能发展过程评价是指对整个技能发展的教学过程进行较为科学、全面的评价。欧美和日本学校的体育课普遍采用技能发展过程评价的方法，它的重要意义在于：① 有利于教师控制和调动学生的学习行为，使教学的时效性得到落实；② 重视学习过程对体育水平高的学生有激励作用，对体育水平差但学习努力刻苦的学生有鼓励作用；③ 使学生既能积极锻炼身体，又懂得科学锻炼身体的方法，并提高文化素养；④ 强调创新意识，培养学生创造性学习的能力，实现以培养创新意识为核心的素质教育目标；⑤ 实现了理论与实践、技术与能力、成绩与态度相结合，使体育课考核较为科学、合理。

（二）技能发展过程评价与终结评价的权重比例

在体育课中，应根据教材的特点，对技能发展教学过程中的诸多因素进行分析，合理确定过程评价与终结评价的权重比例，应考虑如下几点：① 教学关键环节的落实。

一些周期性运动项目教材，如短跑、耐久跑等，技能发展教学的关键是教学过程环节的落实，因此，过程评价的权重比例较大。侧重过程评价有利于控制和调动学生的学习行为，从而避免有些学生身体素质好，但平时学习不认真努力，经过一次性终结考试即可取得好成绩的现象。② 实现终结评价、过程评价内容与教学内容的统一。如果终结评价能使教师在较大程度上调控学生的行为，使教学的时效性得以落实，那么终结评价的权重比例就可大些。③ 技能发展过程评价很重要，但对教师的工作态度和工作精神有较强的依赖性，因此，现阶段过程评价的权重比例不宜过大。

（三）技能发展过程评价的方法

（1）量化考核内容，提高可操作性。首先根据量化考核内容，确定各考项内容分值；然后根据单元的大小，将过程评价的分值平均分配到每节课中，以保证评价的系统性和针对性，同时使评价系统具有可操作性。例如，大一武术课16学时，将过程评价的16分平均分配到每一学时中，每次一分。

（2）运用合理的评价方法以减少反馈误差。技能发展过程评价实质上是教与学的一种反馈，通过反馈，教师可以随时调整教学内容、进度、方法，学生可以检查自己的学习情况，及时调整学习方法，以达到教学效果，掌握好过程评价的方式和时机，可以减少或避免反馈误差。评价方式以鼓励为主，充分运用评定结果来激励学生，使他们看到自己的进步。如在评价过程中对后进生、中等生只做自身纵向比较，特别是对于后进生要强调自身的发展，使他们产生继续学习的愿望。实施评价时，教师最好给予提示或强调，以引起学生的注意，重视过程评价。评价的时机要恰当，一般对行为态度的评价可随时进行，如创新意识、参与意识、努力程度、学习态度等；对技术、行为能力的评价最好在课程结束或本单元学习结束前进行，如学习锻炼的方法、良好习惯的形成、技术动作掌握的情况等。

总之，为了给体育学习者提供不同运动项目学习，应选择普及程度较高的不同运动项目，以及运用案例形式对不同运动项目基础运动技能发展水平与评价标准进行分析。

二、技能发展水平评价标准案例

案例1　中学生篮球基础运动技能发展水平与评价标准

篮球是我国中学生参与较多的运动项目之一，中学生每次在篮球课上打比赛都很积极。但是，在这个积极的表象下，中学生对篮球的基本技术掌握不扎实。比赛中队员间每一次传接球、跑位移动、简单的运球及复杂的战术配合，都是由各个基础动作组合起来的，所以掌握篮球基本技术十分重要。但因为现阶段在篮球基础运动技能发展方面的评价标准比较多样，很多基础运动技能评价标准不统一，所以制定全面的中学生篮球基础运动技能评价标准迫在眉睫。

关于评价标准的制定可以参考《江苏省2014年普通高校招生体育专业统考考试评分标准》，下面对此标准做简要介绍。

1. 全场综合技术

全场综合技术（A 变向运球与传接球投篮或 B 传接球与变向运球投篮），满分 50 分（技术 40 分+技评 10 分），最终成绩＝技术分+技评分。

（1）技术评分标准。

男生全场综合技术评分标准如表 9-1 所示。

表 9-1 男生全场综合技术评分标准

成绩/s	分值	成绩/s	分值	成绩/s	分值	成绩/s	分值	成绩/s	分值
17.0	40.0	18.4	35.4	19.8	29.8	21.4	22.4	24.5	12.5
17.1	39.7	18.5	35.0	19.9	29.4	21.6	21.6	25.0	11.0
17.2	39.4	18.6	34.6	20.0	29.0	21.8	20.8	25.5	9.5
17.3	39.1	18.7	34.2	20.1	28.5	22.0	20.0	26.0	8.0
17.4	38.8	18.8	33.8	20.2	28.0	22.2	19.4	26.5	6.5
17.5	38.5	18.9	33.4	20.3	27.5	22.4	18.8	27.0	5.0
17.6	38.2	19.0	33.0	20.4	27.0	22.6	18.2	27.5	3.5
17.7	37.9	19.1	32.6	20.5	26.5	22.8	17.6	28.0	2.0
17.8	37.6	19.2	32.2	20.6	26.0	23.0	17.0	28.5	0.5
17.9	37.3	19.3	31.8	20.7	25.5	23.2	16.4	29.0	0.0
18.0	37.0	19.4	31.4	20.8	25.0	23.4	15.8		
18.1	36.6	19.5	31.0	20.9	24.5	23.6	15.2		
18.2	36.2	19.6	30.6	21.0	24.0	23.8	14.6		
18.3	35.8	19.7	30.2	21.2	23.2	24.0	14.0		

女生全场综合技术评分标准如表 9-2 所示。

表 9-2 女生全场综合技术评分标准

成绩/s	分值	成绩/s	分值	成绩/s	分值	成绩/s	分值	成绩/s	分值
19.0	40.0	19.7	37.9	20.4	35.4	21.1	32.6	21.8	29.8
19.1	39.7	19.8	37.6	20.5	35.0	21.2	32.2	21.9	29.4
19.2	39.4	19.9	37.3	20.6	34.6	21.3	31.8	22.0	29.0
19.3	39.1	20.0	37.0	20.7	34.2	21.4	31.4	22.1	28.5
19.4	38.8	20.1	36.6	20.8	33.8	21.5	31.0	22.2	28.0
19.5	38.5	20.2	36.2	20.9	33.4	21.6	30.6	22.3	27.5
19.6	38.2	20.3	35.8	21.0	33.0	21.7	30.2	22.4	27.0

成绩/s	分值	成绩/s	分值	成绩/s	分值	成绩/s	分值	成绩/s	分值
22.5	26.5	23.4	22.4	24.8	17.6	26.5	12.5	30.0	2.0
22.6	26.0	23.6	21.6	25.0	17.0	27.0	11.0	30.5	0.5
22.7	25.5	23.8	20.8	25.2	16.4	27.5	9.5	31.0	0.0
22.8	25.0	24.0	20.0	25.4	15.8	28.0	8.0		
22.9	24.5	24.2	19.4	25.6	15.2	28.5	6.5		
23.0	24.0	24.4	18.8	25.8	14.6	29.0	5.0		
23.2	23.2	24.6	18.2	26.0	14.0	29.5	3.5		

(2) 技评评分标准：技评分为优、良、中、较差、差五个档次（表9-3）。

表9-3 男女生技评评分标准

等级	优	良	中	较差	差
分值	8.1~10	6.1~8.0	4.1~6.0	2.1~4.0	0~2.0
标准	运球技术动作熟练快速；运球变向时身体重心平稳，手脚配合协调；传球技术运用合理，落点准确；投篮技术动作规范协调，空中动作舒展。各技术动作之间衔接自如流畅。无失误，投篮命中率高	运球技术动作较熟练快速；运球变向时身体重心较平稳，手脚配合较协调；传球技术运用合理，落点较准确；投篮技术动作规范协调。各动作之间能衔接自如。无动作失误，有一次投篮不中现象	运球及运球变向时技术动作不够熟练流畅，并有不按规定换手运球现象；传球技术运用较合理，落点不够准确；投篮技术动作较规范协调，有一或两次投篮不中现象	运球过程中身体重心偏高，有换手和违例现象，传球时手部动作较僵硬；投篮技术动作不够规范协调，有三次投篮不中现象	运球时身体重心高，无前进速度；运球变向过程中有失误或违例；传球落点不准确；投篮技术动作不规范。各动作之间衔接不连贯；有多次补篮不中

2. 投篮评分标准

(1) 一分钟篮下投篮（单手肩上投篮）评分标准如表9-4所示。

表9-4 一分钟篮下投篮评分标准

得分		60	65	70	75	80	85	90	95	100
进球数	男	12	13	14	15	16	17	18	19	20
	女	10	11	12	13	14	15	16	17	18

(2) 原地单手投篮（女子可换双手胸前投篮）10次（罚球线处），评分标准如表9-5所示。

表9-5 原地单手投篮评分标准

得分		60	70	80	90	95	100
进球数	男	2	3	4	5	6	7
	女	1	2	3	4	5	6

（3）全场往返两次运球上篮（计时给分）评分标准如表9-6所示。

表9-6 全场往返两次运球上篮评分标准

得分		60	65	70	75	80	85	90	95	100
往返时间	男	50″	45″	43″	40″	38″	35″	33″	30″	28″
	女	60″	55″	53″	50″	48″	45″	43″	40″	38″

（4）两人行进间传接球上篮（全场）评分标准如表9-7所示。

表9-7 两人行进间传接球上篮评分标准

得分	60	70	80	90	100
中篮数	2	3	4	5	6

案例2 中学生田径基础运动技能发展水平与评价标准

教育部颁布的《义务教育体育与健康课程标准》规定了中学生需要掌握一些田径类运动项目的技术，如短跑、中长跑、定向越野、跨栏跑、接力跑、跳远、跳高、投掷实心球等项目的技术。下面以该标准为依据，以50 m跑、正面双手掷实心球项目为例介绍田径基础动作技能发展水平与评价标准。

1. 50 m跑

跑是单脚支撑与腾空相交替、蹬与摆相配合、动作协调连贯的周期性运动。

短跑全程技术分为起跑、起跑后的加速跑、途中跑和终点跑四个部分，其中途中跑是全程跑中速度最快、距离最长的跑段，要求高重心、协调、直线、向前和平稳。

（1）动作质量评分标准：蹬地是否充分、摆动腿时大小腿是否充分折叠、摆臂是否正确、重心是否稳定等。

（2）成绩得分表（表9-8和表9-9）。

表9-8 男生50 m跑单项评分表　　　　　　　　　　　　单位：s

等级	单项得分	初一	初二	初三	高一	高二	高三
优秀	100	7.8	7.5	7.3	7.1	7.0	6.8
	95	7.9	7.6	7.4	7.2	7.1	6.9
	90	8.0	7.7	7.5	7.3	7.2	7.0
良好	85	8.1	7.8	7.6	7.4	7.3	7.1
	80	8.2	7.9	7.7	7.5	7.4	7.2

等级	单项得分	初一	初二	初三	高一	高二	高三
及格	78	8.4	8.1	7.9	7.7	7.6	7.4
	76	8.6	8.3	8.1	7.9	7.8	7.6
	74	8.8	8.5	8.3	8.1	8.0	7.8
	72	9.0	8.7	8.5	8.3	8.2	8.0
	70	9.2	8.9	8.7	8.5	8.4	8.2
	68	9.4	9.1	8.9	8.7	8.6	8.4
	66	9.6	9.3	9.1	8.9	8.8	8.6
	64	9.8	9.5	9.3	9.1	9.0	8.8
	62	10.0	9.7	9.5	9.3	9.2	9.0
	60	10.2	9.9	9.7	9.5	9.4	9.2

表 9-9　女生 50 m 跑单项评分表　　　　　　　　　　　　　　　　单位：s

等级	单项得分	初一	初二	初三	高一	高二	高三
优秀	100	8.1	8.0	7.9	7.8	7.7	7.6
	95	8.2	8.1	8.0	7.9	7.8	7.7
	90	8.3	8.2	8.1	8.0	7.9	7.8
良好	85	8.6	8.5	8.4	8.3	8.2	8.1
	80	8.9	8.8	8.7	8.6	8.5	8.4
及格	78	9.1	9.0	8.9	8.8	8.7	8.6
	76	9.3	9.2	9.1	9.0	8.9	8.8
	74	9.5	9.4	9.3	9.2	9.1	9.0
	72	9.7	9.6	9.5	9.4	9.3	9.2
	70	9.9	9.8	9.7	9.6	9.5	9.4
	68	10.1	10.0	9.9	9.8	9.7	9.6
	66	10.3	10.2	10.1	10.0	9.9	9.8
	64	10.5	10.4	10.3	10.2	10.1	10.0
	62	10.7	10.6	10.5	10.4	10.3	10.2
	60	10.9	10.8	10.7	10.6	10.5	10.4

2. 正面双手掷定心球

（1）动作质量评分标准。

① 握球和持球：在动作过程中能控制好球，充分发挥两臂、手指和手腕的力量。

② 预备姿势：两脚前后开立，前脚掌离起掷线 20~30 cm，两手持球自然，身体肌

肉放松，重心落在两脚中间偏前，眼睛看前下方。

③ 预摆：球依次从前下方经过胸前至头后上方，加快球的摆速，上体后仰，身体形成反弓形，同时吸气。

④ 最后用力：蹬腿、送髋、腰腹急振用力，两臂用力前摆并向前拨指和腕，提高手臂的鞭打速度。

（2）成绩得分表（表9-10）。

表9-10　初中生双手正面投掷实心球成绩得分表　　　　　　　　单位：m

得分	男	女
2	6.0	3.6
3	6.5	4.2
4	6.6	4.3
5	6.8	4.5
6	6.9	4.8
7	7.1	4.9
8	7.4	5.1
9	8.1	5.7
10	8.9	6.0

案例3　中学生健美操基础运动技能发展水平与评价标准

1. 基础动作的选择

通过查阅相关资料，结合中学生的心理、生理特点，以踏步、交叉步、后屈腿跳、开合跳、吸腿跳、弹踢腿跳六种基本步法为例。

2. 技术评价标准的选用

通过查阅资料及寻访有教学经验的健美操教师得知，对于中学生而言，健美操基础运动技能的评价标准选用为动作的准确性、动作的熟练性、身体的协调性、动作和音乐及表现力和热情五个方面。

3. 评价标准的制定

健美操的任何组合动作都是以基本动作为元素进行编排的，它的内容丰富，动作相对于其他舞种而言较为简单，中学生易于联系和掌握。而健美操教学评价能够有效地反映学生的学习情况，使中学生可以尽快掌握正确的动作规格，也是培养良好基本姿态的有效方法。健美操基础运动技能评价标准如表9-11所示。

表 9-11 健美操基础运动技能评价标准

内容	分数	评价标准
踏步 交叉步 开合跳 吸腿跳 后屈腿跳 弹踢腿跳	优秀 (90~100)	动作准确性非常好；动作熟练性非常好；身体协调性非常好；动作和音乐配合非常好；表现力非常强，富有热情
	良好 (80~89)	动作准确性非常好；动作熟练性非常好；身体协调性非常好；动作和音乐配合较好；表现力较强，较有热情
	中等 (70~79)	动作准确性较好；动作熟练性较好；身体协调性较好；动作和音乐配合一般；表现力和热情一般
踏步 交叉步 开合跳 吸腿跳 后屈腿跳 弹踢腿跳	及格 (60~69)	动作准确性一般；动作熟练性一般；身体协调性一般；动作和音乐配合一般；表现力和热情一般
	不及格 (0~59)	动作准确性一般；动作熟练性一般；身体协调性较差；动作和音乐配合较差；表现力和热情较差

案例 4　中小学生羽毛球基础运动技能发展水平与评价标准

在羽毛球运动中，既需要脚步协调、快速的移动，又需要握拍方式及手法的灵活多变。因此，在对具体的羽毛球基础运动技能进行评价时，就要充分考虑其技术特点，注重双重性。下面以部分羽毛球基础运动技能为例，就具体的动作制定具体的评分细则。

1. 正手发后场高远球（10分）评分标准（表9-12）

表 9-12　正手发后场高远球评分标准

评分标准	分数
动作协调、手法正确、击球质量高、落点到位	8~10分
动作较协调、手法较正确、击球质量较高、落点较合理	6~7分
动作基本协调、手法基本正确、击球质量一般、落点基本合理	3~5分
动作不协调、手法不正确、击球质量差、落点不到位	1~2分

2. 杀球（10分）评分标准（表9-13）

表 9-13　杀球评分标准

评分标准	分数
动作协调、手法正确、杀球质量高、球速快、脚步移动快	8~10分
动作较协调、手法较正确、杀球质量较高、球速较快、脚步移动较快	6~7分
动作基本协调、手法基本正确、杀球质量一般、球速一般、脚步移动一般	3~5分
动作不协调、手法不正确、杀球质量不高、球速不快、脚步移动慢	1~2分

3. 吊球（10分）评分标准（表9-14）

表9-14　吊球评分标准

评分标准	分数
动作协调、手法正确、步法移动迅速、吊球质量高、落点准确到位	8~10分
动作较协调、手法较正确、步法移动较迅速、吊球质量较高、落点较准确到位	6~7分
动作基本协调、手法基本正确、步法移动一般、吊球质量一般、落点基本合理	3~5分
动作不协调、手法不正确、步法移动较慢、吊球质量差、落点不到位	1~2分

4. 正手击后场高远球（10分）评分标准（表9-15）

表9-15　正手击后场高远球评分标准

评分标准	分数
动作协调、手法正确、步法移动迅速、落点准确到位	8~10分
动作较协调、手法较正确、步法移动较迅速、回球落点较准确到位	6~8分
动作基本协调、手法基本正确、步法移动一般、落点基本合理	3~5分
动作不协调、手法不正确、步法移动较慢、落点不到位	1~2分

5. 实战能力（40分）评分标准（表9-16）

表9-16　实战能力评分标准

比赛心理表现	8分
战术运用	8分
技术发挥	8分
步法移动	8分
比赛结果	8分

运动技能学习最终的评定就要考虑学生在实战中对技能的运用，即所谓的学以致用。因此，在对羽毛球基础运动技能发展评价中，不应该只局限于对基本动作的掌握，而是要通过对基础运动技能的掌握，来发展学生的实战能力。可以以比赛的形式进行，看测试者是否有一定的进攻和防守能力，是否能够运用一些高级技术，如假动作、勾对角球、劈杀球等；是否能够在掌握基础动作的基础上有自己独立的战术思想，知道如何调动对手，以此来控制比赛的场面；是否知道通过调整自己在比赛中出现的不良心态，获得成功；等等。在此基础上，还要提高与同伴配合的能力。

案例 5　中小学生艺术体操（形体练习）基础运动技能发展水平与评价标准

艺术体操是一项在音乐伴奏下，以徒手或手持轻器械进行练习的、以自然性和韵律性为基础的体育运动。艺术体操动作自然、协调，通过练习能有效地提高练习者的柔韧、协调、灵敏、力量等身体素质，提高练习者对美的理解和表现能力，有助于树立正确的审美观，提高艺术修养，并能有效促使练习者形成健美的形体、高雅的气质和端庄的仪表。艺术体操动作活泼，具有浓郁的现代气息，练习者在锻炼中能够陶冶情操、产生愉快的情绪，使心理状态得到调节。中小学生艺术体操（形体练习）运动技能水平与评价标准如表 9-17 所示。

表 9-17　中小学生艺术体操（形体练习）运动技能水平与评价标准

项目	水平（年级）	性别	等级		
			优秀	良好	及格
艺术体操	水平二（3—4年级）	女生	1. 柔韧	1. 柔韧	1. 柔韧
			（1）劈叉（左、右腿的纵叉，横叉）	（1）劈叉（左、右腿的纵叉，横叉）	（1）劈叉（左、右腿的纵叉，横叉）
			标准：姿态准确，两腿伸直，腿与臀部、髋部离地在 5 cm 以内（三项的平均值）	标准：姿态准确，两腿伸直，腿与臀部、髋部离地在 6～10 cm 之间（三项的平均值）	标准：姿态准确，两腿伸直，腿与臀部、髋部离地在 11～15 cm 之间（三项的平均值）
			（2）转肩	（2）转肩	（2）转肩
			标准：上体直立，两手握住体操棍或绳，两臂伸直，同时向后、向前转肩一次，两手同肩宽	标准：上体直立，两手握住体操棍或绳，两臂伸直，同时向后、向前转肩一次，两手大于肩宽在 5 cm 以内	标准：上体直立，两手握住体操棍或绳，两臂伸直，同时向后、向前转肩一次，两手大于肩宽在 6～10 cm 之间
			（3）顶桥	（3）顶桥	（3）顶桥
			标准：两腿与肩同宽，两臂伸直，髋充分向上顶起，手指与脚跟间的距离在 50 cm 以内	标准：两腿与肩同宽，两臂伸直，髋充分向上顶起，手指与脚跟间的距离在 51～55 cm 之间	标准：两腿与肩同宽，两臂伸直，髋充分向上顶起，手指与脚跟间的距离在 56～60 cm 之间
			（4）踢腿（前、侧、后）	（4）踢腿（前、侧、后）	（4）踢腿（前、侧、后）
			标准：上体正直，髋正，两腿伸直，有节奏地连续踢腿 4 次，腿的高度在 90°以上	标准：上体稍含胸，髋正，腿稍屈，有节奏地连续踢腿 4 次，腿的高度在 90°以上	标准：上体稍含胸，髋正，腿稍屈，有节奏地连续踢腿 4 次，腿的高度在 70°以上

项目	水平（年级）	性别	等级		
			优秀	良好	及格
艺术体操	水平二（3—4年级）	女生	2. 双脚起踵立 标准：上体正直，起踵高，双腿夹紧，保持4s 3. 连续踏跳步4次 标准：腾空高，空中身体姿态好，两腿伸直，两腿开度在45°以上，落地缓冲 4. 俯卧支撑 标准：俯撑时，两腿并拢，支撑臂同肩宽，手指向前，身体自然平直，头颈以背延长姿态前伸，保持30s 5. 配合音乐，完成四个八拍的徒手组合动作（组合包括基本手位和脚位、上肢的摆动和绕环、下肢的弹动和原地移重心等动作） 标准：① 动作协调、连贯；② 动作优美，幅度大；③ 动作和音乐节奏吻合；④ 有一定的表现力	2. 双脚起踵立 标准：上体正直，起踵高，双腿夹紧，保持3s 3. 连续踏跳步4次 标准：腾空不够高，空中身体姿态不够好，腿稍屈，两腿开度在45°以上，落地缓冲不够 4. 俯卧支撑 标准：俯撑时，两腿并拢，支撑臂同肩宽，手指向前，身体自然平直，头颈以背延长姿态前伸，保持25s 5. 配合音乐，完成四个八拍的徒手组合动作（组合包括基本手位和脚位、上肢的摆动和绕环、下肢的弹动和原地移重心等动作） 标准：① 动作协调、连贯；② 动作优美，幅度大；③ 动作和音乐节奏有一个八拍不吻合；④ 表现力不够	2. 双脚起踵立 标准：上体正直，起踵高，双腿夹紧，保持2s 3. 连续踏跳步4次 标准：腾空不高，空中身体姿态不够好，腿稍屈，两腿开度在30°以上，落地缓冲不够 4. 俯卧支撑 标准：俯撑时，两腿并拢，支撑臂同肩宽，手指向前，身体自然平直，头颈以背延长姿态前伸，保持20s 5. 配合音乐，完成四个八拍的徒手组合动作（组合包括基本手位和脚位、上肢的摆动和绕环、下肢的弹动和原地移重心等动作） 标准：① 动作较协调、连贯；② 动作不够优美，幅度较小；③ 动作和音乐节奏有两个八拍不吻合；④ 表现力不够
艺术体操	水平三（5—6年级）	女生	1. 柔韧 （1）劈叉（左、右腿的纵叉，横叉） 标准：同水平二（3—4年级） （2）转肩 标准：同水平二（3—4年级） （3）下桥	1. 柔韧 （1）劈叉（左、右腿的纵叉，横叉） 标准：同水平二（3—4年级） （2）转肩 标准：同水平二（3—4年级） （3）下桥	1. 柔韧 （1）劈叉（左、右腿的纵叉，横叉） 标准：同水平二（3—4年级） （2）转肩 标准：同水平二（3—4年级） （3）下桥

续表

项目	水平（年级）	性别	等级		
			优秀	良好	及格
艺术体操	水平三（5—6年级）	女生	标准：由站立开始下桥，两腿与肩同宽，两臂伸直，髋充分向上顶起，手指与脚跟间的距离在 50 cm 以内，能独立完成	标准：由站立开始下桥，两腿与肩同宽，两臂伸直，髋充分向上顶起，手指与脚跟间的距离在 51~55 cm 之间，能独立下，不能独立起	标准：由站立开始下桥，两腿与肩同宽，两臂伸直，髋充分向上顶起，手指与脚跟间的距离在 56~60 cm 之间，借助外力能完成
			(4) 踢腿（前、侧、后）	(4) 踢腿（前、侧、后）	(4) 踢腿（前、侧、后）
			标准：上体正直，髋正，两腿伸直，有节奏地连续踢腿4次，前、侧腿的高度在135°以上，后腿的高度在90°以上	标准：上体稍含胸，髋正，腿稍屈，有节奏地连续踢腿4次，前、侧腿的高度在115°以上，后腿的高度在90°以上	标准：上体稍含胸，髋正，腿稍屈，有节奏地连续踢腿4次，前、侧腿的高度在95°以上，后腿的高度在70°以上
			2. 单脚起踵立（左、右）	2. 单脚起踵立（左、右）	2. 单脚起踵立（左、右）
			标准：上体正直，起踵高，保持 4 s	标准：上体正直，起踵高，保持 3 s	标准：上体正直，起踵高，保持 2 s
			3. 连续3次直腿跨跳	3. 连续3次直腿跨跳	3. 连续3次直腿跨跳
			标准：腾空高，空中身体姿态好，两腿伸直，两腿开度在90°以上，落地缓冲充分	标准：腾空不够高，空中身体姿态不够好，腿稍屈，两腿开度在90°以上，落地缓冲不够	标准：腾空不高，空中身体姿态不够好，腿稍屈，两腿开度在70°以上，落地缓冲不够
			4. 单手扶把搬腿平衡（左、右）	4. 单手扶把搬腿平衡（左、右）	4. 单手扶把搬腿平衡（左、右）
			标准：上体正直，两腿伸直，腿的高度在135°以上，保持 2 s	标准：上体稍含胸，腿稍屈，腿的高度在115°以上，保持 2 s	标准：上体稍含胸，腿稍屈，腿的高度在95°以上，保持 2 s
			5. 斜面俯卧支撑	5. 斜面俯卧支撑	5. 斜面俯卧支撑
			标准：俯撑时，两腿搭在肋木上并拢，支撑臂同肩宽，手指向前，身体自然平直，头颈以背延长姿态前伸，保持 30 s	标准：俯撑时，两腿搭在肋木上并拢，支撑臂同肩宽，手指向前，稍塌腰，头颈以背延长姿态前伸，保持 25 s	标准：俯撑时，两腿搭在肋木上并拢，支撑臂同肩宽，手指向前，稍塌腰，头颈以背延长姿态前伸，保持 20 s
			6. 配合音乐，完成四个八拍的徒手组合动作（组合包括基本手位和脚位、上肢的摆动和绕环、手臂波浪、下肢的弹动和移动重心等动作）	6. 配合音乐，完成四个八拍的徒手组合动作（组合包括基本手位和脚位、上肢的摆动和绕环、手臂波浪、下肢的弹动和移动移重心等动作）	6. 配合音乐，完成四个八拍的徒手组合动作（组合包括基本手位和脚位、上肢的摆动和绕环、手臂波浪、下肢的弹动和移动移重心等动作）
			标准：同水平二（3—4年级）	标准：同水平二（3—4年级）	标准：同水平二（3—4年级）

续表

项目	水平（年级）	性别	等级		
			优秀	良好	及格
艺术体操	水平三（7—9年级）	女生	1. 柔韧	1. 柔韧	1. 柔韧
			（1）劈叉（左、右腿的纵叉，横叉）	（1）劈叉（左、右腿的纵叉，横叉）	（1）劈叉（左、右腿的纵叉，横叉）
			标准：同水平三（5—6年级）	标准：同水平三（5—6年级）	标准：同水平三（5—6年级）
			（2）转肩	（2）转肩	（2）转肩
			标准：同水平三（5—6年级）	标准：同水平三（5—6年级）	标准：同水平三（5—6年级）
			（3）下桥	（3）下桥	（3）下桥
			标准：同水平三（5—6年级）	标准：同水平三（5—6年级）	标准：同水平三（5—6年级）
			（4）踢腿（前、侧、后）	（4）踢腿（前、侧、后）	（4）踢腿（前、侧、后）
			标准：同水平三（5—6年级）	标准：同水平三（5—6年级）	标准：同水平三（5—6年级）
			2. 单脚转体360°（左或右）	2. 单脚转体360°（左或右）	2. 单脚转体360°（左或右）
			标准：上体正直，起踵高，转体度数准确	标准：上体不够直，起踵不够高，转体度数在270°以上	标准：上体不够直，转体度数在180°以上
			3. 直腿跨跳	3. 直腿跨跳	3. 直腿跨跳
			标准：腾空高，空中身体姿态好，两腿伸直，两腿开度在135°以上，落地缓冲充分	标准：腾空不够高，空中身体姿态不够好，腿稍屈，两腿开度在135°以上，落地缓冲不够	标准：腾空不高，空中身体姿态不够好，腿稍屈，两腿开度在100°以上，落地缓冲不够
			4. 搬腿平衡（左、右）	4. 搬腿平衡（左、右）	4. 搬腿平衡（左、右）
			标准：同水平三（5—6年级）单手扶把搬腿平衡	标准：同水平三（5—6年级）单手扶把搬腿平衡	标准：同水平三（5—6年级）单手扶把搬腿平衡
			5. 靠倒立	5. 靠倒立	5. 靠倒立
			标准：两臂同肩宽，顶肩，身体直，保持30 s	标准：两臂同肩宽，顶肩，身体不够直，保持25 s	标准：两臂同肩宽，顶肩，身体不够直，保持20 s

续表

项目	水平（年级）	性别	等级		
			优秀	良好	及格
艺术体操	水平三（7—9年级）	女生	6. 配合音乐，完成四个八拍的徒手组合动作（组合包括基本手位和脚位、上肢的摆动和绕环、手臂波浪、身体波浪、下肢的弹动和移动重心等动作）	6. 配合音乐，完成四个八拍的徒手组合动作（组合包括基本手位和脚位、上肢的摆动和绕环、手臂波浪、身体波浪、下肢的弹动和移动移重心等动作）	6. 配合音乐，完成四个八拍的徒手组合动作（组合包括基本手位和脚位、上肢的摆动和绕环、手臂波浪、身体波浪、下肢的弹动和移动移重心等动作）
			标准：同水平三（5—6年级）	标准：同水平三（5—6年级）	标准：同水平三（5—6年级）

案例 6　中小学生排球基础动作技能发展水平与评价标准

排球基础运动技能的学习是很有趣的，人们在观看排球比赛获得视觉享受之余，也想亲自体验该运动的乐趣。但排球运动自身的高难度技巧性使很多喜欢这项运动的人因完不成难度动作，如扣球等而放弃参与此运动，往往出现"少数人参与，多数人旁观凑热闹"的现象。排球运动作为集体性的球类项目，它能调动人们的积极性，也需要很强的团队精神和个人技巧及个人的拼搏精神。学校排球队工作成效关系到学校教育与基础排球发展的方方面面，让大众支持排球、关心排球、看排球、打排球，对促进全民健身运动深入开展，扩大我国"排球人口"，培养和激发青少年对排球运动的兴趣，使排球运动的人才"塔基"更加宽厚都具有重要的意义。中小学生排球基础运动技能发展水平与评价标准如表 9-18 所示。

表 9-18　中小学生排球基础运动技能发展水平与评价标准

项目	水平（年级）	性别	技术指标	评价等级			测试要求和方法
				优秀	良好	及格	
排球	水平二（4年级）	男生	发球/个	5	3—4	2	每人在排球场地端线后连续发球 5 次，取成绩次数
			传球/个	6 及以上	4—5	2—3	两人一组间距 5 m，进行上手传球 3 分钟，按连续完成次数计算，取最多一次的完成值
			垫球/个	6 及以上	4—5	2—3	两人一组间距 5 m，进行垫球 3 分钟，按连续完成次数计算，取最多一次的完成值
			扣球/个	5	3—4	2	教师将球向球网上方传起，受测者经判断起跳将球扣向对面场区内，每人进行 5 次，取累积成功的次数

续表

项目	水平（年级）	性别	技术指标	评价等级			测试要求和方法
				优秀	良好	及格	
排球	水平（4年级）	女生	发球/个	4及以上	3	2	每人在排球场地端线后连续发球5次，取成绩次数
			传球/个	5及以上	4	2	两人一组间距5 m，进行上手传球3分钟，按连续完成次数计算，取最多一次的完成值
			垫球/个	5及以上	3—4	2	两人一组间距5 m，进行垫球3分钟，按连续完成次数计算，取最多一次的完成值
			扣球/个	4及以上	3	2	教师将球向球网上方传起，受测者经判断起跳将球扣向对面场区内，每人进行5次，取累积成功的次数

专栏11　参加全国排球联赛的运动员必测项目分析

从1996年开始，中国排球协会在每年全国排球联赛前对参赛的运动员设定了"助跑摸高""20秒连续5次助跑摸高""6m×16次网下穿越移动""800m跑"4个测试项目，规定不达标准者不得参加比赛，这对提高运动员的体能起到了积极的促进作用。

"助跑摸高"是评价排球运动员弹跳力的指标。"20秒连续5次助跑摸高"是评价运动员弹跳耐力的指标，它反映出运动员腿部连续多次爆发的能力及快速、变速、变向和充分伸展身体的能力。由于"20m连续5次助跑摸高"的完成时间限定在20秒内，主要能源物质是ATP-CP，而连续的起跳用力和撤步助跑与排球比赛实战紧密结合，因此，也突出反映了运动员的脚步灵活性，两者都是反映垂直位移上ATP-CP系统功能能力，但各有所侧重。

"6m×16次网下穿越移动"是评价运动员起动、快速变向及突然改变动作的灵活性和快速移动的能力，反映的是运动员在水平位移上的无氧能力。

"800m跑"的供能特点是ATP-CP系统供能占30%，有氧供能占5%，无氧酵解供能占65%，主要测量运动员水平位移上的无氧酵解供能能力，反映排球运动员的呼吸系统和心血管系统的耐力水平。

另外，2004年5月由人民体育出版社出版的《中国青少年排球教学训练大纲》较详细地规定了青少年体能测试的内容和标准，可供在教学和训练时参考。

第二节 运动技能学例题汇

例题 1 运动技能的特点和作用

（一）运动技能的特点

运动技能的形成是建立在运动技能形成规律基础之上的综合表现形式，是研究运动技能形成的理论基础。从词性上理解，其包括两层意思：一是掌握，即学习锻炼身体的方法和掌握一两项体育运动的专项技术，这是一个相对短期的过程；二是运用，即运用体育的锻炼方法和体育专项所具有的实际效应。因此，运动技能应具有以下基本特点。

1. 运动技能的不可分割性

运动技能与运动员人体的不可分割性是运动技能区别于其他技能最显著的特点，运动技能只能通过运动员的身体表现出来。

2. 运动技能不断发展的必然性

随着运动员身心素质的不断提高和运动器械的不断改进，运动技能也在不断地发展，即处于一种动态的变化过程中。

3. 运动技能相对稳定与即时应变的统一性

运动技能应具有稳定的动作结构，同时应具有随着比赛环境和对手的变化而变化的能力。由于运动员的身体形态、运动素质等方面具有不同的个人特点，所以运动技能会有个体差异。

（二）运动技能的作用

1. 从作用上理解运动技能

从现实生活角度认识体育技能，它是人们追求和改变生活质量的基本需求。我们在学习体育技能的同时还可以取得增强体质之功效，不过必须达到一定的运动负荷量才能促进体质的增强。而在体育技能的教学中，不是通过一次练习就能取得效果的，学生必须进行大量的身体活动才能掌握好运动技能。

它是展现自身美的一种方法，人们惊叹运动员的神奇，欣赏他们的激情，更感叹人类的智慧，这时体育给世人展示的不仅仅是运动，更是一种艺术、一种美。因此，要想体现出体育美，体现出体育技能和身体运动美，就必须坚持不懈地学习运动技能。这样，我们不但身体得到了锻炼，学到了知识，而且展现运动技能美的能力也得以提高。

2. 从人类发展的自然规律来研究运动技能

其主要源于学校体育工作中的体育教学，各级各类学校体育课不仅始终作为学期的必修课，并根据学生年龄特点有着丰富的教学内容。学生的体育技能既如同专业技能一样是一种实用的生存本领，又区别于专业技能的形成，它是一个人在接受整个学校教育的过程中逐步形成和基本定型的一种终身受用的才能。

另外，运动技能在很大程度上是通过教学比赛习得的。教学比赛可以很好地培养学生的竞争、拼搏意识和团队精神，这种意识和精神是促进学生个体社会化的重要因素；

同时还可以培养一些学生的领导才能，有利于他们建立对自我、集体和社会的责任感，提高他们的社会适应能力，有利于学生由个体的"生物人"发展成"社会人"。

例题2　影响体育技能形成的因素

体育技能的形成受多种因素的影响，可以粗略地分为主观因素和客观因素，主观因素有自身的身体素质、动机因素、专业水平、训练年限、个性心理特征等；客观因素有体育教师、教练的主导作用，运动项目特点、难度，人际关系，技术环境、教学条件，等等。

（一）影响体育技能形成的主观因素分析

1. 自身的身体素质

身体素质，通常指的是人体肌肉活动的基本能力，是人体各器官系统的机能在肌肉工作中的综合反映。身体素质一般包括力量、速度、耐力、灵敏、柔韧等。身体素质较好的学生完成教学任务，所用的时间比较短，并且其所掌握的运动技能不容易消退；而身体素质较差的学生，特别在完成复杂动作时，所用的时间长且不能轻易掌握。同样，不具备一定的运动天赋，也将给完成较难的技术动作带来一定的影响，如动作的协调能力、空间的位置感觉能力、平衡能力等。

2. 动机因素

动机因素包括自我效能、成就目标、内外在动机等。自我效能、任务定向目标、学习策略直接影响学生的体育技能水平，同时自我效能、内在动机也通过影响学习策略间接影响学生的体育技能水平。

自我效能与体育技能水平呈显著正相关，对体育技能水平有显著的回归效应。自我效能理论认为，学生在体育教学情境下的自我效能即学生对其学习和完成体育技术动作能力的判断与自信，会影响学生学习和练习的坚持性、努力程度、认知投入与学习策略的运用，从而影响学生体育技能水平的提高。

成就目标理论认为，学生对其追求掌握体育技能的目的的知觉或认识，也就是成就目标，与学生学习和练习的努力程度、内外在动机、归因方式、学习策略的运用、自我效能等因素密切相关，影响学生体育技能选择和提高。成就目标有任务定向目标和自我定向目标两种主要取向，任务定向目标与体育技能水平呈显著正相关；自我定向目标与体育技能水平呈负相关。

内在动机是指激励学生学习的力量来自兴趣、求知欲望和自我报偿因素。外在动机则为学生的学习依赖奖励、表扬等外在报偿因素。研究表明，内在动机与体育技能水平呈正相关，而外在动机与体育技能水平呈负相关。

学习策略与体育技能水平呈显著的正相关，对体育技能水平有显著的回归效应和直接影响，它与自我调控学习是密不可分的。其基本理念为：学生能够通过选择利用元认知和动机的策略来提高他们的学习能力；能够主动选择建构甚至创造优越的学习环境；能够在选择自己所需的教学形式和数量方面扮演重要角色。研究表明，自我调控学习与学生体育技能水平呈显著正相关。

(二) 影响体育技能形成的客观因素分析

1. 体育教师、教练的主导作用

体育教师、教练是体育活动中的主导者，活动者从事何种运动项目，运动中的负荷量和负荷强度、运动时间和间歇时间、所要达到的运动效果等，都取决于体育教师、教练的专业知识水平、教学方法、教学态度、个别指导等。教师拥有先进的教学方法，能激发学生的学习热情，调动学生的学习积极性，对运动技能的形成起着巨大的促进作用。另外，教师的教学水平决定着学生掌握运动技能的程度。教师的教学水平建立在自己具有的坚实的专业知识与全面的基础理论知识的基础之上。在现代体育教学中，学生运动能力的发展和运动成绩的提高都必须依靠多学科知识的介入与支持。当然，对后进生的个别指导也是教师不容忽视的问题之一，教师要了解学生的个体差异和身体素质的变化，注意因材施教，提高每个学生的体育技能水平，让其掌握从事的运动项目技术。

2. 动作难度

动作难度是指动作完成的难易程度，它是影响学生体育技能学习的最主要外部因素。动作要素包括身体姿势动作轨迹、动作时间、动作速度、动作速率、动作力量、动作节奏等。体育技能的学习要遵循渐进原则，由简到繁，由易到难，这就要求教材的安排要科学，符合学生的实际情况，符合学生的认知水平，不能太难或太容易，教材的难度太大，学生经过努力还不能掌握，就会慢慢失去学习兴趣和信心，这不利于学生的学习。教材太容易，学生不经过努力就能掌握，则不利于激发学生的学习热情。

3. 人际关系

从社会学角度来讲，人际关系就是人与人之间心理上的关系和距离，不同的人际关系会引起不同的情绪体验。人与人之间心理上的距离越近，教学双方都会感到心情舒畅，若人与人之间发生了矛盾和冲突，心理上的距离很大，彼此就会产生不愉快的情感体验，体育教学中的人际关系主要包括教师与学生、学生与学生之间的关系。

4. 技术环境、教学条件等

技术环境是指运动员（队）周边相关群体的整体水平。实践证明，良好的技术环境对学生学习、掌握和运用运动技能起着重要的作用。如教师高超的体育技能，学生极强的运动能力及持之以恒的学习态度等，都会为学生创造良好的技术环境。同伴的积极学习态度对学生运动技术的掌握也起着促进作用；相反，同伴的思想涣散会对学生的情绪产生负面影响。教学条件的好坏亦对学生的学习情绪有相关的影响。反映负荷量大小的指标一般为次数、时间、距离等。练习量的大小是体育技能的时间保证，学习时数与技术动作的复杂程度有很大关系，复杂动作的学习还必须有教师足够的指导次数。

5. 运动技能之间的互相影响

在学习运动技能时，它们之间将产生相互影响，即运动技能的迁移。动作之间积极的影响叫正迁移，消极的影响（干扰）叫负迁移。在分析体育技能结构时，不仅要从动作结构本身分析，还要从神经与肌肉之间的机能联系进行分析。如短跑和长跑、短距离游泳和长距离游泳，这些技术动作的基本环节和附属环节完全相同，本应产生正效应，可是不但不产生正效应，反而产生负效应。这就是我们通常所说的速度和耐久力是一对矛盾。如果加强了短距离技能的训练，那么长距离的运动成绩必然会降低；如果加强了耐久力的训练，那么速度一定会受到影响。对这两种运动先从技术结构的主要环节和附属环节分析，就不能得出正确结论。因此，在分析研究运动技能之间的相互影响时，不但要从运动结构方面仔细分析，还要从运动生理机能方面进行全面、细致、多方位的分析，只有这样才能得出正确结论。

（三）运动技能学习与智力技能的关系

在分析运动技能学习与智力技能的关系之前，首先要明确两者之间的区别，这样更有利于理解两者之间的密切关系。运动技能的形成需要多种感觉机能参与并与运动系统建立暂时性神经联系。运动技能的学习要与智力技能的发展紧密联系在一起，智力技能水平的提高，对体育技能的提高产生正向迁移；同时，通过不断地进行体育技能学习和动作练习，在大脑中持续形成相应的动作映像，建立起神经-肌肉联系，从而实现动作自动化。

例题3　如何评价体育技能学习效果（以田径运动项目为例）

以田径教学为例，田径教学主要应用个体学习评价教学法对学生的田径技能学习进行评价。个体学习评价教学法的优点主要表现在以下几个方面。

（一）个体学习评价教学法可以提高学生对田径理论的认识

运用个体学习评价教学法进行田径技术教学，不仅有助于学生对田径理论的掌握，也有助于提高学生语言表达能力，并且其效果优于传统的教学方法。

（二）个体学习评价教学法可以提高学生对田径运动技能的掌握

研究表明，试验班学生100 m跑和蹲踞式跳远达标率、技评成绩都高于对照组，而且对运动技能的掌握明显好于对照组。因此，在教学中使用这种方法能很好地帮助学生理解动作原理和内涵，较快地掌握所学技术，通过反复地教学评价可以让教师及时了解学生对运动技能的掌握情况，根据这种反馈来调控教学过程。在运动技能的技评及达标方面，个体学习评价教学法比传统的教学方法有了极大的进步，有效改善了教学。

（三）个体学习评价教学法可以提高学生积极学习态度

田径教学中运用个体学习评价教学法，可以充分调动学生上课的积极性，使学生通过学习得到精神的满足，进一步激发学习兴趣，从而提高学生学习的自觉性。学生对个体学习评价教学法的喜爱程度明显高于传统的教学方法，这证明了综合的教学方法优于传统的教学方法。

（四）个体学习评价教学法可以提高教师教学能力

个体学习评价教学法在田径教学中的应用，可以使教师及时反思自己的教学行为和能力，从而促进自身问题的解决和全面发展，对丰富教师知识结构、提高教师各种能力具有重要作用和意义。

例题4　体育学习的进程有哪几个阶段？你怎么理解现实中学生对体育不感兴趣的现象。

（一）体育学习的进程阶段划分

（1）长时学习（八个阶段）。

动机阶段→领悟阶段→习得阶段→保持阶段→回忆阶段→概括阶段→作业阶段→反馈阶段。

(2) 短时(每节课)学习(六个阶段)。

确立目标阶段→激发动机阶段→表象感知阶段→反复练习阶段→信息反馈阶段→总结评价阶段。

(二)现实中学生对体育不感兴趣的现象

(1) 学生由于身体素质不好,在上体育课时,不能按照教师的要求和标准完成锻炼任务,在学习中处于落后状态,其自信心受到打击,从而引起体育兴趣的降低。这类学生主要是一些身体素质比较差的学生。

(2) 一些学生在以前的学习和锻炼中受到过身体或精神上的伤害,自信心不足,不敢进行许多类似的体育活动,从而导致体育兴趣不高。

(3) 传统的重文轻武思想的存在直接或间接束缚着现代教育,很多家长认为体育学好学坏无所谓,只要文化课学好就行。这就导致学生应有的许多体育锻炼时间被家长剥夺,学生在上体育课时不思进取,完不成学习任务时缺乏应有的耻辱感。造成的直接后果是体育教师的上课任务无法及时完成。

(4) 教材的内容和课时安排上存在问题。在调查中学生普遍反映教材缺乏新颖性,小学学过的许多东西到初中和高中还重复,在新授内容上,现有教材的课时安排不能让大多数学生真正掌握教学内容,造成学生完不成学习任务,逐渐对自己的能力产生怀疑,渐渐失去学好体育的信心,从而导致学习积极性不高。

(5) 体育教师因素主要有教师业务水平不高、教学方法不科学和缺乏新颖性、教师自身的责任心不强、教学重点不在体育课教学上等。其他任课教师不支持学生参加体育活动是影响学生学习体育的积极性的重要原因。

(6) 部分学校不能从根本上实行素质教育,迫于升学的压力,部分毕业班教师不赞成学生把课余时间用在体育锻炼上,从而影响到了学生体育兴趣的培养。

例题5 记忆对体育学习有什么作用?遗忘的特点是什么?

(一)记忆对体育学习的作用

体育学习的过程必须有记忆的参与,如果没有记忆,运动员或者学生就无法掌握运动技能。一个好的记忆力是掌握运动技能的必要条件。记忆可以帮助运动员或学生掌握技术动作和理论知识。先掌握基础的技术动作和理论,再加强练习与巩固,这样有利于促进运动员或学生对体育项目的学习,有利于运动员或学生进一步提高技术动作和理论水平。其一,记忆能为心理活动提供经验基础。其二,记忆能发挥人的心理活动的能动性。其中,运动记忆更能促进运动员或学生对技术动作和理论的掌握。

(二)遗忘的特点

对识记过的内容不能再识或重现,或错误地再识、重现就是遗忘(艾宾浩斯遗忘曲线)。遗忘可大致分为永久性遗忘和暂时性遗忘。不经再度学习便永远也不能再认和回忆称永久性遗忘;一时不能再认或回忆,在另一场合下却能重新记起的遗忘称暂时性遗忘。

例题6　运动技能的迁移有哪些特点？结合实例谈谈如何促进运动技能的迁移。

（一）运动技能迁移的特点

运动技能迁移是指已经学会和掌握的前一运动技能，对正在或将要学习的后一动作技能的影响。运动技能的迁移分为正迁移和负迁移。正迁移是指已经学会和掌握的前一动作，对后一新学动作有积极良好的促进作用，能有助于新学动作的掌握与完成的现象。

运动技能的正迁移的特点是运动动作的技术环节越相似，学习过程中产生正迁移的可能性就越大，大部分运动技能的形成都是以原有的运动技能为基础的。简而言之，两个运动技术难度相当且运动技能之间存在许多共同要素，如骑自行车和骑电动车。运动技能的迁移是有前提条件的，只有熟练地掌握了某项运动技术，并已达到了动力定型，牢固地建立了完成某项运动技能的暂时性神经联系之后，对学习相类似的新技术才具有迁移的作用。如果学生在尚未掌握某项技术之前，就学习新的类似的技术，那么不仅不能起到迁移的作用，反而会起到相互干扰的作用。

负迁移也称技能的干扰，是指已经学会的前一动作，有碍于后一新学动作的掌握和完成的现象。它的特点是两种技能看似同类或很相似，使用的运动程序差异也不大，正是因为这种相似性，人容易产生依赖感，很难形成新的运动程序，所以在练习时表现出明显的干扰现象。简而言之，两个运动技能在某些方面有不同的成分，不利于新技能的学习，如打羽毛球需要压腕，而打网球不需要压腕。

（二）促进运动技能迁移的方法

1. 加强相关技术的基本概念和动作原理的讲解

学生理解了某项技术的概念和动作原理之后，就能够反过来指导学习和训练，从而熟练地掌握所学的技术动作，进一步形成运动技能。把已掌握的运动技能原理和动作概念运用到其他运动技能的学习中，这样，只要掌握少数的动作概念和运动技能原理，就能够获得许多新的运动技能。例如，两个运动项目的技术原理、原则都表现在集体能、技能、智能为一体，其主要特点都是要求运动员在一定范围内或者规定时间内完成难度动作，在主要技术特点，如组织结构、表面特征、逻辑层次、技能的应用价值等方面都存在极为相似的共同要素或成分，那么，这两个运动项目之间也就容易产生积极的迁移。

2. 注意教学内容的关联性

在运动技能教学与训练中，教师和教练在保证完成任务的前提下，一定要合理安排教学内容。具有共同要素和相似动作结构的技能对学生的心理特点与能力具有相同的要求，因此，在安排教学和训练内容时应将这些内容放在同一教学任务和训练单元中进行，并且间隔时间不宜过长。例如，两个运动项目均是在特定时间、空间以独特身体姿态如空翻、旋转、翻转、倒立等为基本动作，通过力量、柔韧、平衡、协调来展现动作美和身体美，那么，这两个运动项目的训练就可放在同一单元进行，从而有利于个体在学习新技能时产生积极的迁移。

3. 注重对原有技能的巩固

在运动技能教学和训练中，虽然原有技能会对新技能的学习和形成产生一定的迁移，但它是建立在对原有技能不断进行练习巩固的基础上的。学生只有对已学技能熟练地掌握、深刻地认识后，在学习新技能的过程中才会产生更好、更多的迁移。因此，在运动技能的学习与训练中，在学习新技能之前，一定要对已学技能进行巩固练习，明确两者的不同点，把相同点运用到新授课的动作上，避免负迁移的产生，提高教学质量和学习效果。

4. 利用比较法防止干扰

比较就是在思想中将各种新、旧技能的不同目的、要求条件和练习的方式、方法等，加以辨别和对比，并确定它们之间的异同和关系。例如，通过图片、多媒体教学软件、标准的示范等一些比较形象的教学手段，使学生在脑海中形成两种运动技能比较清晰的图像，以便在练习过程中通过表象的作用，对街舞和自由体操的异同点进行分辨，这种分辨的能力越高，迁移的效果就越明显，干扰就越少。

5. 加强教师、教练和学生对运动技能迁移的认识

学生是学习的主体，也是教育过程的参与者，只有学生积极地参与学习，教学效果才能提高。因此，教师和教练要引导学生学习运动技能迁移规律，充分发挥学生的主观能动性，同时抓好学生的基础动作学习，指出动作的共性和相似性，也可以让学生自己去发现，经过讨论的形式让学生加深认识。

例题7 有哪些人接近或达到整体构建体育经验的高级阶段？

首先要明白"整体构建体育经验的高级阶段"的概念，笔者通过查找资料和引擎搜索并未查到这一完整短语的概念，可见这一短语并不是一个专业术语，需要分解再整合。显然，这一短语中的关键点在于"体育经验"和"高级阶段"。

高级阶段指的是达到不一般的高境界，所以整合起来"整体构建体育经验的高级阶段"就是某人凭借自己的运动经历和运动知识对某个运动项目或某一类型的项目构建起独有的自动化经验体系的高级阶段。

处于整体构建体育经验高级阶段的人群通常都是经过长期专业化训练或培训的明星级运动员或教练，下面列举一些处于整体构建体育经验高级阶段的体育明星及其运动生涯的主要事迹。

中国网球女皇李娜，世界知名网球运动员。1982年出生于湖北武汉，6岁开始练习网球。2008年获北京奥运会女子单打第四名，2009年决定单飞，2011年获法国网球公开赛女子单打冠军，2014年获澳大利亚网球公开赛女子单打冠军（成为澳网百年历史上亚洲选手首个澳网单打冠军及公开赛以来澳网最年长的单打冠军）。2014年9月18日宣布退役，退役后在家乡自办网球培训学校。她是亚洲历史上女单世界排名最高选手，最好成绩排名世界第二。无论是网球训练、比赛，还是网球教学，李娜都具备丰富的经验。

跳水女皇郭晶晶，1981年出生于河北保定，7岁开始学习跳水。1992年进入河北省跳水队；1993年入选国家跳水队；1998年参加在澳大利亚举行的世界游泳锦标赛，

获女子跳台第二名；2001年参加在福冈市举行的第九届世界游泳锦标赛，获女子单人3 m板、女子双人3 m板及女子1 m板冠军；2002年在全国跳水冠军赛中获女子1 m板冠军与女子3 m板冠军；2008年收获自己在奥运会历史上的第四枚金牌。2011年1月22日，郭晶晶正式宣布退役。

世界游泳名将孙杨，1991年出生于浙江杭州，男子1 500 m自由泳世界纪录保持者，男子400 m自由泳奥运会纪录保持者。2012年伦敦奥运会男子400 m自由泳、男子1 500 m自由泳冠军；2016年里约奥运会男子200 m自由泳冠军。孙杨是历史上第一位包揽男子200 m、400 m、1 500 m自由泳奥运会金牌，历史上第一位世锦赛男子800 m自由泳三连冠的游泳运动员，是一个极具天赋的体育明星。

篮球巨星姚明，1980年出生于上海。9岁开始在上海徐汇区少年体校接受业余训练；14岁进入上海青年队；17岁入选国家青年队；18岁穿上了中国队服。2002年，他以状元秀身份被NBA的休斯敦火箭队选中；2011年从NBA退役。在服役于火箭队的9年中，姚明的排名攀升至NBA第四。退役后，姚明回国继续从事篮球产业和公益活动。

中国著名女子排球运动员朱婷，2010年进入中国女子排球少年队（国少队）；2012年进入中国女子排球青年队（国青队）；2013年正式入选郎平执教的中国国家女子排球队，现为队中主攻手，郎平评其为世界三大主攻之一，披2号球衣，同年底首次参加2013年世界女排大奖赛总决赛，获最佳主攻称号；2016年，朱婷率领中国女排获得2016年里约奥运会女排冠军，并获得里约奥运会女排最有价值球员，同年入选"中国90后十大影响力人物"，获得2016 CCTV体坛风云人物年度最佳女运动员提名奖，来到运动生涯的高峰期。

跨栏名将刘翔，中国男子田径队110 m栏运动员，亚洲田径史和中国体育田径史上第一个集奥运会冠军、室内室外世锦赛冠军、国际田联大奖赛总决赛冠军、世界纪录保持者多项荣誉于一身的运动员。2004年，刘翔在雅典奥运会上以12秒91的成绩追平了世界纪录夺冠。2006年，在瑞士洛桑田径超级大奖赛中，以12秒88的成绩打破了保持13年的世界纪录夺冠。2012年，世界110 m栏排名第一，时隔五年后重登榜首。2012年，伦敦奥运会刘翔因伤退出比赛以后几次尝试复出，但仍没有理想的表现。2015年4月7日，刘翔正式宣布退役。

这些明星级别的运动员具备构建体育经验高级阶段的能力，他们之前的训练和参赛经历对他们整个运动生涯都具有重要意义。他们形成的自动化的经验在他们退役之后也能运用到培训或教学之中。

例题8　普通高等学校排球运动项目教学指南和技能等级评定标准研究

《全国普通高等学校体育课程教学指导纲要》规定了确定体育课程内容的主要原则：① 健身性与文化性相结合；② 选择性与实效性相结合；③ 科学性与可接受性相结合；④ 民族性与世界性相结合；⑤ 充分反映和体现教育部、国家体育总局制定的《学生体质健康标准（试行方案）》的内容和要求。普通高等学校在教学形式、教学模式、教学内容、教学方法上都相应地做出了改革。在体育教学中，应该传授给学生哪些知识和技能，用怎样的方法和手段教给他们，怎样评定学生是否掌握了这些知识，就要涉及教学内容和技能评定方法标准。

我国普通高等学校在教学目标的设定上，还只局限于排球运动技能目标，而在运动参与目标、身体健康目标、心理健康目标、社会适应目标等方面存在缺失。在排球目标设定的描述中存在模糊现象，如初步掌握、基本掌握、熟练掌握等词语，没有能够用语言准确地表达出来。学生在学习过程中会产生迷茫现象，对自身学习掌握的技能不能达成清晰的认识，从而造成学习效果的降低。

在排球教学内容上，准备姿势与移动、传球、垫球、扣球、发球、拦网等方面都有传授。准备姿势包括稍蹲、半蹲，部分高校传授深蹲；移动包括跨步、并步、滑步、交叉步、跑步；传球包括正面双手传球、侧传球、背传球，部分高校传授跳传球、顺网二传和传快球；垫球包括正面双手垫球、侧垫球，部分高校传授跑步垫球、跨步垫球、前扑垫球和背垫球；扣球包括四号位、二号位扣一般高球，部分高校传授近体快球和后排进攻扣球；发球包括正面和侧面下手发球、正面上手发球，部分高校传授正面上手发飘球；拦网包括无人拦网下的防守站位和单人拦网。通过学习的排球技能可以进行小型排球比赛，有一般进攻意识和一般防守意识，但部分学生仍存在怕扣球的情况，尤其是女生。

在排球教学内容顺序安排上，有的教师采取准备姿势与移动、发球、垫球、传球、扣球、拦网的顺序，有的教师采取准备姿势与移动、发球、传球、垫球、扣球、拦网的顺序，也有极少数教师采取自己的不同的教学顺序进行教学。

每一项教学内容的教学步骤都采用先徒手模仿，再进行固定球练习，从易到难，从简单到复杂。例如，在传球教学中，先示范讲解，再徒手模仿教师的正确动作，这一阶段教师主要看学生的手型是否正确，让学生在学习初期就形成正确动作，有利于今后正确动作的形成，然后每人一球对墙进行传球，再两两一组进行抛传，之后互传，最后进行移动中的传球练习。

拦网属于防守技术，其教学必须在扣球学习之后进行。无论是单人拦网，还是双人拦网，教学步骤应该一样，都是先进行讲解示范，然后分组练习。要想提高拦网技术，就必须进行实战，在掌握所有技术之后，适当地安排排球比赛有助于加深排球技术的熟练程度。注意事项在学生学习的早期就开始提醒，让学生边学习边改正错误。

排球战术的学习主要包括"边一二"战术和"中一二"战术，教学后期时间充足的话，有些教师还会进行"插上技"战的传授。"边一二"战术和"中一二"战术的教学步骤大同小异，都是先用沙盘或小黑板进行操作演示，让队员熟悉场上位置和跑动路线，然后上场二号、三号、四号位队员进行配合扣球进攻，之后全队成员结合接发球加上拦网技术进行练习，最后成队进行对抗比赛，从而加强巩固排球战术。

技能等级评定包括技能达标和技能评定，技能达标以后才能获得参加技能评定的资格。技能达标主要从四个基本技术（发球、传球、垫球、扣球）进行评判。

发球：正面上手发球。站在发球区，按规则要求发球，球过规定网高到规定区域。共发10次，6次符合规则即算达标。

传球：对墙传球和一般二传。对墙传球即在墙上画一条直线（男生高度线距地面3 m，女生高度线距地面2.5 m），对墙连续传球，人与墙距离适中。连续传球30次，有一定抛物线。有两次达标机会。一般二传即在四号位设一个距中线 0.1 m、距边线 0.1 m、高出网上沿 0.6 m、直径 1 m 的圆圈，学生在二号位、三号位之间接住六号位的抛球传入圆圈中。传球 10 次，6 次进算达标。

垫球：对墙垫球和接发球垫球。对墙垫球即在墙上画一条直线（男生 2.5 m，女生 2 m），对墙连续垫球，人与墙距离适中。连续垫球 30 次。有两次达标机会。接发球垫球即学生站在六号位直径 3 m 的圆内（圆心距中线 6.5 m），接对面抛来的球，垫到设置在二号位的筐内（高度 1.8 m，面积 2 m²）。垫球 10 次，入筐 6 次算达标。

扣球：正面扣球。学生在四号位扣三号位抛来的球，球不触网，不犯规，到达对方区域，有一定力量。扣球 10 次，成功 6 次算达标。

技能评定的方法是为技术动作主要环节确定分值。技能评定主要针对发球、传球、垫球、扣球这四项主要技术。以每项技术满分 10 分来计算。

发球：抛球（3 分）、击球手法（3.5 分）、击球部位（3.5 分）。

传球：手型（3.5 分）、击球点（3 分）、传送动作（3.5 分）。

垫球：击球点（3.5 分）、击球部位（3.5 分）、手臂用力（3 分）。

扣球：助跑节奏（3 分）、起跳点（3.5 分）、击球动作（3.5 分）。

例题 9　什么是固定练习和变化练习？（举例说明）

固定练习就是让学生重复练习单一动作。例如，网球发球练习，只是一味地练习抛球、腿的蹬地、手臂的鞭打动作；立定跳远练习，也是重复练习单一动作；排球垫球练习，也要固定一种形式多练习，才能形成动作定型。

如果练习是在同一类动作的基础上体现多种动作方式，那么这种练习就叫作变化练习。例如，体操中的前滚翻，它可以有以下变化：

（1）团身前滚翻。

（2）分腿前滚翻。由分腿开立开始，至分腿开立结束。要求动作全过程必须保持直腿。前滚翻起立前两手用力撑垫。

（3）盘腿前滚翻。由盘腿坐于垫上开始，至两手扳住脚尖结束。应注意的是，滚翻前要用两腿外侧压垫，臀部离地上提，不用手支撑做滚翻。

（4）直腿前滚翻。由助跑、助走、原地双脚同时离地的前滚翻开始，至直腿起立结束。滚翻速度要快，滚动中保持直腿，起立前两手在两腿膝部外侧用力推垫，脚跟触垫后，前脚掌用力下压。

第三节　体育教师教学技能比赛说课（教案）内容及相关要求

目　录

Ⅰ. 体育教师教学技能比赛说课内容及相关要求。

Ⅱ. 体育教师教学技能比赛身体素质比赛内容、办法及评分标准。

Ⅲ. 体育教师教学技能比赛运动技能比赛内容、办法及评分标准。

Ⅰ. 体育教师教学技能比赛说课内容及相关要求

一、说课内容

1. 篮球
（1）行进间运球　　　　　　　　　（2）双手胸前传接球
（3）原地单手肩上投篮　　　　　　（4）行进间单手低手上篮

2. 足球
（1）脚背正面颠球　　　　　　　　（2）脚内侧传接球
（3）脚背内侧踢球　　　　　　　　（4）前额正面顶球

3. 排球
（1）正面上手发球　　　　　　　　（2）正面双手垫球
（3）正面双手传球　　　　　　　　（4）扣球

4. 乒乓球
（1）正手发平击球　　　　　　　　（2）推挡球
（3）正手攻球　　　　　　　　　　（4）弧圈球

5. 羽毛球
（1）正手发高远球　　　　　　　　（2）正手击高远球
（3）反手搓网前球　　　　　　　　（4）头顶滑板吊球

6. 网球
（1）底线正手上旋球　　　　　　　（2）反手切削球
（3）正手截击　　　　　　　　　　（4）上旋发球

7. 健美操
（1）第三套健美操大众锻炼标准二级组合一第 3×8 拍
（2）第三套健美操大众锻炼标准二级组合二第 1×8 拍
（3）第三套健美操大众锻炼标准二级组合三第 1×8 拍
（4）第三套健美操大众锻炼标准二级组合四第 4×8 拍

8. 武术
（1）大跃步前穿（初级长拳）　　　（2）白鹤亮翅（24 式太极拳）
（3）左右冲拳加后鞭腿（武术散打）（4）缠头裹脑刀法（刀术）

9. 跆拳道
（1）前踢　　　　　　　　　　　　（2）横踢
（3）下劈　　　　　　　　　　　　（4）后旋踢

10. 田径
（1）蹲踞式起跑　　　　　　　　　（2）跳远助跑起跳
（3）铅球侧向滑步　　　　　　　　（4）弯道跑技术

11. 游泳
（1）蛙泳腿技术　　　　　　　　　（2）蛙泳呼吸技术
（3）自由泳手臂技术　　　　　　　（4）自由泳手腿配合

二、确定方式

说课内容（教案）采用抽签方式确定。每类专项项目设四个技术动作供抽取。评委在赛前任意抽取确定一个项目的技术动作，各项目组所有选手以专家确定的抽签技术动作作为新授内容撰写教案，并准备说课。

三、教案要求

（1）教案应符合基本规范，总时长为 90 分钟。教案须在说课前发至×××××××@qq.com 邮箱，供专家评分。

（2）除抽签所定的技术动作为新授教学内容外，开始部分、准备部分、复习内容、素质练习等方面的内容可自行编排。素质练习为必须编写内容。

四、说课要求

说课只需说专家确定的技术动作，时间控制在 10 分钟以内。8 分钟时评委提醒参赛选手，超过 10 分钟，选手即终止说课。说课参考要点：教学目标、教学组织、教材分析、重难点解决、教学方法和手段、练习步骤、教师动作徒手示范等。不得使用 PPT 和其他电子设备。迟到 5 分钟，视为放弃比赛。

Ⅱ．体育教师教学技能比赛身体素质比赛内容、办法及评分标准

一、比赛内容

身体素质比赛共分两项，分别是 1 分 30 秒跳绳和立定跳远。参赛选手按照抽签顺序先测试立定跳远，再测试跳绳。

二、比赛办法

（1）1 分 30 秒跳绳（绳子型号：ALTUS 极速跳绳）动作规格：单摇跳绳。测试场地：地面平整、干净的场地。

测试方法：跳绳由赛事承办方统一提供，选手赛前可适应性调节跳绳。听到开始信号后开始快速跳绳，听到结束信号后停止。测试员报数并记录受试者所跳次数。

测试单位：个。

测试器材：秒表、发令哨、各种长度的跳绳。

（2）立定跳远动作规格：原地双脚立定于起跳线后，脚尖不得触及起跳线。可以赤足，但不得穿钉鞋、皮鞋、塑料凉鞋测试。测试场地：地面平坦，不得有凹坑。从塑胶场地向平整沙坑里跳。

测试方法：每人连续跳 2 次，取最好成绩记录。测试员丈量起跳线后缘至最近着地点后缘的垂直距离。

测试单位：米。

测试器材：皮尺、粉笔、平耙、插钎。

三、评分标准（表 9-19 至表 9-22）

表 9-19　男子（20—55 岁）1 分 30 秒跳绳评分标准　　　　　　　　　　　　　单位：个

年龄	1 分	2 分	3 分	4 分	5 分	6 分	7 分	8 分	9 分	10 分
20—30	135—153	154—167	168—183	184—203	204—217	218—237	238—246	247—262	263—275	276 以上
31—35	128—134	135—153	154—167	168—183	184—203	204—217	218—237	238—246	247—262	263 以上
36—40	118—127	128—134	135—153	154—167	168—183	184—203	204—217	218—237	238—246	247 以上
41—45	99—117	118—127	128—134	135—153	154—167	168—183	184—203	204—217	218—237	238 以上
46—50	90—98	99—117	118—127	128—134	135—153	154—167	168—183	184—203	204—217	218 以上
51—55	80—89	90—98	99—117	118—127	128—134	135—153	154—167	168—183	184—203	204 以上

表 9-20　女子（20—55 岁）1 分 30 秒跳绳评分标准　　　　　　　　　　　　　单位：个

年龄	1 分	2 分	3 分	4 分	5 分	6 分	7 分	8 分	9 分	10 分
20—30	136—147	148—161	162—179	180—201	202—215	216—233	234—244	245—260	261—271	272 以上
31—35	120—135	136—147	148—161	162—179	180—201	202—215	216—233	234—244	245—260	261 以上
36—40	109—119	120—135	136—147	148—161	162—179	180—201	202—215	216—233	234—244	245 以上
41—45	94—108	109—119	120—135	136—147	148—161	162—179	180—201	202—215	216—233	234 以上
46—50	85—93	94—108	109—119	120—135	136—147	148—161	162—179	180—201	202—215	216 以上
51—55	80—84	85—93	94—108	109—119	120—135	136—147	148—161	162—179	180—201	202 以上

表 9-21　男子（20—55岁）立定跳远评分标准　　　　　　　　　　　　单位：米

年龄	1分	2分	3分	4分	5分	6分	7分	8分	9分	10分
20—30	2.09—2.13	2.14—2.25	2.26—2.34	2.35—2.42	2.43—2.51	2.52—2.57	2.58—2.61	2.62—2.63	2.64—2.70	2.71以上
31—35	2.06—2.08	2.09—2.13	2.14—2.25	2.26—2.34	2.35—2.42	2.43—2.51	2.52—2.57	2.58—2.61	2.62—2.63	2.64以上
36—40	2.03—2.05	2.06—2.08	2.09—2.13	2.14—2.25	2.26—2.34	2.35—2.42	2.43—2.51	2.52—2.57	2.58—2.61	2.62以上
41—45	2.00—2.02	2.03—2.05	2.06—2.08	2.09—2.13	2.14—2.25	2.26—2.34	2.35—2.42	2.43—2.51	2.52—2.57	2.58以上
46—50	1.98—1.99	2.00—2.02	2.03—2.05	2.06—2.08	2.09—2.13	2.14—2.25	2.26—2.34	2.35—2.42	2.43—2.51	2.52以上
51—55	1.96—1.97	1.98—1.99	2.00—2.02	2.03—2.05	2.06—2.08	2.09—2.13	2.14—2.25	2.26—2.34	2.35—2.42	2.43以上

表 9-22　女子（20—55岁）立定跳远评分标准　　　　　　　　　　　　单位：米

年龄	1分	2分	3分	4分	5分	6分	7分	8分	9分	10分
20—30	1.58—1.68	1.69—1.75	1.76—1.83	1.84—1.92	1.93—1.98	1.99—2.02	2.03—2.06	2.07—2.14	2.15—2.18	2.19以上
31—35	1.53—1.57	1.58—1.68	1.69—1.75	1.76—1.83	1.84—1.92	1.93—1.98	1.99—2.02	2.03—2.06	2.07—2.14	2.15以上
36—40	1.46—1.52	1.53—1.57	1.58—1.68	1.69—1.75	1.76—1.83	1.84—1.92	1.93—1.98	1.99—2.02	2.03—2.06	2.07以上
41—45	1.44—1.45	1.46—1.52	1.53—1.57	1.58—1.68	1.69—1.75	1.76—1.83	1.84—1.92	1.93—1.98	1.99—2.02	2.03以上
46—50	1.42—1.43	1.44—1.45	1.46—1.52	1.53—1.57	1.58—1.68	1.69—1.75	1.76—1.83	1.84—1.92	1.93—1.98	1.99以上
51—55	1.40—1.41	1.42—1.43	1.44—1.45	1.46—1.52	1.53—1.57	1.58—1.68	1.69—1.75	1.76—1.83	1.84—1.92	1.93以上

Ⅲ．体育教师教学技能比赛运动技能比赛内容、办法及评分标准

一、篮球（型号：摩腾GM7）

1. 定点投篮（达标10分；技评10分）

在规定的5个区域内，投篮10次，每个区域投篮2次（可每个区域连投2次，也

可每个区域依次投篮1次，轮转1个来回），球离手前踩线投中无效。男子用7号球，女子用6号球或者7号球。投中1球得1分，满分为10分。每人1次机会。

距离：男子3分线外，女子5 m线外（与3分线为同心圆）。定点投篮区域示意如图9-1所示。

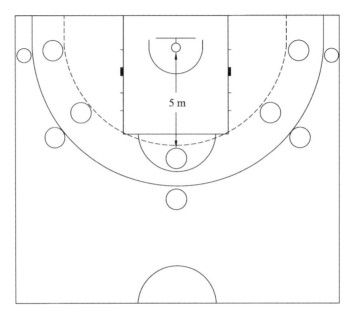

图9-1 定点投篮区域示意图

技术评分（表9-23）：

表9-23 定点投篮技术评分标准

得分	9—10	7—8	5—6	3—4	0—2
技术评定	投篮动作标准，身体发力协调，整个动作连贯	投篮动作标准，身体发力协调，整个动作较为连贯	投篮动作标准，身体发力较为协调，整个动作较为连贯	投篮动作比较标准，身体发力较为协调，整个动作较为连贯	投篮动作不标准，身体发力不协调，整个动作不连贯

2. 半场往返运球投篮（达标10分；技评10分）

选手站在球场端线的规定点（起点），快速运球至中线右侧边线处，绕杆折返运球上篮，在运球上篮途中必须完成一次后转身运球技术，且球要求投中篮，若球投不中篮，则必须补投中篮（以下各次投篮与此相同）。

球中篮后，快速运往左侧中线的边线处，绕杆折返快速运球上篮，在运球上篮途中必须完成一次背后运球技术。球中篮后，重复一遍上述过程，一共往返两个来回，投中篮4个球。从起点运球开始计时，到第4个球投中篮后，则计时结束，时间越短成绩越好，每人2次机会。

测试要求：

（1）选手在做后转身运球上篮和背后运球上篮时，可以左右两侧任意选择使用，但两侧不能做相同动作，否则成绩无效。

（2）运球过程中，不得向前抛球和抱球跑动，不得运球违例，否则成绩无效。半场往返运球投篮路线示意如图 9-2 所示。

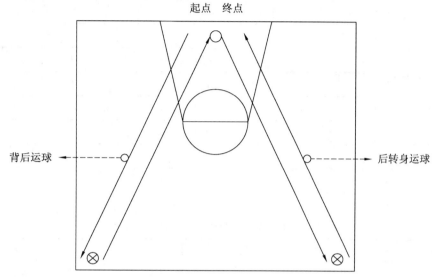

图 9-2　半场往返运球投篮路线示意图

评分标准：

此评分标准适用于 30 岁以下参赛选手（表 9-24）。31—35 岁减 1 秒计算成绩；36—40 岁减 2 秒计算成绩；41—45 岁减 3 秒计算成绩；46—50 岁减 4 秒计算成绩；51—55 岁减 5 秒计算成绩。

表 9-24　半场往返运球投篮评分标准（男子）

时间/秒	35.0	35.1	35.2	35.3	35.4	35.5	35.6	35.7	35.8	35.9
得分	10.0	9.9	9.8	9.7	9.6	9.5	9.4	9.3	9.2	9.1
时间/秒	36.0	36.1	36.2	36.3	36.4	36.5	36.6	36.7	36.8	36.9
得分	9.0	8.9	8.8	8.7	8.6	8.5	8.4	8.3	8.2	8.1
时间/秒	37.0	37.1	37.2	37.3	37.4	37.5	37.6	37.7	37.8	37.9
得分	8.0	7.9	7.8	7.7	7.6	7.5	7.4	7.3	7.2	7.1
时间/秒	38.0	38.1	38.2	38.3	38.4	38.5	38.6	38.7	38.8	38.9
得分	7.0	6.9	6.8	6.7	6.6	6.5	6.4	6.3	6.2	6.1
时间/秒	39.0	39.1	39.2	39.3	39.4	39.5	39.6	39.7	39.8	39.9
得分	6.0	5.9	5.8	5.7	5.6	5.5	5.4	5.3	5.2	5.1
时间/秒	40.0	40.1	40.2	40.3	40.4	40.5	40.6	40.7	40.8	40.9
得分	5.0	4.9	4.8	4.7	4.6	4.5	4.4	4.3	4.2	4.1

续表

时间/秒	41.0	41.1	41.2	41.3	41.4	41.5	41.6	41.7	41.8	41.9
得分	4.0	3.9	3.8	3.7	3.6	3.5	3.4	3.3	3.2	3.1
时间/秒	42.0	42.1	42.2	42.3	42.4	42.5	42.6	42.7	42.8	42.9
得分	3.0	2.9	2.8	2.7	2.6	2.5	2.4	2.3	2.2	2.1
时间/秒	43.0	43.1	43.2	43.3	43.4	43.5	43.6	43.7	43.8	43.9
得分	2.0	1.9	1.8	1.7	1.6	1.5	1.4	1.3	1.2	1.1
时间/秒	44.0	44.1	44.2	44.3	44.4	44.5	44.6	44.7	44.8	44.9
得分	1.0	0.9	0.8	0.7	0.6	0.5	0.4	0.3	0.2	0.1
时间/秒	45.0									
得分	0.0									

表 9-25 半场往返运球投篮评分标准（女子）

时间/秒	38.0	38.1	38.2	38.3	38.4	38.5	38.6	38.7	38.8	38.9
得分	10.0	9.9	9.8	9.7	9.6	9.5	9.4	9.3	9.2	9.1
时间/秒	39.0	39.1	39.2	39.3	39.4	39.5	39.6	39.7	39.8	39.9
得分	9.0	8.9	8.8	8.7	8.6	8.5	8.4	8.3	8.2	8.1
时间/秒	40.0	40.1	40.2	40.3	40.4	40.5	40.6	40.7	40.8	40.9
得分	8.0	7.9	7.8	7.7	7.6	7.5	7.4	7.3	7.2	7.1
时间/秒	41.0	41.1	41.2	41.3	41.4	41.5	41.6	41.7	41.8	41.9
得分	7.0	6.9	6.8	6.7	6.6	6.5	6.4	6.3	6.2	6.1
时间/秒	42.0	42.1	42.2	42.3	42.4	42.5	42.6	42.7	42.8	42.9
得分	6.0	5.9	5.8	5.7	5.6	5.5	5.4	5.3	5.2	5.1
时间/秒	43.0	43.1	43.2	43.3	43.4	43.5	43.6	43.7	43.8	43.9
得分	5.0	4.9	4.8	4.7	4.6	4.5	4.4	4.3	4.2	4.1
时间/秒	44.0	44.1	44.2	44.3	44.4	44.5	44.6	44.7	44.8	44.9
得分	4.0	3.9	3.8	3.7	3.6	3.5	3.4	3.3	3.2	3.1
时间/秒	45.0	45.1	45.2	45.3	45.4	45.5	45.6	45.7	45.8	45.9
得分	3.0	2.9	2.8	2.7	2.6	2.5	2.4	2.3	2.2	2.1
时间/秒	46.0	46.1	46.2	46.3	46.4	46.5	46.6	46.7	46.8	46.9
得分	2.0	1.9	1.8	1.7	1.6	1.5	1.4	1.3	1.2	1.1
时间/秒	47.0	47.1	47.2	47.3	47.4	47.5	47.6	47.7	47.8	47.9
得分	1.0	0.9	0.8	0.7	0.6	0.5	0.4	0.3	0.2	0.1
时间/秒	50.0									
得分	0.0									

技术评分（表9-26）：

表9-26 半场往返运球投篮技术评分标准

得分	9~10	7~8	5~6	3~4	0~2
技术评定	技术没有违例，动作运用合理，每次上篮都是一次性完成的	技术没有违例，动作运用基本合理，上篮有一次是补进的	技术没有违例，动作运用基本合理，上篮有两次是补进的	偶尔违例，基本动作运用合理，上篮两次以上是补进的	技术违例较多，基本动作运用不合理，上篮两次以上是补进的

二、足球（型号：摩腾VG-4000）

1. 定位球踢准（达标10分；技评10分）

以"O"为圆心（圆心处放一锥形标志桶作为标记），分别画半径为3 m和2 m的两个同心圆（线的宽度不超过12 cm，下同）。以25 m为半径从圆心向任何方向画一条5 m长的弧，作为踢准的限制线（图9-3）。参赛选手必须将球放在限制线上或线后向圈里踢球，否则踢中无效。球的第一落点落在圈内或线上为有效（各圆的线为该圆的有效区）。将球踢进内圈得2分，踢进外圈得1分，踢到圈外得零分，每人连续5次，满分为10分。

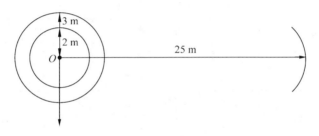

图9-3 定位球踢准示意图

技术评分（表9-27）：

表9-27 定位球踢准技术评分标准

得分	8—10	4—7	0—3
技术评定	踢球动作规范、标准、协调、连贯，落点准确	踢球动作较标准，身体发力较为协调，动作较为连贯，落点基本准确	踢球动作不太标准，身体发力不太协调，整个动作不太连贯，落点不太准确

2. 运球绕标射门（达标10分；技评10分）

在距罚球区线中点20 m处，画一条长5 m的线平行于罚球区线，作为起点线，起点线到球门线的距离为36.5 m。距起点线4 m处起，沿20 m垂线放置标志物8个，女子起点线到球门线距离为32.5 m，标志物为6个，间距为2 m。标志物固定垂直放在地面上，以参赛选手碰不倒为宜（图9-4）。参赛选手按足球竞赛规则允许的动作运球，否则视为犯规。参赛选手从起点线开始运球，球向前滚动即开表计时，运球逐个绕过标志物后，在球未进入罚球区前射门，球整体越过球门线即停表。射门不限脚法，球射入球门内成绩有效。球未进门则无有效成绩（球打在球门横梁或立柱加1秒计算）。运球绕标时不得漏标，如有漏标需重绕，不绕或漏绕均为成绩无效。

评分方法：所有参赛选手第一轮测试后再进行第二轮测试，两次均记成绩（测试成绩四舍五入取小数点后一位，如7秒11则为7秒1，7秒15则为7秒2）。该项最终得分为两次测试中最好成绩得分，满分为10分。评分标准如表9-28所示。其中，31—35岁减0.6秒计算成绩；36—40岁减1.2秒计算成绩；41—45岁减1.8秒计算成绩；46—50岁减2.4秒计算成绩；50岁以上减3秒计算成绩。

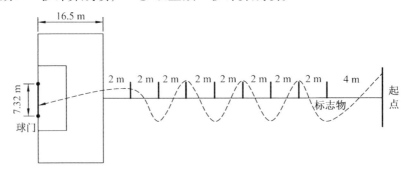

图9-4 运球绕标射门示意图

表9-28 运球绕标射门评分标准

分值	成绩/秒	分值	成绩/秒	分值	成绩/秒
10.0	7.0	6.5	8.4	3.0	9.8
9.5	7.2	6.0	8.6	2.5	10.0
9.0	7.4	5.5	8.8	2.0	10.2
8.5	7.6	5.0	9.0	1.5	10.4
8.0	7.8	4.5	9.2	1.0	10.6
7.5	8.0	4.0	9.4	0.5	10.8
7.0	8.2	3.5	9.6		

技术评分（表9-29）：

表9-29 运球绕标射门技术评分标准

得分	8~10	4~7	0~3
技术评定	运球脚法合理，动作连贯协调，无停滞；人或球不触及障碍物；人球结合度好；过杆迅速；射门有力	运球脚法较合理，动作较为连贯协调，有停滞；人或球触及障碍物；人球结合度一般；过杆较迅速；射门较为有力	运球脚法不合理，动作不连贯、不协调，有停滞；人或球多次触及障碍物；人球结合度差；过杆速度缓慢；射门无力

三、排球（型号：摩腾V5M5000）

1. 发球（达标10分；技评10分）

选手在发球区（发球区固定）内可采用：上手发球、勾手发球、跳发球中的任一种，按照逆时针顺序将球发至各个指定区域（1—5区），每个区域发球2次，共发球10次。发出的球具有一定的速度和力量。发球成功一次得1分。具体如图9-5所示。

图9-5 排球发球指定区域

技术评分（表9-30）：

表9-30 排球发球技术评分标准

得分	8—10	4—7	0—3
技术判定	发球动作标准，身体协调用力，整个动作连贯	发球动作比较标准，身体用力比较协调，整个动作比较连贯	发球动作不标准，身体没有协调用力，整个动作不连贯

2. 自传自垫（达标10分；技评10分）

选手站在A区，采用双手传球技术将球传出，再跑到B区，采用双手垫球技术将球垫起，依此类推，一传一垫算一组。时间为1分钟。A、B区域用两条直线分开，中间间隔2 m。球落地可重新从A区开始。完成动作时不在指定区域或者踩线均不计算组数。具体如图9-6所示。

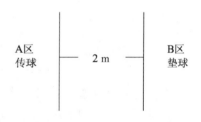

图9-6 排球自传自垫示意图

评分标准（表9-31）：

表9-31 自传自垫评分标准

分值	男子组数	女子组数	分值	男子组数	女子组数
10	13	11	5	8	6
9	12	10	4	7	5
8	11	9	3	6	4
7	10	8	2	5	3
6	9	7	1	4	2

技术评分（表9-32）：

表9-32 自传自垫技术评分标准

得分	7—10	4—6	0—3
技术判定	对球判断很准确，传垫球动作标准，身体用力协调	对球判断较准确，传垫球动作较标准，身体用力较协调	对球判断不准确，传垫球动作不标准，身体用力不协调

四、乒乓球（型号：红双喜三星40+）

1. 左推右攻（达标10分；技评10分）

参赛选手有3次发球的机会，选手发球后，陪练在球台正手位推挡陪练，并将球推到选手正、反手各1次，循环进行。选手左、右各击球1次，1个循环计1次，必须跑动到台面的两条直线，并将球送还到陪练的正手位台区，否则不予计数，球掉在地上算失败1次，测3次取最好成绩记分。（陪练失误不影响成绩）1次0.5分，最高10分。

2. 发球抢攻（达标10分；技评10分）

发球抢攻考核办法：10次发球机会，必须在第三板抢攻到直线和斜线各5个，抢攻不到线不予计数，自主选择在正手位或在侧身位抢攻。（陪考失误不影响成绩）1次1分，最高10分。

技术评分（表9-33）：

表9-33 发球抢攻技术评分标准

得分	7—10	4—6	0—3
技术判定	步法正确，动作协调连贯，球速快，力量大，落点稳、准，节奏感强，无失误	步法基本正确，动作协调，球速稍慢，落点较稳，节奏感一般，成功率稍低	步法不正确，动作不协调，勉强完成，球速慢，弧线高，落点零乱，节奏感差，成功率低

五、羽毛球（型号：威克多金黄一号）

1. 发球（达标10分；技评10分）

选手从单打场地的右发球区内分别发5个高远球和5个网前球。高远球应以较高的弧线飞行，垂直下落到斜对角发球区的双打后发球线到端线之间的区域；网前球的落点在前发球线和向前70 cm所做平行线及距中线和单打边线各60 cm所做平行线所构成的区域内，过网高度在20 cm以下。每个1分，最高10分。

2. 后场高远球和吊球（达标10分；技评10分）

参赛选手站在中线中心位置，由陪练向左、右各发球区连续发球，总共10个高球，参赛选手移动至后场正手击高远球和吊球交替进行。正手击高远球须将球击到对方场地的双打后发球线到端线之间的对角线区域内；吊球落点在发球线和球网之间的对角线区域内。每个球达标满分为1分，最高10分。

技术评分（表9-34）：

表9-34 后场高远球和吊球技术评分标准

得分	7—10	4—6	0—3
技术判定	跑动到位，动作协调连贯且规范，球速快，落点准	跑动基本到位，动作基本协调且较规范，球速较快，落点较准	跑动不到位，动作不协调，球速慢，落点不太准

六、网球（型号：Slazenger WIMBLEDON 3TIN）

1. 上手发球（达标10分；技评10分）

测试者从单打场地的一区（平分区）、二区（占先区）底线分别发2个球至相应发球区的内角和外角（将发球区等分为左、中、右三块区域，左、右两侧为内、外角，压线判定有效），顺序为一区内角、一区外角、二区内角、二区外角，另测试者可自选2球发至内角或外角，擦网有进则重发该球，共计10个球，每发到指定有效区域得1分，共计10分。

网球上手发球区域示意如图9-7所示。

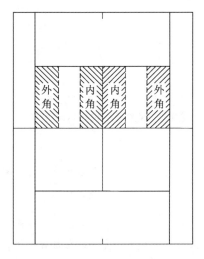

图9-7 网球上手发球区域示意图

技术评分（表9-35）：

表9-35 上手发球技术评分标准

得分	8—10	4—7	0—3
技术判定（女测试者适当降低力量和速度标准）	1. 动作连贯协调，发力自然流畅 2. 发球速度快，控制球能力强 3. 抛球稳定，随挥完整	1. 动作基本连贯协调，发力基本自然流畅 2. 发球速度一般，控制球能力一般 3. 抛球较稳定，随挥较完整	1. 动作不连贯协调，发力不自然流畅 2. 击球速度慢，控制球能力差 3. 抛球不稳定，随挥不完整

2. 底线正反手抽球（达标10分；技评10分）

测试者站在底线中点附近，发球机在场地对侧底线中点位置供球到测试者正、反手半场位置，要求测试者正、反手各打5个斜线和5个直线球至对面底线有效区域（底线有效区域为发球线至底线区域与单打边线2 m以内区域的交叉部分），顺序为正手斜线、正手直线、反手斜线、反手直线，测试者每次击球完应回到底线中点位置附近准备下一次击球，共计20个球，每打到指定半场内一球得0.5分，正、反手各5分，共计10分。

底线反手抽球区域示意如图9-8所示。

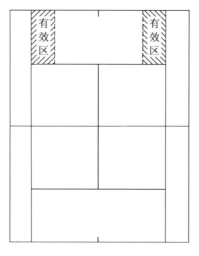

图9-8 底线反手抽球区域示意图

技术评分（表9-36）：

表9-36 底线正反手抽球技术评分标准

得分	8—10	4—7	0—3
技术判定（女测试者适当降低力量和速度标准）	1. 动作连贯协调，随挥完整，发力自然流畅 2. 击球速度快，控制球能力强 3. 步法移动快，重心稳定 4. 每次击球后能够回到底线中点位置	1. 动作基本连贯协调，随挥较完整，发力基本自然流畅 2. 击球速度一般且有上旋，控制球能力一般 3. 步法移动较慢，重心稳定性一般 4. 每次击球后基本能够回到底线中点位置	1. 动作不连贯协调，随挥不完整，发力不自然流畅 2. 击球速度慢且没有上旋，控制球能力差 3. 步法移动慢，重心稳定性差 4. 每次击球后不能够回到底线中点位置

七、健美操

1. 规定套路

全国第三套大众健美操三级（不包括地上动作）。

评分标准（表9-37）：

表9-37 健美操规定套路评分标准

评判类别	评判内容	分数
正确性	身体姿态的舒展程度	20分
	运动技术的正确程度	
	动作范围的确当程度	
流畅性	动作之间连接的自然、流畅程度	
	动作转换及方向变化的利落、无多余动作程度	
协调性	全身运动的协调程度	
	动作的清晰度、弹性度	
表现力	动作展示内心的激情，体现健康向上的情绪	20分
	个人风格的体现程度	
节奏感	动作表现音乐的情绪	
	动作和音乐节奏配合的协调程度	
	一连串动作节奏的准确程度	

2. 自编动作

通过连续的操化动作，结合一定的难度动作，展示自身对七种脚下步法多样性的运用及柔韧、力量等的能力。时间 1′30″±5″，5个规定难度动作（具体见评分标准"难度"类），不建议增加难度动作个数。

评分标准（表9-38）：

表9-38 健美操自编动作评分标准

评判类别	评判内容	分数	备注
艺术	音乐和乐感（音乐的选择、音乐的运用）	6分	音乐时间不符合要求扣2分。服饰不符合要求扣2分
	主体内容（复杂多样性、创新性、强度和流畅性）		
	空间利用（路线、空间的分配与均衡）		
	艺术性（质量和表现力）		
完成	形态（身体姿态、身体控制）	6分	
	准确性（动作的标准与清晰度）		
	力量、爆发力、柔韧		

续表

评判类别	评判内容	分数	备注
难度	A 类：动力性力量 （男：单臂俯卧撑；女：单腿俯卧撑） B 类：静力性力量 （男：直角支撑；女：一手前一手后分腿支撑） C 类：跳与跃 （男：转 180°团身跳；女：团身跳） D 类：平衡与柔韧 （劈腿类——男：垂地劈腿；女：无支撑垂地劈腿） （转体类——男、女：单足转体 360°）	8 分	每多一个、少一个或失误一个扣 2 分，扣完为止

音乐：

（1）规定动作音乐大会提供。

（2）自编动作音乐自带，转换成 MP3 格式刻成光盘，光盘内仅有参赛音乐。比赛时音乐不能正常播放，算放弃这项比赛。

八、武术

（1）规定动作：初级长拳第三路、24 式太极拳各 10 分，共 20 分。

（2）自选动作：自编器械套路 20 分。

（3）时间。男：1 分 10 秒以上；女：1 分以上。时间不足不予评分。

（4）难度动作要求。

① 腾空飞脚+侧手翻（空翻）。

② 旋风脚转体 450°+马步。

③ 腾空外摆莲 450°+马步。

④ 旋子以上至少选一种难度动作，没有则扣 5 分。

评分标准（表 9-39）：

表 9-39　武术动作评分标准

评判类别		评判内容	分值占比/%
动作规格	正确性	运动技术的正确性	20
		身体姿态的舒展程度	10
		动作范围的确当程度	10
	流畅性	动作之间连接的自然、流畅程度	10
		动作转换及方向变化的利落、无多余动作程度	10
演练水平	协调性	全身运动的协调程度	10
		动作的清晰度、弹性度	10
	表现力	个人风格的体现程度	10
	节奏感	一连串动作的节奏把握	10

九、田径

1. 比赛项目

比赛项目包括 100 m 跑、跳远、铅球。每位参赛选手可选择一个项目作为主项、一个项目作为副项参加比赛。主项占 70%，为 28 分（达标和技评各占 50%）；副项占 30%，为 12 分（达标和技评各占 50%）。

2. 比赛办法

100 m 跑参照中国田径协会《田径竞赛规则（2018—2019）》，抢跑第三次（含三次）以上者取消比赛资格。每人跑 1 次。跳远按照中国田径协会《田径竞赛规则（2018—2019）》和跳远比赛的裁判方法执行。跳远起跳板距沙坑 3 m，每人按抽签顺序跳 3 次。铅球按照中国田径协会《田径竞赛规则（2018—2019）》和铅球比赛的裁判方法执行。男子用球 7.26 kg，女子用球 4 kg，每人按抽签顺序投 3 次。

3. 评分标准（表 9-40 至表 9-45）

表 9-40　男子 100 m 跑评分标准　　　　　　　　单位：秒

年龄	1 分	2 分	3 分	4 分	5 分	6 分	7 分	8 分	9 分	10 分
20—30	16.2	16.0	15.8	15.6	15.4	15.2	15.0	14.8	14.6	14.4
31—35	16.4	16.2	16.0	15.8	15.6	15.4	15.2	15.0	14.8	14.6
36—40	16.8	16.6	16.4	16.2	16.0	15.8	15.6	15.4	15.2	15.0
41—45	17.2	17.0	16.8	16.6	16.4	16.2	16.0	15.8	15.6	15.4
46—50	17.6	17.4	17.2	17.0	16.8	16.6	16.4	16.2	16.0	15.8
51—55	18.0	17.8	17.6	17.4	17.2	17.0	16.8	16.6	16.4	16.2
年龄	11 分	12 分	13 分	14 分	15 分	16 分	17 分	18 分	19 分	20 分
20—30	14.2	14.0	13.8	13.6	13.4	13.2	13.0	12.8	12.6	12.4
31—35	14.4	14.2	14.0	13.8	13.6	13.4	13.2	13.0	12.8	12.6
36—40	14.8	14.6	14.4	14.2	14.0	13.8	13.6	13.4	13.2	13.0
41—45	15.2	15.0	14.8	14.6	14.4	14.2	14.0	13.8	13.6	13.4
46—50	15.6	15.4	15.2	15.0	14.8	14.6	14.4	14.2	14.0	13.8
51—55	16.0	15.8	15.6	15.4	15.2	15.0	14.8	14.6	14.4	14.2

表 9-41　女子 100 m 跑评分标准　　　　　　　　　　　　　　单位：秒

年龄	1分	2分	3分	4分	5分	6分	7分	8分	9分	10分
20—30	17.6	17.4	17.2	17.0	16.8	16.6	16.4	16.2	16.0	15.8
31—35	18.2	18.0	17.8	17.6	17.4	17.2	17.0	16.8	16.6	16.4
36—40	19.0	18.8	18.6	18.4	18.2	18.0	17.8	17.6	17.4	17.2
41—45	19.8	19.6	19.4	19.2	19.0	18.8	18.6	18.4	18.2	18.0
46—50	20.6	20.4	20.2	20.0	19.8	19.6	19.4	19.2	19.0	18.8
51—55	21.6	21.4	21.2	21.0	20.8	20.6	20.4	20.2	20.0	19.8
年龄	11分	12分	13分	14分	15分	16分	17分	18分	19分	20分
20—30	15.6	15.4	15.2	15.0	14.8	14.6	14.4	14.2	14.0	13.8
31—35	16.2	16.0	15.8	15.6	15.4	15.2	15.0	14.8	14.6	14.4
36—40	17.0	16.8	16.6	16.4	16.2	16.0	15.8	15.6	15.4	15.2
41—45	17.8	17.6	17.4	17.2	17.0	16.8	16.6	16.4	16.2	16.0
46—50	18.6	18.4	18.2	18.0	17.8	17.6	17.4	17.2	17.0	16.8
51—55	19.6	19.4	19.2	19.0	18.8	18.6	18.4	18.2	18.0	17.8

表 9-42　男子跳远评分标准　　　　　　　　　　　　　　　　单位：米

年龄	1分	2分	3分	4分	5分	6分	7分	8分	9分	10分
20—30	4.65	4.70	4.75	4.80	4.85	4.90	4.95	5.00	5.05	5.10
31—35	4.55	4.60	4.65	4.70	4.75	4.80	4.85	4.90	4.95	5.00
36—40	4.45	4.50	4.55	4.60	4.65	4.70	4.75	4.80	4.85	4.90
41—45	4.35	4.40	4.45	4.50	4.55	4.60	4.65	4.70	4.75	4.80
46—50	4.25	4.30	4.35	4.40	4.45	4.50	4.55	4.60	4.65	4.70
51—55	4.15	4.20	4.25	4.30	4.35	4.40	4.45	4.50	4.55	4.60
年龄	11分	12分	13分	14分	15分	16分	17分	18分	19分	20分
20—30	5.15	5.20	5.25	5.30	5.35	5.40	5.45	5.50	5.55	5.60
31—35	5.05	5.10	5.15	5.20	5.25	5.30	5.35	5.40	5.45	5.50
36—40	4.95	5.00	5.05	5.10	5.15	5.20	5.25	5.30	5.35	5.40
41—45	4.85	4.90	4.95	5.00	5.05	5.10	5.15	5.20	5.25	5.30
46—50	4.75	4.80	4.85	4.90	4.95	5.00	5.05	5.10	5.15	5.20
51—55	4.65	4.70	4.75	4.80	4.85	4.90	4.95	5.00	5.05	5.10

表9-43 女子跳远评分标准　　　　　　　　　　　　　　　　　　　　　　　　　　　单位：米

年龄	1分	2分	3分	4分	5分	6分	7分	8分	9分	10分
20—30	3.50	3.55	3.60	3.65	3.70	3.75	3.80	3.85	3.90	3.95
31—35	3.40	3.45	3.50	3.55	3.60	3.65	3.70	3.75	3.80	3.85
36—40	3.20	3.25	3.30	3.35	3.40	3.45	3.50	3.55	3.60	3.65
41—45	3.10	3.15	3.20	3.25	3.30	3.35	3.40	3.45	3.50	3.55
46—50	2.95	3.00	3.05	3.10	3.15	3.20	3.25	3.30	3.35	3.40
51—55	2.85	2.90	2.95	3.00	3.05	3.10	3.15	3.20	3.25	3.30
年龄	11分	12分	13分	14分	15分	16分	17分	18分	19分	20分
20—30	4.00	4.10	4.15	4.20	4.25	4.30	4.35	4.40	4.45	4.50
31—35	3.90	3.95	4.00	4.10	4.15	4.20	4.25	4.30	4.35	4.40
36—40	3.70	3.75	3.80	3.85	3.90	3.95	4.00	4.10	4.15	4.20
41—45	3.60	3.65	3.70	3.75	3.80	3.85	3.90	3.95	4.00	4.10
46—50	3.45	3.50	3.55	3.60	3.65	3.70	3.75	3.80	3.85	3.90
51—55	3.35	3.40	3.45	3.50	3.55	3.60	3.65	3.70	3.75	3.80

表9-44 铅球评分标准（男女通用）　　　　　　　　　　　　　　　　　　　　　　　单位：米

年龄	1分	2分	3分	4分	5分	6分	7分	8分	9分	10分
20—30	8.1	8.2	8.3	8.4	8.5	8.6	8.7	8.8	8.9	9.0
31—35	7.9	8.0	8.1	8.2	8.3	8.4	8.5	8.6	8.7	8.8
36—40	7.7	7.8	7.9	8.0	8.1	8.2	8.3	8.4	8.5	8.6
41—45	7.5	7.6	7.7	7.8	7.9	8.0	8.1	8.2	8.3	8.4
46—50	7.3	7.4	7.5	7.6	7.7	7.8	7.9	8.0	8.1	8.2
51—55	7.1	7.2	7.3	7.4	7.5	7.6	7.7	7.8	7.9	8.0
年龄	11分	12分	13分	14分	15分	16分	17分	18分	19分	20分
20—30	9.1	9.2	9.3	9.4	9.5	9.6	9.7	9.8	9.9	10.0
31—35	8.9	9.0	9.1	9.2	9.3	9.4	9.5	9.6	9.7	9.8
36—40	8.7	8.8	8.9	9.0	9.1	9.2	9.3	9.4	9.5	9.6
41—45	8.5	8.6	8.7	8.8	8.9	9.0	9.1	9.2	9.3	9.4
46—50	8.3	8.4	8.5	8.6	8.7	8.8	8.9	9.0	9.1	9.2
51—55	8.1	8.2	8.3	8.4	8.5	8.6	8.7	8.8	8.9	9.0

表 9-45 田径比赛技术评分标准

得分	16—20	11—15	6—10	0—5
技术判定	动作标准，身体发力协调，技术连贯，熟练度高	动作较标准，身体发力较为协调，技术较为连贯，熟练度较高	动作不太标准，身体发力不太协调，技术不太连贯，熟练度低	动作不太标准，身体发力不协调，技术不连贯，不熟练

十、游泳

1. 比赛项目

比赛项目包括自由泳、蛙泳、仰泳和蝶泳。每位参赛选手可选择一项作为主项、一项作为副项参加比赛。主项占70%，为28分（达标和技评各占50%）；副项占30%，为12分（达标和技评各占50%）。场地为25 m短池。

2. 比赛办法

按照中国游泳协会《游泳竞赛规则（2014—2018）》和游泳裁判方法执行。每人主项和副项各游1次，距离50 m。

3. 评分标准

此标准在计算选手成绩时，30岁以下正常计算，31—35岁加2分计算成绩；36—40岁加4分计算成绩；41—45岁加6分计算成绩；45—50岁加8分计算成绩；51岁及以上加10分计算成绩（表9-46）。

表 9-46 游泳比赛评分标准

年龄	分值	自由泳		蛙泳		仰泳		蝶泳	
		男	女	男	女	男	女	男	女
30岁及以下	20	29.0	34.0	39.0	44.0	38.0	42.0	34.0	40.0
	19	29.5	35.0	39.5	45.0	38.5	43.0	34.5	41.0
	18	30.0	36.0	40.0	46.0	39.0	44.0	35.0	42.0
	17	30.5	37.0	40.5	47.0	39.5	45.0	35.5	43.0
	16	31.0	38.0	41.0	48.0	40.0	46.0	36.0	44.0
	15	31.5	39.0	41.5	49.0	40.5	47.0	36.5	45.0
	14	32.0	40.0	42.0	50.0	41.0	48.0	37.0	46.0
	13	32.5	41.0	42.5	51.0	41.5	49.0	37.5	47.0
	12	33.0	42.0	43.0	52.0	42.0	50.0	38.0	48.0
	11	33.5	43.0	43.5	53.0	42.5	51.0	38.5	49.0
	10	34.0	44.0	44.0	54.0	43.0	52.0	39.0	50.0
	9	34.5	45.0	44.5	55.0	43.5	53.0	39.5	51.0
	8	35.0	46.0	45.0	56.0	44.0	54.0	40.0	52.0

续表

年龄	分值	自由泳		蛙泳		仰泳		蝶泳	
		男	女	男	女	男	女	男	女
30岁及以下	7	35.5	47.0	45.5	57.0	44.5	55.0	40.5	53.0
	6	36.0	48.0	46.0	58.0	45.0	56.0	41.0	54.0
	5	36.5	49.0	46.5	59.0	45.5	57.0	41.5	55.0
	4	37.0	50.0	47.0	60.0	46.0	58.0	42.0	56.0
	3	37.5	51.0	47.5	61.0	46.5	59.0	42.5	57.0
	2	38.0	52.0	48.0	62.0	47.0	60.0	43.0	58.0
	1	38.5	53.0	48.5	63.0	47.5	61.0	43.5	59.0

技术评分（表9-47）：

表9-47 游泳比赛技术评分标准

得分	15—20	11—15	6—10	0—5
技术判定	泳姿正确优美，动作协调、连贯、规范	泳姿较正确，动作较协调且较规范	泳姿基本正确，动作基本协调规范	泳姿不正确，判定动作不协调规范

参考文献

[1] 王家宏. 球类运动：篮球[M]. 2版. 北京：高等教育出版社，2009.

[2] 中华人民共和国教育部. 义务教育体育与健康课程标准：2011年版[M]. 北京：北京师范大学出版社，2012.

[3] 王崇喜，史友宽. "体育、艺术2+1项目"实验中球类运动技能评价存在的问题与对策[J]. 成都体育学院学报，2009（8）：75-78.

[4] 赵刚. 南京市小学生体操类基础运动技能发展水平与评价研究[D]. 南京：南京师范大学，2010.

[5] 王海燕. 浅谈健美操基本技术与教学方法[J]. 中国科技创新导刊，2011（16）：11.

[6] 张锋. 初中生跑跳投基础运动技能发展水平与评价研究：以南京市为例[D]. 南京：南京师范大学，2014.

[7] 栾靖. 小学生田径类基础运动技能发展水平与评价研究：以南京市为例[D]. 南京：南京师范大学，2012.

[8] 魏婷，张怀川，许占鸣，等. "十四五"时期我国竞技体育发展目标与举措[J]. 体育文化导刊，2021（1）：75-80.